James Payn

Klinische Zeit- und Streitfragen

James Payn

Klinische Zeit- und Streitfragen

ISBN/EAN: 9783744797818

Printed in Europe, USA, Canada, Australia, Japan

Cover: Foto ©Suzi / pixelio.de

More available books at **www.hansebooks.com**

KLINISCHE

ZEIT- UND STREITFRAGEN

REDIGIRT

VON

PRIVATDOCENT DR. HEINRICH PASCHKIS.

IX. BAND, I. HEFT.

EIN BEITRAG ZUR AETIOLOGIE

DER

CONTRÄREN SEXUALEMPFINDUNG.

VON

DR. FREIHERRN VON SCHRENCK-NOTZING

PRACT. ARZT IN MÜNCHEN.

WIEN 1895.

ALFRED HÖLDER

K. U. K. HOF- UND UNIVERSITÄTS-BUCHHÄNDLER

Rothenthurmstrasse 15.

KLINISCHE

ZEIT- UND STREITFRAGEN.

REDIGIRT

VON

DOCENT DR· HEINRICH PASCHKIS.

NEUNTER BAND.

WIEN 1895.

ALFRED HÖLDER

K. U. K. HOF- UND UNIVERSITÄTS-BUCHHANDLER

Rothenthurmstrasse 15.

Inhalt.

Ein Beitrag zur Aetiologie der conträren Sexualempfindung.

Von

Dr. Freiherrn v. Schrenck-Notzing,

prakt. Arzt in München.

Unter den Erscheinungen der »sexuellen Parästhesie« (v. Krafft-Ebing) nimmt die von Westphal sogenannte »conträre Sexualempfindung« oder »homosexuelle Parerosie« (Eulenburg) wegen der Häufigkeit ihres Vorkommens, der tiefgreifenden seelischen Veränderungen, welche sie nach sich zieht und wegen ihrer forensischen Bedeutung den ersten Platz ein.

Wenn die Verkehrung der Geschlechtsempfindung auch in bestimmten, weniger schweren Fällen erworben werden kann, so tritt sie doch nach der in ausführlichen Monographien und zahlreichen Journalaufsätzen bearbeiteten Theorie von Westphal, v. Krafft-Ebing, Moll, Chevalier u. A., ebenso oft oder häufiger als »angeborene krankhafte conträre Sexualempfindung auf«. Darunter verstehen die Autoren die angeborene, also präformirte Geschlechtsanlage eines Weibes im Manne und eines Mannes im Weibe. Gewöhnlich ist sie hienach Theilerscheinung eines hereditär bedingten, neuropsychopathischen Zustandes, für den folgende Zeichen maßgebend sind: Vorzeitiges Erwachen und zwingende Stärke des Triebes, functionelle und anatomische Entartungszeichen, Neurosen, psychische Anomalien bis zu Schwachsinn und moralischem Irrsinn, endlich Neurosen, Psychosen und Degenerationszeichen in der Ascendenz. Beim Descendenten findet sich der krankhafte Trieb zum eigenen Geschlechte als angeborene Neigung. In schwereren Formen dieser Erkrankung ist das ganze psychische Sein der abnormen Geschlechtsempfindung entsprechend geartet und endlich will Krafft-Ebing sogar anthropologische Transformationen im Sinne des Geschlechtsgefühles beobachtet haben, d. i. Annäherung der Körperform an das den Geschlechtsorganen entgegengesetzte Geschlecht. Körperliche Hermaphrodisie fand sich bei solchen Patienten niemals.

v. Schrenck-Notzing, Aetiol. d. contr. Sexualempfindung. 1

Zur Erklärung der merkwürdigen Beobachtung, dass weibliches Wesen und weibliche Bethätigung sich bei conträr sexuellen Individuen männlichen Geschlechtes schon mitunter in der Kindheit findet, sucht Chevalier*) die Theorie der erblichen Belastung durch embryologische und anthropologische Thatsachen zu stützen. Diesen Ausführungen schliesst sich neuerdings auch v. Krafft-Ebing**) an. Diese beiden Autoren berufen sich dabei auf die ursprünglich bisexuelle Veranlagung der menschlichen Geschlechtsdrüsen. Auch die damit in Verbindung stehenden spinalen und cerebralen Centren sollen nach dieser Anschauung beim Embryo in bisexueller Anlage vorhanden sein (??). Die eine Hälfte wird nun latent; normaliter entwickelt sich das der anderen zur Ausbildung gelangenden Geschlechtsdrüse entsprechende cerebrale Centrum. Unter pathologischen Verhältnissen soll nun nach den Verfassern das zweite hypothetische cerebrale und spinale Centrum virtuell fortexistiren durch mangelhafte Hemmung bis zur Geltendmachung seines Einflusses auf die Hervorbringung physischer und psychischer Geschlechtscharaktere, ja sogar in seltenen Fällen bis zur Verdrängung des eigentlichen primären sexuellen Centrums aus seiner dominirenden bisherigen Stellung und die Entwicklung einer dem zweiten Centrum entsprechenden Sexualität.

So geistreich diese Theorie auch sein mag, anatomisch lässt sie sich nicht rechtfertigen. Wenn es schon gewagt ist, für einen so complicirten, nur unter Mitwirkung von Sinneswahrnehmungen, Erinnerungsvorstellungen und Organgefühlen zu Stande kommenden Vorgang, wie ihn die geschlechtliche Erregung darstellt, ein besonderes cerebrales Centrum zu postuliren, so würde eine verdoppelte cerebrale und spinale Anlage für den Geschlechtstrieb jeder anatomischen Begründung und jeder Beweisführung durch analoge Beobachtungen im menschlichen Körper entbehren.

Selbst Ribot, der noch in seinem Werke über die Erblichkeit (1876) einige, allerdings sehr ungenaue Beispiele beibringt für die originäre Anlage zu conträr sexueller Bethätigung, wagt in einer neueren Arbeit (»Die Persönlichkeit«, Berlin 1894, S. 75, deutsch von Pabst) nicht mehr, den verwickelten Mechanismus der Vererbung für das Zustandekommen solcher »psychologischer Monstrositäten« allein oder hauptsächlich verantwortlich zu machen, sondern enthält sich bei der Schwierigkeit der Frage eines Urtheils.

Im Jahre 1892 hat nun Verfasser dieser Zeilen in seinem Werke »Die Suggestionstherapie bei krankhaften Erscheinungen des Geschlechts-

---

*) Chevalier, L'inversion sexuelle. Paris und Lyon 1893.
**) v. Krafft-Ebing, Zur Erklärung der conträren Sexualempfindung. Jahrbuch für Psychiatrie und Nervenkrankheiten. XIII. Heft 1.

sinnes« (Stuttgart, Enke), sowohl aus der geschichtlichen Entwicklung
der conträren Sexualempfindung (Ursachen ihres Auftretens, griechische
Knabenliebe etc.), wie aus einer kritischen Musterung der bekanntesten,
bis dahin vorliegenden Fälle, insbesondere der in der »Psychopathia
sexualis« mitgetheilten, endlich aus eigenen Erfahrungen den Beweis
zu führen gesucht, dass der Antheil der occasionellen Momente für die
Art der sexuellen krankhaften Triebrichtung ausschlaggebend sei;
dass dagegen die Theorie der congenitalen Anlage conträr-sexueller
Empfindungen durch Erfahrungen nicht genügend gestützt erscheine.
Angeboren ist nach meinen damaligen Ausführungen nur eine allgemeine
Schwäche des Nervensystems, welche bestimmte Theile desselben bevorzugen kann, eine Neigung zu Zwangsassociationen, deren Inhalt und
Richtung allein durch äussere Einflüsse, individuelle Erfahrungen bestimmt
wird. Auf dem Boden angeborener, neuropathischer Disposition ent-
wickeln sich die perversen sexuellen Entäusserungen in Folge der
Widerstandsunfähigkeit, die pathogenen Erregungen durch normale
Gegenvorstellungen oder Triebhemmungen zu compensiren. Schon in
dem genannten Werk sprach sich Verfasser im Sinne Meynert's
gegen die unpsychologische Annahme angeborener inhalterfüllter Triebe
aus und zeigte auch in der kritischen Analyse der Krankengeschichten
v. Krafft-Ebing's, dass für eine vorgebildete conträr sexuelle Keim-
anlage und eine Entwicklung derselben im Widerspruch mit dem
Einfluss äusserer Bedingungen bis jetzt ein vollgiltiger Beweis nicht
erbracht sei. Schon damals erschien es mir als ein Widerspruch, die
zuerst von Binet aufgestellte und von mir weiter begründete Theorie
der pathologischen Association für alle möglichen sonstigen Formen
perverser Entäusserung des Geschlechtstriebes (z. B. für den Fetischismus,
die Algolagnie etc.) zu acceptiren, dagegen für besonders schwere Fälle
von conträrer Sexualempfindung eine schon im Embryo präformirte
besondere Anlage vorauszusetzen.

Endlich wurde ich durch günstige therapeutische Resultate mit
Hilfe von Suggestion bei »geborenen« (?) Urningen vor die Alternative
gestellt, entweder anzunehmen, dass die Suggestion im Stande sei, an-
geborene Anomalien des Gehirns zu beeinflussen oder nachzuweisen,
dass in der Auffassung der Homosexualität das erbliche Moment zu
Ungunsten der Erziehungseinflüsse überschätzt werde. Zahlreiche neue
Erfahrungen haben mich immer mehr von der Richtigkeit meiner damaligen
Aufstellungen überzeugt.

Von den inzwischen erschienenen Bearbeitungen des Gegenstandes
stellt sich das Werk von Moll (Conträre Sexualempfindung, 2. Auflage
1893) in extremer Weise auf den Krafft-Ebing'schen Standpunkt.
Meine Begründung erklärt dieser Autor (S. 216) für schwach, die An-

1*

gaben Tarnowsky's, wonach viele von diesem Forscher beobachtete Jünglinge im Alter von 25—30 Jahren durch Anwendung
prophylaktischer Massregeln normal wurden, erscheinen Moll zweifelhaft.
Ueber meine für die erfolgreiche Behandlung psychosexueller Anomalien
beigebrachte ausführliche therapeutische Statistik hilft sich der Verfasser
mit der Behauptung weg, dass manche Fälle von nicht geheilter, aber
versuchsweise behandelter sexueller Perversion vermuthlich nicht
veröffentlicht wurden. Solchen und ähnlichen Hypothesen, welche
nichts widerlegen, sondern nur Zeugniss von der Denkweise des Autors
ablegen, ist ebensowenig Bedeutung beizumessen, wie phantasiereichen
Theorien. Heute hat einzig und allein noch die Erfahrung das
Wort und es wäre bedauerlich, wenn der Gang der Forschung in
diesen wichtigen Fragen schon jetzt durch subjective Tendenz gefälscht
werden sollte.

Auch die psychologische Theorie von Oelzelt-Newin*) zur
Erklärung der Geschlechtsverirrungen ist ganz von dem Krafft-
Ebing'schen Werk beeinflusst. Nach ihm wird die Besonderheit der
erregenden Objecte nicht durch die pathologische Association erklärt.
Er nimmt eine angeborene Disposition für bestimmte Körpervorstellungen
an. Dieser Deutungsversuch kommt der psychologisch unhaltbaren
Voraussetzung angeborener Vorstellungen sehr nahe und berücksichtigt
überdies nicht, dass schliesslich mit allen Arten von Vorstellungen
Wollustgefühle verknüpft werden können bei bestimmten zu zwingenden
Antrieben erblich disponirten Persönlichkeiten. Erst die Rückwirkung
dieser zwingenden Neigungen auf die Gesammtpersönlichkeit bedingt
den Charakter der Erkrankung.

Einen weiteren Beitrag für den ›ausschlaggebenden Einfluss ver-
anlagender, tief constitutioneller, meist hereditär degenerativer Factoren
in der Entwicklung psychosexueller Anomalien‹ liefert eine kürzlich
erschienene 20 Fälle umfassende Casuistik Krafft-Ebing's**). Der
springende Punkt in diesen sämmtlichen Beobachtungen ist:

a) die erbliche Familienbelastung,
b) das frühe (schon im Alter von 5—14 Jahren) hervortretende
Erwachen sexueller Dränge mit homosexueller Tendenz.

Von einigen dieser Patienten wird niemals, von anderen erst nach
der Zeit der Pubertät Masturbation getrieben.

Selbst wenn man den Einwand retroactiver Erinnerungsfälschung
der an erblich bedingter associativer Schwäche leidenden und vielleicht
unter dem suggestiven Einfluss der Lectüre des Krafft-Ebing'schen

---

*) Oelzelt-Newin. Ueber sittliche Dispositionen. Graz 1892, S. 64 ff.
**) v. Krafft-Ebing, Zur Aetiologie der conträren Sexualempfindung. Jahr-
buch für Psychiatrie. XII, Heft 3.

Werkes stehenden Patienten nicht berücksichtigt, so folgt aus diesen
Beobachtungen doch wiederum nur ein frühzeitiges Erwachen sexueller
Dränge in erblich belasteten Neuropathen und eine abnorm leichte
Bestimmbarkeit des Triebes, der nach Erfüllung ringend, die zunächst
liegenden Eindrücke, in diesen Fällen zufällige Umstände homosexuellen
Inhalts ergreift und ausarbeitet. Eine Entwicklung der krankhaften
Neigung im Widerspruch zu dem äusseren Milieu ist in jenen Fällen
nicht nachgewiesen; füglich darf es fraglich erscheinen, ob nicht durch
zweckmässige ärztlich geleitete Erziehungsmassnahmen völlige Correctur
möglich gewesen wäre. Der Inhalt jener pathologischen Association ist
doch durch Einwirkung von Sinneseindrücken zu Stande gekommen
und hätte unter glücklicheren Verhältnissen auch dem normalen Geschlechtsleben entlehnt sein können. Die Residuen dieser Eindrücke,
die Erinnerungsbilder, welche in Folge der angeborenen Associationsschwäche besonders tief haften, werden mit dem Gesammtinhalte des
Ichs verknüpft und unter Mithilfe accessorischer Elemente, verstärkender
Nebenassociationen ausgebaut und consolidirt.

Das krankhaft gesteigerte Vorstellungsleben und die Intensität
des sexuellen Organgefühls, der natürliche oder pathologische Ausfall
der Hemmungen in dem jugendlichen Alter erklären die widerstands-
lose Hingabe an die gleichzeitige Wahrnehmung, welche als Inhalt der
Zwangsvorstellung schliesslich dem ganzen geschlechtlichen Leben seine
Richtung gibt. Uebrigens sind auch die Angaben der von K r a f f t -
E b i n g erwähnten Patienten theilweise zu ungenau, um sich für die
psychologische Analyse der betreffenden Krankheitsbilder verwerthen
zu lassen.

Wie frühere Arbeiten K r a f f t - E b i n g's und das Werk M o l l's,
so sieht auch die vorliegende neuere Studie des ersteren aus dem be-
haupteten Nachweise der conträren Sexualempfindung als einer angeborenen Anomalie die logische Folgerung, dass die Hoffnung auf
Hilfe bei solchen Stiefkindern der Natur »arg« herabgemindert werde.
Ebenso hält E u l e n b u r g*), der einen mehr vermittelnden Standpunkt
in dieser Frage einnimmt, die Hervorbringung normaler Geschlechtsempfindung bei erblich belasteten Conträrsexualen für aussichtslos.
Trotzdem aber spricht er wärmstens, wenigstens bei allen zweifelhaften
Fällen, der Psychotherapie das Wort.

Dagegen steht K r a e p e l i n in seiner 4. Auflage der Psychiatrie
(Leipzig, Abel, 1893) ganz auf dem Standpunkte des Verfassers unter
voller Berücksichtigung der sonst unerklärlichen Heilerfolge. Ebenso

---

*) E u l e n b u r g, Neuropathia sexualis. Handbuch der Harn- und Sexualorgane.
Leipzig, Vogel, 1893.

betrachten Sommer*) und Friedmann**) die sexuellen Perversionen im Sinne des Verfassers als Zwangsvorstellungen erblich Belasteter, deren Inhalt durch occasionelle Momente bestimmt wird. Die in meinem Werke 1892 vertretene und in dieser Arbeit weiter begründete Anschauung über die Aetiologie der perversen Sexualempfindung führt Sioli***) in einem besonderen Vortrage weiter aus, allerdings offenbar ohne Kenntniss meiner früheren Bearbeitung. Dieser Autor sieht in der Annahme angeborener Triebe etwas pathologisch sehr bedenkliches, eine Rückkehr zur Annahme der Monomonien. Die angeborene Charakterschwäche sexuell perverser Individuen denkt sich Sioli physiologisch-anatomisch als einen Mangel und eine Schwäche der Associationsbahnen. Es fehlt in solchen Fällen beim Anwachsen und Verknüpfen der Erinnerungsbilder die normale Correctur, die Beeinflussung im Denken und Handeln durch Nebenhemmungs- und Gegenvorstellungen auf dem Wege der beim normalen Individuum vorhandenen Associationsbahnen. In Folge dessen entsteht eine geistige Schwäche in der Correction und Verknüpfung der äusseren Eindrücke, die das Handeln bestimmen. In solchen Individuen treten die beim normalen Menschen unter der Bewusstseinsschwelle verweilenden Organempfindungen in enormem Grade hervor aus dem gesammten Fühlen und Denken.

Die Momente, welche das Weib sittlich und physisch als eigentliches Object des Geschlechtsgenusses hinstellen, sind für solche psychisch associativ geschwächte Personen meist noch nicht vorhanden und die Patienten sind auch bei ihrer Associationsschwäche unfähig, in ein Verständniss dieser Beziehungen einzutreten. Es bleibt also beliebigen zufälligen Umständen überlassen, sich mit dem Geschlechtsreiz zu associiren; der Einfluss der Onanie wirkt verstärkend, ist aber nach meiner Ansicht nicht durchaus nothwendig für das Zustandekommen der Verirrung. Auf die Therapie solcher Fälle geht Sioli nicht ein, obwohl diese nur seine Anschauung bestätigen könnte.

Vorliegende Arbeit verfolgt nicht den Zweck, auf das Für und Wider der angeregten Frage hier noch weiter einzugehen, sondern soll nur die richtige Würdigung und das Verständniss der nachfolgenden drei Beobachtungen anbahnen. Sämmtliche 3 Fälle sind meiner wiederholt erwähnten Arbeit entlehnt und abgekürzt wiedergegeben. Es handelt sich bei allen um schwere erbliche Belastung mit allen Kennzeichen, wie sie v. Krafft-Ebing für den geborenen Urning verlangt.

---

*) Sommer, Diagnostik der Geisteskrankheiten. Wien 1894, S. 293.
**) Friedmann, Ueber den Wahn. Wiesbaden 1894, II. Theil, S. 5.
***) Sioli, Ueber perverse Sexualempfindung. Allgemeine Zeitschrift für Psychiatrie 1894, Heft 5.

In Beobachtung 1 sind sämmtliche Brüder des Patienten sexuell anormal, eine Schwester zeigt leidenschaftliche Empfindungen für Freundinnen und bleibt Männern gegenüber kalt. Vater ist Trinker und Vatersbruder conträr sexual.

In Beobachtung 2 sind Urgrossvater, dessen Schwester, Vatersbruder irrsinnig, Tochter des letzteren starb an Gehirntuberculose. Muttermutter schwermüthig, Muttersvater geisteskrank, Muttersbruder endete durch Selbstmord. Vater nervös, ein Bruder conträr-sexual, ein zweiter abnorm in heterosexueller Beziehung, ein dritter excentrisch mit fixen Ideen, eine Schwester krampfkrank.

In Beobachtung 3 wiederholte Verwandtschaftsehen in der Ascendenz, Vater und Onkel verschrobene Charaktere. Bruder des Patienten starb an einer Gehirnkrankheit, seine Schwester ist nervenleidend.

In sämmtlichen drei Fällen treten sexuelle Dränge vor der Pubertät ein (zwischen dem 6. und 10. Lebensjahr). Wirkliche Masturbation folgt in allen drei Fällen später.

Die Triebrichtung ist angeblich von frühester Kindheit an homosexuell; bis zum Tage der Behandlung findet sich bei sämmtlichen 3 Patienten keine Spur eines Ansatzes heterosexueller Empfindung (Horror feminae in geschlechtlicher Beziehung). Damit ist auch das differentialdiagnostische klinische Merkmal gegeben, welches nach Moll (S. 213) die angeborene conträre Sexualempfindung von der erworbenen unterscheidet. Der homosexuelle Trieb tritt zuerst auf und dominirt. Ausserdem handelt es sich ebenfalls in den drei Beobachtungen um Neuropathen mit Symptomen von Neurasthenie.

Aber auch die Stufe der angeblichen »psychosexualen Degeneration« ist schon vorgeschritten in Fall 1 und 2 bis zu einer mässigen, im Fall 3 bis zur völlig entwickelten Effemination. Beobachtung 2 findet sich sogar als prägnantes Beispiel für Effemination von Kraift-Ebing in der 5. Auflage seines Buches, und zwar an erster Stelle ausführlich mitgetheilt. Die abnorme Gefühlsweise zeigte sich bei den Genannten schon in den Kinderjahren und beeinflusste die Charakterentwicklung. Entschiedene Abneigung gegen männliches Thun und Vorliebe für zurückgezogenes Leben, für Hausgeschäfte. Gang, Bewegungen und Haltung sämmtlicher 3 Urninge haben etwas Geziertes und erinnern an das Weib. In ihren sexuellen Beziehungen bevorzugen sie die passive Rolle; Gegenstand von Beobachtung 3 besuchte sogar Bälle als Weib.

Die Art ihrer sexuellen Befriedigung ist hauptsächlich mutuelle Onanie oder auch einfache Umarmung; im letzten und schwersten Fall dagegen wurden alle Praktiken mannmännlicher Liebe excessiv betrieben.

Es fehlt somit nicht ein einziges diagnostisches Merkmal der von Krafft-Ebing und Moll als Beweismomente für das Angeborensein der homosexualen Empfindungsweise bezeichneten Symptome.

Wir haben es also mit typischen Urningen auf der Stufe der Effemination, oder mit erblich schwer belasteten conträr-sexualen Patienten zu thun. Logischerweise könnte nun bei der schon embryonal homosexuell vorgebildeten Keimesanlage von einer Therapie oder Correctur ebenso wenig die Rede sein, wie bei Idioten und Moral insanity. Eine Umformung der pathologischen Triebrichtung wäre eine Unmöglichkeit, wenn diese allein oder hauptsächlich endogenen Ursprungs wäre.

Nun ist aber, wie man aus den nachfolgenden Krankengeschichten ersehen mag, bei den 3 Patienten mit Hilfe von Psychotherapie allerdings durch grossen Aufwand von Mühe und Geduld die völlige Herstellung heterosexueller Empfindung geglückt.

Die Behandlung dauerte in keinem der Fälle länger als 1 bis 1½ Jahre. Dagegen wurde von mir der weitere Verlauf, die Heilungsdauer 3—4 Jahre nachbeobachtet, so dass die gesammte Beobachtungsdauer sich bis December 1894 für Fall 1 und 3 auf 4½ Jahre, für Fall 2 auf 5 Jahre beläuft. In der Literatur des Gegenstandes sind keine Beobachtungen bekannt geworden, die einen ähnlichen Zeitraum umfassen; um so wichtiger erscheint mir das Resultat der hier berichteten für die Beurtheilung der Erblichkeitsfrage.

Es handelt sich dabei nicht um Illusionen, sondern bei zwei der Patienten um die Begründung eines glücklichen mit Kindern gesegneten Familienlebens, beim dritten um die Wiederaufrichtung einer gebrochenen Existenz. Die eingetretene Effemination bildet also keineswegs, wie v. Krafft-Ebing angibt, die Grenze, von welcher an für die Therapie nichts mehr zu hoffen ist. Auch kann man nur vom Standpunkte der Erblichkeitstheorie diese Resultate a priori für unmöglich erklären und für suggestiv geschaffene Kunstproducte in der Seele eines in Wirklichkeit homosexuell Empfindenden. Gegen diese Ansicht spricht auch die dreijährige Andauer der glücklich geregelten und volle sexuelle und ästhetische Befriedigung gewährenden Beziehungen zum weiblichen Geschlecht. Aber selbst wenn es nur gelingen würde, aus völlig Effeminirten psychische Hermaphroditen zu machen, so wäre das als Fortschritt zu begrüssen.

Auf die Frage, ob es zweckmässig ist, dass solche erblich belastete Menschen heiraten, will ich hier nicht eingehen; übrigens hängt das auch in den wenigsten Fällen von dem Rath des Arztes ab, der nur die Pflicht hat, zu helfen bis zur äussersten Grenze des ärztlichen Könnens.

Die Prognose für solche Unglückliche ist von nun an entschieden
günstiger zu stellen.

Und was endlich die Bedeutung der hier festgestellten therapeutischen
Thatsachen für die Theorie vom Angeborensein conträrer Sexual-
empfindung betrifft, so hat sich auch darin, wie überall, die Theorie den
Erfahrungen anzupassen.

Zu den schwerwiegenden psychologischen Bedenken, die im ersten
Theil dieser Arbeit gegen die Annahme »angeborener, inhalterfüllter
Triebe« geltend gemacht wurden und in meinem oben erwähnten Werk
ausführlich dargelegt sind, tritt die durch unsere Heilungen erwiesene
Thatsache, dass der für die sexuelle Triebrichtung und auch oft für die
charakterologische Entwicklung massgebende und durch occasionelle,
aber mit sexuellen Erregungen coincidirende Sinneswahrnehmungen
zugeführte Inhalt der späteren Zwangsvorstellung sich bei geeigneter
Einwirkung ersetzen lässt durch Vorstellungen des normalen Geschlechtslebens. Ebenso wie die pathologischen homosexuellen Ideen die Handlungen
des Urnings bestimmen und schliesslich seinen Charakter im Sinne der
Effemination umformen, so wirken auch die zunächst künstlich inducirten,
dann gewohnheitsmässig ausgeführten und endlich mit voller Libido
gesuchten heterosexuellen Rapporte allmälig umstimmend auf das Wesen
des Patienten zurück; die männliche Rolle nöthigt ihn schliesslich auch
männlich zu fühlen. Die durch neue Erfahrungen in der Aussenwelt
dem Gehirn zugeführten Ideen, deren Lustbetonung bei Häufigkeit der
sexuellen Rapporte und sorgfältiger Hygiene des Geschlechtslebens
gradatim sich steigert, werden auch hier durch Nebenassociationen
ausgebaut, dem Gesammtich einverleibt und wirken auf die Willens-
impulse. Jede Persönlichkeit ist gemodelt aus Anlagen und äusseren
Erfahrungen. Wie Gewissen und Moral niemals angeboren, sondern erst
erworben werden, so ist auch der Geschlechtstrieb, gleichgiltig ob er
im 5. oder 15. Lebensjahr zuerst sich äussert, zunächst ohne Ziel,
unbestimmt, selbst bei lebhaftester, krankhafter Tendenz zur Entäusserung,
zur Explosion. Die intellectuellen und associativen Processe, welche ihn
bei seinem ersten Auftreten begleiten, bestimmen seine besondere Ge-
staltung und können bei reizbarem Gehirn zum Inhalt von Zwangsassociationen und -Vorstellungen werden.

Alle übrigen Erscheinungen, vor Allem die der Effemination treten
erst secundär in allmäliger Entwicklung ein, nachdem das undifferenzirte
Geschlechtsgefühl einmal pathologisch determinirt ist.

Angeboren ist also die neuropathische Disposition, die Neigung
zu frühzeitigem Hervortreten des Trieblebens, die psychische Widerstandsunfähigkeit, die Tendenz zu Zwangsassociationen; dass aber weiter
die Vererbung auf das Object des Triebes, auf den Inhalt dieser Vor-

stellungen von Einfluss sein sollte, ist durch nichts erwiesen. Dagegen
sprechen psychologische Erfahrungen und die hier erwiesene Möglichkeit,
den Inhalt der Geschlechtsvorstellungen durch das Experiment ab-
zuändern und dadurch die Schädlichkeit desselben für den Charakter
des Individuums aufzuheben.

Beobachtung 1. Conträre Sexualempfindung auf Grundlage angeborener neuropathischer Constitution geheilt in 204 hypnotischen
Sitzungen. Beobachtungsdauer 4 Jahre und 6 Monate.

Herr H. consultirte mich am 9. October 1890.

Sein Vater ist Alkoholist (Fettherz), Mutter gesund. Ein Onkel leidet
ebenfalls an conträrer Sexualempfindung. Ein Bruder Neurastheniker, Onanist,
ein anderer impotent. Schwester (19jährig) hysterisch, gleichgiltig gegen Männer.
Ausserdem sind mehrere Verwandte in der Ascendenz (väterlicherseits) lungenkrank.

Patient, 24 Jahre alt, ist auf einer Insel K. bei Australien geboren, über-
stand dort Kinderkrankheiten, kam, 8 Jahre alt, nach Europa und besuchte die
Schule in B. In der Zeit vom 18.—21. Jahre machte Patient eine schwere
Lungen- und Rippenfellentzündung, sowie zweimal den Gelenkrheumatismus
durch. H., von Beruf Kaufmann, leidet an Congestivzuständen, häufigen Kopfschmerzen, Müdigkeitsempfindungen, sehr deprimirten Stimmungen, Mangel an
Ausdauer, sowie Energielosigkeit und zeitweilige totale Arbeitsunfähigkeit,
Tachycardie. Diese neurasthenischen Beschwerden bestehen seit Jahren und waren
ein Hinderniss für geregelte Berufsarbeit.

Status praesens. Hochaufgeschossene, schlanke, wohlgenährte Persönlichkeit. Gesicht männlich geröthet, Schädelconfiguration zeigt nichts besonderes.

Schädelmasse:

Horizontaler Schädelumfang	57 cm
Ohrhinterhauptlinie	24 „
Ohrstirnlinie	29 „
Ohrscheitellinie	36 „
Längsumfang	28 „
Ohrkinnlinie	31 „
Längsdurchmesser	17 „
Grösster Breitendurchmesser	13 „
Distanz der Pori acustici	12 „
Distanz der Jochfortsätze des Stirnbeins	11 „
Distanz vom Por. acusticus zum Nasenstachel	12 „

Kopf nirgends druckempfindlich. Pupillenreaction normal. Auge mit neuropathischem Ausdruck. Keine objectiv nachweisbaren Sensibilitäts- oder Motilitäts-
störungen. Auffallend langer Hals, Ansatz zu Struma. Brust flach. Brustdrüsen
männlich entwickelt. Die physikalische Untersuchung von Herz und Lungen
ergibt ein negatives Resultat. Genitalien gut entwickelt, gross, Venusberg stark
behaart, Vorhaut leicht bis hinter die Eichel zurückzuziehen.

Haut wohlgepflegt, zart und fein, Gesichtstypus zeigt keinen sehr männlichen, eher knabenhaften Typus. Haarwuchs des Kopfes stark, spärlicher Ansatz
zum Schnurrbart. Haarfarbe blond. Formen weich, Fettpolster gut, Musculatur
für das Alter von 24 Jahren mittelmässig ausgebildet. Im Ganzen zarte, schwäch-
liche Constitution. Stellung der Oberschenkel gerade.

Beckenmasse:

Entfernung der Spinae sup. ant. . . . . . 21 cm
    „   „ Cristae . . . . 25 „
    „   „ Tubera ischii . . . . 8 bis 9 „
    „   „ Rollhügel . . . . 29 „
Conjugata externa . . . . 17 „

Beckenform asymmetrisch. Schwache, schräge Verschiebung. Links stehen Darmbeinschaufel, sowie Trochanter major um 1½ cm höher als rechts.

Stimme mit baritonalem Timbre, Kleidung elegant, ohne stutzerhafte Uebertreibung.

Homosexuelle und charakterologische Entwicklung des Herrn H. Patient will bereits in seiner Jugend nach der männlichen Triebrichtung hin sich entwickelt haben. Er war ruhig und schüchtern, hatte nie besondere Freude an Knabenspielen und wurde von jeher seiner Mädchenhaftigkeit wegen geneckt. Er zog weiblichen Umgang bereits in seinen Knabenjahren vor und fühlte sich als Kind glücklich, wenn er schöne Männer beobachten konnte. Alles lärmende Wesen, Raufereien etc. waren ihm verhasst, dagegen zeigte sich frühzeitig ein Sinn für weibliche Toilette, Moden und häusliche Thätigkeit. H. galt immer als vortrefflicher Kenner und Rathgeber in Toilettenfragen.

Im sechsten Jahre kam ihm in Folge von Verführung durch Altersgenossen zuerst der Gedanke, die Genitalien eines Altersgenossen zu berühren, was ihm wollüstige Empfindungen erregte. Seitdem verkehrte er nur mit Männern geschlechtlich. Bereits nach Beendigung dieser Krankengeschichte legte ich dem Patienten die Frage vor, ob die weiblichen Neigungen vor oder nach dem ersten Auftreten seiner geschlechtlichen Erregungen sich gezeigt hätten. Patient hat darüber keine Erinnerung und ich erhielt den Eindruck, als ob die übrigens nicht gerade stark ausgebildeten Erscheinungen der Effeminatio sich als Folge seiner sexuellen Verirrung eingestellt hätten.

Die Erziehungseinflüsse waren auch in diesem Falle massgebend für die geschlechtliche Richtung des durch Erblichkeit prädisponirten H. Vom 13. bis 17. Jahre gab er sich als Gymnasialschüler der solitären und mutuellen Onanie fleissig hin, hatte hiebei aber stets Phantasievorstellungen homosexuellen Inhalts, ohne sich aber über die Geschlechtsverhältnisse klar zu sein. Das ein halbes Jahr andauernde Verhältniss mit einem Matrosen im Jahre 1883, worauf H. in seiner Autobiographie hinweist, bezeichnet er als die glücklichste Zeit seines Lebens. Er sieht gern kraftvolle Gestalten, bekommt ziemlich häufig gelegentlich eines derartigen Anblicks Erectionen. Seiner schwächlichen Constitution wegen wurde er vom Turnen befreit, von männlichem Sport ferngehalten. Patient träumt in der Regel nicht, will sich aber doch erinnern, bei sexuellen Träumen mit Pollutionen sich nur schöne Männer vorgestellt zu haben. Er sucht nicht die Aufmerksamkeit durch auffallende Kleidung auf sich zu ziehen, ist im Ganzen bescheiden, zurückhaltend, ruhigen Temperaments. Seine Libido ist überhaupt nicht übermässig stark entwickelt.

Er schätzt das weibliche Geschlecht, verkehrt gern und harmlos damit, ohne aber jemals, auch in der frühesten Jugend nicht, durch dasselbe geschlechtlich erregt zu sein. Es lassen sich in den Antecedentien des Patienten trotz sorgfältigster Examinirung keine Anhaltspunkte für eine jemals vorhandene heterosexuelle Triebrichtung finden, was für die Diagnose, angeborene conträre Sexualempfindung, ausschlaggebend ist. Patient raucht und trinkt nicht! Grosse

Vorliebe für Kunst und Theater! Patient ist eifriger Sänger. Es besteht Talent
für Sprachen, Weichheit des Gemüthes, mitunter Reizbarkeit. Im Ganzen ein
einfacher und zuverlässiger Charakter, etwas schüchtern, weichlich. In Folge
seiner Erziehung und aufgeklärt durch Lectüre ist er sich, wenn auch spät,
über seinen Zustand klar geworden. Er betrachtet sich als Stiefkind der Natur,
ist tief unglücklich und moralisch deprimirt, weil er sein Dasein für verfehlt
ansieht bei seiner Ohnmacht, der krankhaften Triebrichtung zu widerstehen.
Seine sexuellen Dränge sind nicht so stark, wie bei manchem anderen Patienten,
aber immer nur auf das männliche Geschlecht gerichtet. Patient übte niemals
den Coitus aus, ein heterosexueller Rapport ist ihm undenkbar. Horror feminae.
Er verabscheut Pädicatio, die einfachste Berührung der Geschlechtstheile seines
Genossen; mutuelle Onanie oder einfache Umarmungen und Küsse rufen Ejaculation hervor. Daneben bestehen die oben erwähnten neurasthenischen Beschwerden.

Behandlung. Auf Wunsch des Patienten und seiner Angehörigen unterzog ich mich der Aufgabe, denselben mit Hilfe hypnotischer Suggestion von
seiner pathologischen Gefühlsweise zu befreien. Zur Stellung einer relativ
günstigen Prognose hielt ich mich berechtigt in der Voraussetzung, dass
Patient sich der wahrscheinlich langwierigen und zeitraubenden Cur mit Geduld
und systematisch unterwerfe. Das therapeutische Vorgehen schien mir im vorliegenden Falle folgende vier Hauptziele anstreben zu sollen:

1. Bekämpfung homosexueller Empfindungen;
2. Erzeugung heterosexueller Gefühlsweise;
3. Herstellung eines dauernd geregelten heterosexuellen
   Rapportes;
4. Verlobung und Heirat, d. h. möglichste Sicherung vor
   Recidiven durch Herstellung zweckentsprechender äusserer
   Bedingungen.

Ein anderer Theil der Aufgabe bestand in der Beseitigung der neurasthenischen Beschwerden.

Am 20. October 1890 erster hypnotischer Versuch mit Hilfe der
Bernheim'schen Methode. Tägliche Wiederholung des Verfahrens. Patient
wird nur somnolent, ist aber im Ganzen den Suggestionen leicht zugänglich.

30. October. Der Horror feminae am 28. October ist noch so stark,
dass Patient Brechneigungen bekommt, als sein Bruder mit ihm das Bordell
besuchen will. Er kann sich nicht überwinden und kehrt unterwegs um. Am
29. October, nach energischer Wiederholung der früheren Suggestionen, ist
Patient trotz hochgradiger Erregung im Stande, das Bordell zu betreten. Das
erste Zusammentreffen mit einem weiblichen Wesen ist ohne jeden Erfolg. Uebelkeit, intensiver Widerwillen, Unmöglichkeit einer Erection trotz mechanischer
Reizung des Gliedes durch Manipulationen.

Heute suggestive Beruhigung des über den Misserfolg tief unglücklichen
Patienten. Suggestivbehandlung wie am 20. October.

31. October. Heute in Hypnose, benommener Kopf, Appetitlosigkeit
und Brechreiz mit Erfolg absuggerirt. Weiteres Verfahren wie am 28. October.

Am 1. November berichtet Patient, er fühle sich innerlich „wie abgeschnitten" vom männlichen Geschlecht, es fehle ihm etwas. Behandlung
wie sonst.

3. November. Vorbereitet durch Suggestionen, macht H. heute einer
Prostituirten einen Besuch. Trotz energischer Anregung durch Manipulationen,

trotz Zuhilfenahme der Phantasie (Vorstellung männlicher Figuren) Erection ganz
unmöglich. Fiasco vollständig. Der Geschlechtstrieb scheint nach beiden
Seiten hin wie abgestorben zu sein.

Am 4., 5., 6., 7. und 8. November wird täglich, trotz des bisherigen
Misserfolges, immer von Neuem das Gelingen des Coitus in Verbindung mit den
Aufträgen vom 20. October suggerirt. In der Nacht vom 4. auf 5. November
lasciver Traum mit männlichen Figuren ohne Pollution. Am 6. und 7. November
besucht H. ein bekanntes Tanzinstitut, ohne aber sich einem der Mädchen anzu-
schliessen.

Am 8. November wird von Neuem ein Versuch im Bordell für den
8. oder 9. November anbefohlen. Ruhe, Ueberwindung der Schüchternheit und
vollständiges Gelingen suggerirt. Suggestion: „Die Erection wird zu Ihrem
eigenen Erstaunen ohne Ihr Zuthun plötzlich vorhanden sein."

Der 9. November ist für den Patienten, wie er behauptet, der qual-
vollste Tag der Behandlung gewesen! Bereits am Morgen dieses Sonntages
befindet er sich in Erregung. Starke gemüthliche Depression. Selbstmordgedanken. Patient hält sein Leben für verfehlt. Er glaubt, impotent zu sein,
umsomehr, nachdem trotz nahezu dreiwöchentlicher Behandlung ein bemerkens-
werther Fortschritt nicht zu verzeichnen war. Am Vorabend fand er nicht den
Muth zur Ausführung des Planes. Um die Wirkung der entgegenstehenden Vorstellungen und Empfindungen einigermassen abzuschwächen, bereitete H. sich
auf meinen Rath an diesem Abend durch Alkoholgenuss (Bier, Grog, Sect) vor
und begab sich gegen 10 Uhr ins Bordell. Nachdem das Rendez-vous unter vier
Augen bereits 20 Minuten angedauert hatte, ohne dass auch mit Hilfe von
Manipulationen Erection zu Stande gekommen wäre, trat zum Erstaunen des
Patienten plötzlich spontan Erection ein. Der Coitus wird unter Wollustempfindungen vollzogen. Zwar sind letztere in ihrer Intensität nicht zu vergleichen mit denen beim männlichen Verkehr; aber H. ist hocherfreut über das
Gelingen und findet Vergnügen am heterosexuellen Rapport.

12. November. Suggestion: Heute Vollziehung des Coitus, heterosexuelle Libido, intensive Wollustempfindung.

13. November. Patient vollzog am gestrigen Abend ohne Vorbereitung
durch Alkohol den Coitus, Erection spontan, Wollustempfindung stärker.

Mit dem 9. und 13. November ist der Sieg über das homosexuelle
Empfinden des Patienten entschieden, der schwierigste Theil der Aufgabe,
nämlich die Erzeugung heterosexueller Gefühlsweise, gelöst. Patient geht damit
in das Stadium psychischer Hermaphrodisie über, die Förderung und Festigung
der im Vergleiche zur conträren Naturanlage des Patienten noch schwachen
heterosexuellen Gefühlsregungen ist das weitere Ziel. Die Kräftigung dieser
Empfindungen durch suggestiven Einfluss und durch geregelten heterosexuellen
Rapport sollte so lange fortgesetzt werden, bis das Uebergewicht normaler Geschlechtsempfindung vollständig ist, und durch auch selbst starke homosexuelle
Reize nicht mehr tangirt werden kann.

Patient wird nun in der oben geschilderten Weise mit hypnotischen Suggestionen fortbehandelt; er kommt indessen in der Regel nur in das Stadium
der Hypotaxie, niemals in Somnambulismus.

Während der hypnotischen Sitzungen im December wird dem Patienten
täglich von Neuem der Entschluss suggerirt, sich zu verloben mit einer jungen,
ihm sympathischen Dame! Diese Ehe ist geheimer Wunsch beider Familien.

Patient verreist am 22. December auf mehrere Wochen mit dem Vorsatz, sich sofort zu verloben.

Das Resultat der bisherigen 52 hypnotischen Sitzungen ist:

a) die gelungene Herstellung eines geregelten heterosexuellen Rapportes auf Grund künstlich erzeugter Empfindungen;

b) die fortschreitende Abnahme homosexueller Gefühle;

c) die sichere Beseitigung jeweiliger körperlicher Beschwerden;

d) der Entschluss zur Verlobung.

Die bis zu einem gewissen Grade von dem sexuellen Verhalten des Patienten abhängigen neurasthenischen Beschwerden nahmen im Laufe der Behandlung ab. Diätetische Vorschriften, Regelung der Beschäftigung, kalte Abreibungen ergänzten die körperliche Behandlung des Patienten. Bei Vermeidung von Ueberanstrengung und Excessen, wie sie im Carneval gegen die ärztlichen Vorschriften mitunter ausgeübt wurden, befindet Patient sich wohl. Kopfschmerzen, rheumatische Affectionen, Schwindelgefühle wichen regelmässig der Suggestion, wenn andere Heilfactoren nicht zum Ziele führten. Patient wurde im Laufe der Behandlung berufsfähig, die Klagen über körperliche Beschwerden erfolgten seltener, und wenn heute (Ende Mai 1890) noch mitunter einzelne Symptome auftreten, so entstammen sie regelmässig beruflicher Ueberanstrengung, zumal Patient genöthigt ist, den ganzen Tag in stehender Stellung zuzubringen.

Zum Neujahr 1891 erfreute mich H. durch Mittheilung seiner Verlobung. Sein Brief lautete:

2. Januar 1891.

„Sehr geehrter Herr Doctor!

Heute habe ich das ganz besondere Vergnügen, Ihnen mittheilen zu können, dass meine Verlobung, wenn sie auch bei der Jugend meiner Braut nicht veröffentlicht wird, perfect ist. Ich bin in der freudigen Hoffnung, dass diese Ehe für mich ein volles Glück bringen wird und dass dieselbe gewissermassen als Schluss Ihrer Behandlung angesehen werden kann, insofern nämlich in der Ehe sicherlich die letzten Spuren meines Leidens vollständig verschwinden werden.

Dass ich dazu kommen kann, das Glück der Ehe zu geniessen, danke ich in erster Linie Ihnen und werde es Ihnen nie und nimmer vergessen.

Ihr

stets dankbarer H."

Auf meine Anfrage ergänzt Patient seinen Brief durch folgende Nachschrift:

„Die Empfindungen, welche mich an meine Braut fesseln, sind durchaus anderer Natur, tiefer und reiner als jene Gefühle, die bisher in mir durch Personen meines Geschlechtes erregt wurden. Ich glaube ein Glück zu empfinden, wie ich es bisher für unmöglich hielt und wie ich es niemals gekannt habe. Auch unterscheidet sich das mich verknüpfende innere Band dadurch von den Beziehungen mehr geschlechtlicher Natur, die ich bisher in Folge der Suggestion mit weiblichen Personen anknüpfte, dass ich mich auch ästhetisch ganz befriedigt fühle, womit eine bisher noch vorhandene Lücke ausgefüllt ist. Ich halte es für unmöglich, dass Regungen wie die früheren jemals wieder die Oberhand gewinnen. Ich fühle dem männlichen Geschlechte gegenüber eine kalte Gleichgiltigkeit. Ich glaube geheilt zu sein, und es handelt sich nur noch darum, dass der gegenwärtig vorhandene, unangreifbare Erfolg dauernd werde, um mein Lebensglück

zu begründen. Ich selbst würde früher niemals diese Umwandlung für möglich
gehalten haben und hätte bestimmt nicht die Kraft gefunden, so völlig mit der
Vergangenheit zu brechen. Ich halte es auch für ausgeschlossen, dass eine nur
moralische Behandlung im wachen Zustande ein solches Resultat hätte zu Stande
bringen können. Alle in diesem Sinne vorgenommenen Versuche, alle Vorstellungen,
sei es von Anderen, sei es von mir selbst, waren ganz ohnmächtig meinem
Triebe gegenüber. Erst der anhaltenden, mit Hypnose verbundenen Suggestivbehandlung ist nach meiner festen Ueberzeugung dieses glänzende Resultat zuzu-
schreiben. Ich verdanke derselben und Ihnen, sehr geehrter Herr Baron, mein
Lebensglück und schliesse mit dem Wunsche, dass noch Manchem in der gleichen
Weise wie mir geholfen werde."

Um die aufkeimende heterosexuelle Triebrichtung des Patienten zur vollständigen Entwicklung zu bringen und bleibend zu gestalten, wird H. nach seiner
Rückkehr noch in den Monaten Januar, Februar 1891 bis zum 10. März
mit durchschnittlich täglichen hypnotischen Sitzungen fortbehandelt Den Coitus
vollzieht er in dieser Zeit etwa zweimal wöchentlich der Vorschrift gemäss. Trotz
leichter episodischer Schwankungen im psychischen Gleichgewicht schreitet indessen die heterosexuelle Entwicklung langsam, aber stetig fort.

An manchen Tagen tritt Erection erst auf mechanische Reizung durch
Manipulationen ein, mitunter tardive Ejaculation. Allmälig bildet sich bei ihm
ein Bedürfniss aus, regelmässig für normale Befriedigung zu sorgen, die
Intensität der Wollustempfindungen nimmt zu, so dass er sich in einem Falle
sogar verleiten lässt, unmittelbar hintereinander zweimal den Act zu vollziehen!
Nach dem geschlechtlichen Verkehr grosse körperliche Frische, ruhiger, traum-
loser Schlaf. In den folgenden Tagen keine sexuellen Dränge, Gefühl vollständiger
Gesundheit, innerer Zufriedenheit, absolute Reactionsunfähigkeit auf homosexuelle
Reize. Seit 10. März ist Patient in München beruflich thätig, arbeitet in einem
Bureau angestrengt von Morgens bis Abends. Mitunter grosse Erschöpfung durch
angestrengte Tagesarbeit, bei den abendlichen geschlechtlichen Rencontres. Seit
dieser Zeit hypnotisire ich ihn nur mehr alle 8 bis 14 Tage. Bis Ende Mai 1891
hat Patient im Ganzen 114 hypnotische Sitzungen durchgemacht. So lange H.
mit automatischer Regelmässigkeit zweimal wöchentlich cum muliere geschlechtlich verkehrt, fühlt er sich als glücklicher, normaler, gesunder Mensch, ohne
überhaupt noch an seine conträre Naturanlage erinnert zu werden. Wird dieser
Zustand stabil, was nach eingegangener Ehe anzunehmen ist, so darf man den
Patienten wohl als relativ geheilt ansehen. Treten aber auf Veranlassung äusserer
Umstände in den sexuellen Rapporten Pausen von einer Woche oder länger ein,
so machen sich noch episodisch sexuelle Dränge nach der männlichen Richtung
hin bemerkbar.

So berichtet Patient am 16. Mai, dass am Ende der Woche, nachdem
eine achttägige Pause den geschlechtlichen Verkehr unterbrochen habe, homosexuelle Dränge in Form einer Erection beim Anblick eines männlichen Collegen
in einer für ihn peinlichen Weise aufgetreten seien.

In der darauffolgenden Nacht träumte Patient, eine männliche Person
wolle ihn gegen seinen Willen und trotz heftigen Widerstrebens zum homosexuellen Verkehr verführen. Er habe ein intensives Gefühl des Ekels und Wider-
willens gegen diese Art der Befriedigung empfunden. Trotz des Widerstandes
sei es dem Angreifer gelungen, ihn zu umarmen und an sich zu ziehen, ohne
aber sein Glied zu ergreifen. Dieser Vorgang genügte, um eine Pollution
hervorzurufen. Am folgenden Morgen heftiger moralischer Katzenjammer.

An demselben Tage noch begibt sich Patient zu einer Prostituirten, vollzieht
den Coitus mit ihr zweimal, um seine Seelenruhe wieder herzustellen, was
auch gelang.

Uebrigens ist dieser allerdings selbstverschuldete psychosexuale
Rückfall — wenn man ihn überhaupt als einen solchen bezeichnen
darf — der einzige in den letzten vier Monaten. Er illustrirt klar die
Nothwendigkeit eines geregelten heterosexuellen Verkehrs. Er zeigt
aber auch in dem Widerstand des Träumenden deutlich, dass die durch
suggestiven Zwang und weiblichen Geschlechtsverkehr künstlich geschaffene Association bereits selbstständig ihren Platz zu behaupten
sucht im Kampf gegen die aus der constitutionellen Anlage stammenden, (?)
durch Gewährung erstarkten und noch relativ kräftigeren homosexuellen Erinnerungsbilder. Mit der weiteren Entfaltung des jungen heterosexuellen Triebes geht die Besserung des Patienten schrittweise vorwärts; die Entwicklung selbst aber hängt ganz von dem durch den
cerebralen Mutterboden dargebotenen Ernährungmaterial ab. Sinneswahrnehmungen, suggerirte Vorstellungsreize und Phantasiethätigkeit
werden auf eine möglichst hohe Potenzirung der Wollustgefühle hinwirken
müssen. Dieser heterosexuelle Mechanismus muss aber in geregelter
Thätigkeit erhalten werden, wenn der Drang stark genug werden soll,
um die zwangsweise auftretenden hemmenden Gegenvorstellungen homosexuellen Inhalts unschädlich zu machen. Bedeutet nun schon in diesem
Stadium psychischer Hermaphrodisie die Zunahme der Libido nach der
weiblichen Seite hin an sich eine entschiedene Abschwächung der homosexuellen Triebrichtung, so ist es doch andererseits Aufgabe des Patienten und Arztes, jede Anregung der conträren Empfindungsweise
sorgfältig zu vermeiden (Abbruch des Verkehrs mit männlichen Personen etc.), damit sie gewissermassen mit der Zeit der Inactivitäts-
atrophie anheimfalle. Sobald sie auf diesem Wege durch Mangel an
Uebung zu einem allerdings vorhandenen episodisch bemerkbaren, aber
nicht mehr als störend oder krankhaft empfundenen unschädlichen
Rudiment zusammengeschrumpft ist, hat das Product künstlicher Züchtung
den Naturfehler compensirt. Diese Correctur darf als relative Heilung
angesehen werden.

Nachtrag. Während der Monate Juli und August 1891 musste die
Behandlung ausgesetzt werden. Im Juli wurde Patient durch ein Darmleiden
mehrere Wochen an das Bett gefesselt, was eine längere Unterbrechung der
sexuellen Rapporte mit sich brachte. Bei dieser Gelegenheit zweimal spontane
Ejaculationen, als ein theilnehmender Freund dem Patienten den Puls fühlte.
Sexuelle Hyperästhesie, durch Abstinenz erklärlich. Der unbefriedigte Drang
nahm hier faute de mieux seine alte Richtung. Patient ist darüber sehr unglücklich, verliert die Hoffnung auf völlige Heilung. Am 12. September 1891 wird
die hypnotische Behandlung wieder aufgenommen. Gleichzeitiger mehrwöchent-

licher Gebrauch von Brompräparaten. Seitdem unterzog sich H. noch 90 hypnotischen Sitzungen (im Ganzen also 204 Hypnosen) und wird gegenwärtig wöchentlich einmal prophylaktisch auf seinen Wunsch fort hypnotisirt. Sein Geschlechtsleben ist bereits wieder seit sieben Monaten vollkommen geregelt. Ein- bis zweimal in der Woche regelmässiger Coitus, kein einziges Mal in dieser Zeit homosexuelle Dränge. Im Anfang dieser Periode unregelmässiger Eintritt der Erectionen, die aber allmälig sich wieder spontan und prompt, sowohl bei heterosexuellen Vorstellungen wie bei den geschlechtlichen Rapporten einstellen. Seine Empfindungsweise ist vollkommen auf das Weib gerichtet, er hat sogar sich einen bestimmten Geschmack ausgebildet und liebt es, von Zeit zu Zeit das Object seiner Rapporte zu wechseln. Mit seiner Braut steht er nach wie vor in lebhafter Correspondenz und ist ihr mit inniger Liebe zugethan.

Nachdem in den letzten sieben Monaten die frühere Verirrung des Triebes sich in keiner Weise mehr geäussert hat, wogegen das Geschlechtsleben vollkommen geregelt ist, so darf Patient als »geheilt« betrachtet werden. Die gesammte Beobachtungsdauer beträgt bis zum Frühjahr 1892 ein Jahr und fünf Monate.

Die vorstehende Beobachtung, welche hier verkürzt wiedergegeben ist, fand Aufnahme in mein im Frühjahr 1892 erschienenes Werk: »Die Suggestionstherapie bei krankhaften Erscheinungen des Geschlechtssinnes« (Stuttgart, Enke, 1892) als Fall 66, S. 273.

Ein Jahr nach dem Erscheinen des Buches oder 2½ Jahre nach Beginn der Behandlung erhielt ich vom Patienten folgenden Brief:

1. März 1893.

„Sehr geehrter Herr Baron!

Bereits ist ein volles Jahr verflossen, seitdem Sie mich aus Ihrer Behandlung entliessen. Zu meiner grössten Freude kann ich Ihnen durchaus befriedigende Mittheilungen machen. Weil es mir so gut ging, vergass ich nur zu bald, wie traurig ich früher daran war, und dachte ich auch nicht mehr an einen Bericht an Sie. Seitdem ich nicht mehr bei Ihnen war, setzte ich den Verkehr mit dem Weibe in unveränderter Weise fort, nach und nach fühlte ich eine immer grösser werdende Sicherheit, so dass es mir in dem ganzen Zeitraum nur einmal begegnete, dass die Erection nicht so prompt und spontan eintrat wie gewöhnlich. Und in diesem einen Falle messe ich grosser Ueberwindung die Schuld bei. Während ich in den ersten Monaten nur zum Weibe ging, weil ich gehen sollte, bedarf es jetzt absolut nicht mehr eines solchen Zwanges, im Gegentheil der Coitus verursacht mir jedesmal einen hohen Genuss. Im gleichen Masse, wie das Gefallen an der Sache zunahm, verschwanden die Erinnerungsbilder aus früheren Zeiten immer mehr. Ich habe oft Gelegenheit gehabt, mit Männern in Beziehung zu kommen, deren Aeusseres früher meine Leidenschaft sofort entflammt haben würde, während ich nun mit ihnen verkehren konnte, ohne auch nur die geringste Erregung zu verspüren. Besonders bemerkenswerth erscheint mir Folgendes. Ich erkrankte im Mai an Gelenkrheumatismus und war theils hier, theils daheim bis Ende Juni bettlägerig. Bis zu meiner Rückkehr nach München, gegen Ende August, also während der Reconvalescenz, war mir durch die Umstände jede Möglichkeit zum Coitiren abgeschnitten. Zu jener Zeit war

ich unzweifelhaft viel erregbarer als gewöhnlich, aber trotzdem liess mich das
Zusammentreffen mit einem früheren Freunde geschlechtlich ganz kalt, obgleich
ich ihn im Uebrigen noch sehr gut leiden konnte. Ebensowenig störte mir der
Anblick sympathischer Gestalten das innere Gleichgewicht, ich blieb vielmehr
kühl bis ans Herz hinan. Um es kurz zu sagen, der Umschwung in dem ganzen
Gefühlsleben ist ein so bedeutender, dass ich ihn anfangs für unmöglich gehalten
haben würde.

Auch für die Zukunft hoffe ich Ihnen ebenso Günstiges berichten zu
können.

Mit dem Ausdrucke steter Dankbarkeit verbleibe ich

Ihr

ergebener H."

Von dem Datum dieser Notiz an sind von Neuem ein Jahr und
acht Monate vergangen, oder seit Beginn der Behandlung verflossen
nunmehr vier und ein halbes Jahr. Vor einigen Wochen (September
1894) passirte Patient auf seiner Hochzeitsreise München und besuchte
mich. Meine Erwartung, dass H. im kritischen Moment von Neuem
ärztliche Hilfe in Anspruch nehmen wolle, wurde gründlich getäuscht.
H. stellte sich vielmehr als dauernd geheilt vor, hatte seither keine
einzige Recidive. Der sexuelle Verkehr mit seiner jungen Gattin
gelang ohne irgend welche Zuhilfenahme conträr sexueller Ideen.
H. liebt seine Frau zärtlich und ihre sexuellen Beziehungen sind
tadellos. Ausserdem bietet er äusserlich das Bild blühender Gesundheit
und Männlichkeit dar. Der Bruder des Patienten, der das ganze sexuelle Vorleben desselben und seine Umwandlung genau verfolgte, bestätigt die Richtigkeit der Aussage H.'s. Mithin darf ich diesen Patienten
als völlig geheilt ansehen.

Beobachtung 2. Conträre Sexualempfindung eines erblich belasteten Neuropathen. Relative Heilung in 45 hypnotischen Sitzungen.
Beobachtungsdauer fünf Jahre.

Die hier mitgetheilte Autobiographie wurde in der 5. Auflage der Psychopathia sexualis (Enke, Stuttgart 1890) von Prof. v. Krafft-Ebing als Beobachtung 83 publicirt, und in der 6. Auflage (1891) in Verbindung mit meiner
Krankengeschichte als Beobachtung 118 wiederholt, im Anschluss an zwei von
mir in der Internationalen klinischen Rundschau am 6. October 1889 (Nr. 40)
und in Nr. 15, 1890 veröffentlichte Aufsätze. Der nachfolgende Bericht schliesst
sich in veränderter Form diesen Mittheilungen an.

Patient R., ein 28 Jahre alter Beamter, suchte mich am 20. Januar 1889
auf. Seine sexuelle Perversion scheint sich auf Grundlage erblicher neuropathischer Belastung entwickelt zu haben. Der Urgrossvater väterlicherseits und
dessen Schwester starben irrsinnig, die Grossmutter an Apoplexie, des Vaters
Bruder im Irrsinn, dessen Tochter an Gehirntuberculose. Muttersmutter war
jahrelang schwermüthig. Vater der Mutter geisteskrank, der Bruder der Mutter
nahm sich in einem Anfall von Geistesstörung das Leben. Der Vater des Pa-

tienten ist sehr nervös. Ein jüngerer Bruder neurasthenisch, mit Anomalien in der Vita sexualis, ein zweiter conträrsexual, ein dritter zeigt excentrisches Benehmen, soll fixe Ideen haben. Eine Schwester ist krampfkrank, eine andere starb als kleines Kind an Convulsionen.

Bis dato hat R. noch niemals den Coitus ausgeübt. Der Gedanke an den sexuellen Verkehr mit dem Weibe ist ihm unsympathisch. Er hat jedoch, um seiner krankhaften Empfindungen mit Aufbietung seiner ganzen Willenskraft Herr zu werden, wiederholt den Versuch gemacht, den sexuellen Act mit einem Weibe zu vollziehen, gerieth jedoch niemals in sinnliche Erregung und brachte keine Erection zu Stande. Er blieb dem Weibe gegenüber impotent und schätzte den Verkehr mit gebildeten Personen des anderen Geschlechtes nur wegen der geistigen Vorzüge.

Trieb und Neigung zu Männern waren in R. schon seit der Pubertät stark ausgebildet. Schon die blosse Berührung mit Personen seines Geschlechtes steigerte in einigen Fällen die sexuelle Erregung des Patienten bis zu Pollutionen. Durch Masturbation und bezahlten Verkehr mit männlichen Personen aus den niederen Volksständen, denen er Nachts auf der Strasse nachging, suchte er seine Libido zu befriedigen. Gehindert durch die gesellschaftlichen und criminellen Schranken, ohnmächtig, seiner Gefühle Herr zu werden, gerieth Patient in einen inneren Zwiespalt. Der sexuelle Drang und die bessere Ueberlegung traten in Widerspruch. Lascive aufregende Träume, in denen männliche Figuren die Hauptrolle spielten, steigerten den inneren Widerspruch. Mitunter siegte die Vernunft; in solchen Fällen fand R. Kraft genug, die Gesellschaft männlicher Personen zu verlassen, sobald er seiner Leidenschaft zu unterliegen drohte. Meistens jedoch siegte der Drang nach sexueller Befriedigung. R. fühlte sich in Folge dessen tief unglücklich. Das Leben wurde ihm zur Qual. In diesem Zustande psychischer Depression suchte Patient um meine Hilfe nach.

Therapie. Die vom 22. Januar 1889 bis 2. Mai 1889 dauernde, 45 Sitzungen umfassende Behandlung mit hypnotischer Suggestion erzielte eine völlige innere Umwandlung, welche, wie ebenfalls in dem erwähnten Berichte von mir mitgetheilt wurde, die Herstellung der heterosexualen Functionen und die Verlobung des Patienten mit einer Jugendfreundin zur Folge hatte. — Am Schlusse der damaligen Mittheilungen gab ich in Erwägung etwa möglicher Recidive meinen Bedenken in folgenden Worten Ausdruck. „Wie weit es der psychischen Behandlung gelungen ist, bei der hereditären Belastung des Patienten die Anlage zu abnormen Geschlechtsempfindungen zu unterdrücken, darüber dürfte erst nach Jahren ein Urtheil gestattet sein."

Kurz nach Drucklegung des ersten Berichtes (am 6. October 1889) schrieb mir Patient wie folgt:

„Ich glaube mich als geheilt betrachten zu können, da mein Zustand, seit ich Ihre Behandlung verlassen habe, im Wesentlichen der gleiche geblieben ist. Tauchen auch manchmal Reminiscenzen an den früheren Zustand auf, so sind das nur vorübergehende und innerliche Vorgänge. Namentlich ist, was mir das Entscheidende zudem scheint, die nervöse Unruhe, in der ich mich völlig widerstandslos, wie in einem unerklärlichen Zwange fortgetrieben fühlte, meine früheren Neigungen zu befriedigen, wie ich hoffe, wohl für immer geschwunden. In dem steten Verkehr mit einem ausserordentlich sympathischen Wesen finde ich

2*

jetzt eine Ruhe und ein Glück, wie ich es früher nicht für möglich gehalten
hätte. Seien Sie überzeugt, dass ich nie vergessen werde, was Sie für mich
gethan haben.

Euer Hochwohlgeboren

ganz ergebener R."

Auf Anregung des Prof. v. Krafft-Ebing veranlasste ich den Patienten,
im Januar 1890 — also acht Monate nach Beendigung der hypnotischen Cur —
einen weiteren genauen Bericht zu erstatten, der im Nachfolgenden vollständig
wiedergegeben ist.

„Ich glaube meine Ueberzeugung dahin aussprechen zu können, dass die
in einigen Wochen sich vollziehende Verheiratung und der damit verbundene
mir sehr erwünschte Ortswechsel im Stande sein werden, die mir übrigens gar
nicht mehr lästigen Residuen von früher völlig zu beseitigen. Ich beschliesse
diese Zeilen mit der aufrichtigen Versicherung, dass ich innerlich ein völlig
anderer Mensch geworden bin und dass diese Umwandlung mir das bisher
fehlende innere Gleichgewicht wiedergegeben hat."

Geradezu ausschlaggebend zur Beurtheilung der Frage scheint mir der
letzte Brief des Patienten mit dem Berichte über seine Hochzeitsreise zu sein.
Derselbe ist datirt vom 20. März 1890 und lautet in unverkürzter Wiedergabe
folgendermassen:

„Verehrter Herr Baron!

Seit einigen Tagen von meiner Hochzeitsreise zurückgekehrt, erlaube ich
mir, Ihnen einen kurzen Bericht über meinen jetzigen Zustand zu übersenden.
Die Woche vor der Hochzeit befand ich mich allerdings in einer hochgradigen
Aufregung, da ich fürchtete, gewissen Verpflichtungen nicht nachkommen zu
können. Die dringenden Vorstellungen meines Freundes, der um jeden Preis
noch eine Zusammenkunft mit mir bewerkstelligen wollte, liessen mich allerdings
sehr kalt. Wir haben uns, seit ich Sie das letzte Mal sah, nicht mehr getroffen
(d. h. während circa zweier Monate nicht), jedoch war ich durch den Gedanken,
dass meine Ehe nothwendig unglücklich werden müsste, sehr beunruhigt. Jetzt
aber bin ich darüber ausser Sorge. Zwar gelang es mir in der ersten Nacht ausserordentlich schwer, in eine sinnliche Aufregung zu gelangen, jedoch schon in der
folgenden und seither glaube ich allen Anforderungen, die an einen normalen
Menschen gestellt werden können, zu genügen. Auch habe ich die Ueberzeugung,
dass die Harmonie zwischen uns, die natürlich in geistiger Beziehung schon
längst besteht, auch sonst immer vollständiger werden wird. Ein Zurückgreifen
in frühere Verhältnisse scheint mir völlig ausgeschlossen; es ist vielleicht be-
zeichnend für meinen jetzigen Zustand, dass ich in der vergangenen Nacht zwar
von meinem früheren Geliebten träumte, dass dieser Traum jedoch weder einen
sinnlichen Inhalt hatte, noch mich sinnlich erregte. Von meinem jetzigen Verhältnisse fühlte ich mich voll befriedigt. Ich bin mir zwar wohl bewusst, dass
meine jetzige Neigung dem Grade nach die früheren bei Weitem nicht erreicht,
jedoch glaube ich, dass dieselbe an Stärke mit jedem Tage zunehmen wird.
Schon jetzt erscheint mir mein früheres Leben unverständlich, und ich kann es
nicht begreifen, weshalb ich nicht schon früher daran dachte, durch eine normale
Geschlechtsbefriedigung die anormalen Empfindungen zurückzudrängen. Ein Rück-

fall wäre nur mehr bei einer völligen Umkehr meines jetzigen Seelenlebens denkbar und scheint mir jetzt mit einem Wort unmöglich.

Euer Hochwohlgeboren

ganz ergebenster R."

Im Mai 1891 sind genau zwei Jahre verflossen, seit Patient aus der Behandlung entlassen wurde. Im Februar 1891 ist R. glücklich Vater geworden. Es unterliegt wohl keinem Zweifel, dass auch das weitere Verhalten und Befinden des Patienten für die Beurtheilung der Suggestivtherapie in solchen Fällen von hervorragender Bedeutung ist. Ich wandte mich daher an den Patienten und erhielt am 3. M a i 1891, also g e n a u zwei Jahre nach Beendignng der Behandlung, folgenden Brief:

„Verehrter Herr Baron!

Es fällt mir immer etwas schwer, mir selbst über meinen Zustand ganz klar zu sein, da er fast fortwährend kleinen Schwankungen unterliegt; jedoch hoffe ich im Nachfolgenden Ihnen ein möglichst genaues Bild geben zu können. Sie werden wohl zunächst fragen, ob ich noch eine Nachwirkung Ihrer Behandlung verspüre, und diese Frage kann ich ganz entschieden bejahen. Ich hatte kürzlich Gelegenheit, meine Resistenzfähigkeit gegenüber meinem früheren Geliebten auf die Probe zu stellen, der mich besuchte. Ich blieb während seiner Anwesenheit vollständig kalt und lehnte es entschieden ab, mit ihm Abends irgendwo zusammenzutreffen. Doch kann diese Gleichgiltigkeit auch darin ihren Grund haben, dass ich ihn eben nicht mehr liebe. Ob ich mich in einen Anderen verlieben könnte, weiss ich wirklich nicht mit Bestimmtheit zu sagen; jedenfalls mache ich keine Versuche, mich irgend Jemand zu nähern und bleibe während des Tages so ziemlich von allen ähnlichen Ideen verschont, wenn ich auch nicht leugnen kann, dass ich hie und da einen Soldaten etc. mit Wohlgefallen betrachte, so bin ich mir dabei doch wohl bewusst, dass jede Annäherung zwischen uns unmöglich ist. Nachts freilich tauchen ziemlich häufig noch die alten Träume auf und Phantasien bekannten Inhaltes lassen mich einschlafen. Jedoch fühle ich mich immer Herr der Situation und nehme diese unangenehme Erinnerung eben hin als Residuen einer Vergangenheit, die sich wohl nie wird ganz auslöschen lassen. Glaube ich nun auch, dass mir meine ursprüngliche Naturanlage, wenn auch sehr abgeschwächt, wohl bleiben wird, so glaube ich doch nicht minder bestimmt, dass ein R ü c k f a l l, so lange der gegenwärtige Zustand dauert, a u s g e s c h l o s s e n ist.

Um nun zur gegentheiligen Seite meines sexuellen Empfindens überzugehen, so finde ich es sehr eigenthümlich, dass meine sinnliche Erregung gegenwärtig ebenso leicht durch das männliche als durch das weibliche Geschlecht hervorgerufen werden kann, nur mit dem Unterschiede, dass Phantasien ersterer Art freiwillig zu kommen scheinen. Auch kostet es mich keine Mühe, Phantasien ersterer Art in solche der letzteren umzuwandeln, während ich früher bemerkte, dass diejenigen ersterer Art immer mit einem Horror feminae begleitet waren, der bekanntlich zur Zeit, als ich in Ihre Behandlung trat, ebenso constant als unüberwindlich war.

Ich bemerke übrigens noch, dass dieser vorbeschriebene Zustand erst seit September so günstig ist und dass ich in der Zeit vorher wohl einen durch die längere Abwesenheit meiner Frau verursachten Rückfall hatte. Jedoch war ich damals nicht entfernt so potent. wie früher. Seit September etwa ist mir eigent-

lich erst zum Bewusstsein gekommen, dass ich in den ersten Monaten meiner
Ehe nicht so glücklich war, als ich es hätte sein sollen; es fehlte mir damals
noch das spontane Entstehen einer sinnlichen Erregung gegenüber dem weiblichen
Geschlecht und musste ich dieselbe immer erst künstlich herbeiführen. (Zur Zeit
Ihrer Behandlung war dies nicht nöthig.) Naturgemäss musste das Product des
Willens und der Reflexion sehr kalt ausfallen. Meiner Frau fiel die darauf
folgende Wandlung, die ziemlich rapid eintrat, sehr auf. Sie äusserte sich hier-
über gegen ihre Mutter: „Gott sei Dank, das Eis ist gebrochen." Ich führe
diesen Ausdruck deshalb an, weil ich ihn für sehr charakteristisch halte; denn
ich selbst hatte die Empfindung, wie wenn auf einmal eine Schranke zwischen
mir und ihr fortgefallen wäre. Mein Benehmen hat sich auch seit dieser Zeit
sehr geändert: früher nur höflich, bin ich jetzt ganz wie ein Liebhaber mit
seiner Geliebten. Dass aber, wie schon erwähnt, die alten Phantasien noch auftreten, ist mir selbst unerklärlich, begreiflich aber wird Ihnen jetzt sein, dass
sie wenigstens im wachen Zustande keine Macht mehr über mich haben, da ich
immer in der Lage bin, sie durch gegentheilige zu paralysiren. Ich hatte mir
übrigens seit Entbindung meiner Frau fest vorgenommen, den Geschlechtsverkehr
mit ihr aufzugeben, bin aber leider meinem Vorsatze nicht treu geblieben.

Manchmal beschäftige ich mich mit der Frage, was ich wohl thun würde,
wenn meine Frau nicht mehr am Leben wäre. Bliebe ich unverheiratet, so würde
ich, wie ich glaube, wieder zu meinem früheren Leben zurückkehren, in das ich
mich allerdings erst wieder eingewöhnen müsste, doch bin ich dessen nicht
so sicher.

Ihr

ganz ergebener . . . ."

Patient befindet sich gegenwärtig in ähnlicher Lage, wie Personen
mit erworbener conträrer Sexualempfindung. Für seine homosexuelle
Naturanlage, vorausgesetzt, dass es sich hier wirklich um eine solche
handelt, bedeutet die heterosexuelle Empfindungsweise eine künstlich
gezüchtete Gewohnheitsanomalie, ähnlich z. B. dem Rauchen, welches
als ein gegen die natürliche Reaction (Uebelkeit, Erbrechen, schlechter
Geschmack) erzeugtes Gewöhnungsproduct zu einer unwiderstehlichen
Leidenschaft werden kann.*)

Patienten mit erworbener conträrer Sexualempfindung machen in
der Regel das Stadium psychischer Hermaphrodisie durch; die
Heilung verfolgt in umgekehrter Weise denselben Weg. So kann Patient gegenwärtig durch beide Geschlechter erregt werden, so dass
Phantasien mit männlichem Inhalt ohne Widerstreben in solche mit
weiblichem willkürlich und mit der gleichen körperlichen Rückwirkung
umgewandelt werden. Das Plus an Einwirkungen auf den Patienten
bestimmt nun fernerhin die Richtung seiner sexuellen Fortentwicklung.

---

*) Die hier ausgesprochene Ansicht entspricht meinem Standpunkte vor vier
Jahren, der heute nicht mehr als mit der Erfahrung übereinstimmend anerkannt
werden kann.

Dass diese nach der heterosexuellen Seite hin erfolgen wird, daran ist
bei den glücklichen Eheverhältnissen des Patienten nicht zu zweifeln.
Dieselben stellen für ihn einen continuirlichen Reiz dar, der stark
genug geworden ist, um mit Leichtigkeit alle Gelegenheitsmomente zur
Verführung zu paralysiren. Je stärker nun das Gefühl zum weiblichen
Geschlecht wird, um so mehr wird die homosexuelle Empfindungsweise
zum Rudiment. Gegenwärtig zeigt sie ihr bereits unschädliches Vorhandensein nur noch episodisch und im Traum. In dem Grade aber,
in welchem der heterosexuelle Verkehr ästhetisch und körperlich befriedigt, wird auch der Sinn für active Geschlechtsbefriedigung gefördert.
Die Rückwirkung dieser Erscheinung muss sich allmälig kundgeben
als eine Steigerung der gesammten Gefühlsweise und Neigungen im
Sinne einer männlich fühlenden Persönlichkeit, als eine mit der Zeit
sich vollziehende tiefgreifende psychische Umänderung des Patienten.
Bis zu welchem Grade indessen die seelische Veränderung des Individuums sich vollziehen kann und wird, das hängt in unserem wie in
jedem anderen Falle ab von dem angeborenen Defect, von der Schwere
des anatomisch unveränderlichen Entartungszustandes — wenn es
sich wirklich um einen solchen handelt. Das Alter der heterosexuellen Empfindungsweise ist erst zwei Jahre; dem gegenüber muss
berücksichtigt werden, dass die mannmännliche Geschlechtsempfindung
den für die sexuelle Entwicklung wichtigsten Lebensabschnitt vom
16.—28. Lebensjahre vollständig beherrschte, also zwölf Jahre andauerte!
Natura nec fecit saltum! Die Heilung des Patienten wird also zeitlich
immer im Verhältniss zur Entwicklung seines Leidens stehen müssen.
Das dürfte besonders zu betonen sein gegenüber der so vielfach bei
Laien herrschenden Ansicht, als ob ein Patient in wenigen hypnotischen
Sitzungen wie durch Zauber seine alte Persönlichkeit mit ihren einge-
wurzelten Leiden und Fehlern ausziehen würde!
   Immerhin ist in unserem Falle, wenn kein abnorm ungünstiger
Einfluss im gegentheiligen Sinne ausgeübt wird, wohl zu erwarten,
dass die psychosexuale Fortentwicklung des Patienten nach der weiblichen Seite hin auf der bereits feststehenden zweijährigen Basis mit
jedem Jahre fortschreiten und an Festigkeit gewinnen wird.
   Seit Beginn der Behandlung sind nunmehr fünf Jahre
verflossen. Wie ich aus einer persönlichen Besprechung von dem Patienten dieser Beobachtung kürzlich erfuhr, ist derselbe inzwischen glücklicher Vater dreier gesunder Kinder geworden, die er sorgfältigst erzieht
und beobachtet mit Hinblick auf etwa vorhandene hereditäre Anlage. So
lange R. bei seiner Familie weilt und durch das Milieu der Kleinstadt,
in welcher er wohnt, zu einem regelmässigen Leben genöthigt ist, fühlt
er sich durchaus normal und im Gleichgewicht. Er hängt mit Liebe

an Weib und Kindern und seine sexuellen Functionen lassen nichts
zu wünschen übrig. Gelegentliche homosexuelle Versuchungen, z. B. beim
Wiedersehen früherer Genossen, weist er erfolgreich zurück. Befindet
R. sich jedoch längere Zeit allein auf Reisen, was in jedem Jahre vielleicht einmal vorkommt, so findet er mitunter noch an homosexuellen
Praktiken ein Vergnügen, jedoch nicht etwa aus Liebe zum männlichen
Geschlecht oder zu einer Person desselben, auch nicht aus unwidersteh-
lichem Drange, sondern um durch den Genuss einer verbotenen Frucht
sein Nervensystem zu erregen, wie er selbst angibt. Es handelt sich
also bei dem einstigen Patienten und jetzigen Familienvater nicht mehr
um Bethätigung eines krankhaften Triebes, um ein Recidiv, sondern um
Herbeiführung jetzt für ihn neuartiger, aufregender geschlechtlicher
Situationen aus purer Sinnlichkeit, wobei allerdings die Auffrischung
sexueller Erinnerungsvorstellungen aus der Vergangenheit eine ver-
stärkende, wenn auch keine massgebende Rolle spielen mag. Dieselben
Handlungen, welche vor fünf Jahren eine Erkrankung des sexuellen
Triebslebens bekundeten, sind jetzt zu einfachen Acten der Unzucht
geworden.

Beobachtung 3. Conträre Sexualempfindung eines erblich belasteten Neuropathen. Erfolgreiche Behandlung mit consecutiver Heilung
in 142 hypnotischen Sitzungen. Beobachtungsdauer vier Jahre
sechs Monate.

Patient trat am 30. August 1890 in meine Behandlung. Alter 30 Jahre.
Ein Bruder starb angeblich ein Jahr alt an Gehirnerweichung. Schwester nervenleidend. Vater und Onkel verschrobene Charaktere. Wiederholte Verwandtschaftsehen in der Ascendenz.

Abgesehen von den Kinderkrankheiten und einer seit frühester Jugend
bestehenden hochgradig neuropathischen Constitution ging die körperliche Entwicklung A.'s ohne Unterbrechung von Statten. Im vorigen Jahre Gonorrhoe
durch Berührung eines männlichen Gliedes. In der ganzen Vorgeschichte des
Patienten lassen sich nicht die geringsten Anhaltspunkte für eine heterosexuelle
Triebrichtung finden. Vielmehr will A. bereits in frühester Jugend eine grosse
Abneigung gegen jedwede Art männlicher Beschäftigung und Vorliebe für häusliche Thätigkeit, Puppenspiele, weibliche Kleidung etc. gezeigt haben.

Den äusseren Anlass für die vollständige Ausbildung der homosexuellen
Anlagen gab excessiv betriebene mutuelle Onanie im Cadettencorps, jener gefähr-
lichen Brutstätte bedenklicher Geschlechtsverirrungen. Seines weiblichen Be-
nehmens wegen führte Patient bei seinen Kameraden damals den Spitznamen
„Lieschen". Alle äusseren Umstände trugen während der Pubertätszeit dazu bei,
die mannmännliche Triebrichtung A.'s zur vollen Entfaltung zu bringen.

Für Frauen hat er niemals etwas Anderes als freundschaftliche Empfindung gehabt. Wenn er ihren Verkehr aufsuchte, so geschah es hauptsächlich,
um sich in Toilettenfragen Rath einzuholen. Auf Grund seiner Libido nimia
allmälige Entstehung sexueller Hyperästhesie mit neurasthenischen Begleiterschei-

nungen. Wie wir aus seinem eigenen Berichte*) ersehen, übte A. alle Praktiken maonmännnlichen Verkehrs, wobei ihm die detaillirte Durchführung der weiblichen Rolle und das Bewusstsein, einem wirklichen Manne Wollustempfindnngen zu verursachen, eine relativ grössere Befriedigung gewährte, als der reine körperliche Act.

Er hatte niemals den Wunsch activer Bethätigung im geschlechtlichen Rapport. Im Alter von 24 Jahren, also zu einer Zeit, in der die conträre Sexualität bereits vollständig entwickelt war, begleitete Patient zum ersten Male in seinem Leben seinen damaligen Geliebten, eine männlich empfindende Persönlichkeit, die an homosexuollen Manipulationon kein Vergnügen fand, zu einer Prostituirten, insgeheim von dem frivolen Verlangen geleitet, seinen Geliebten bei dieser Gelegenheit nackt zu sehen. Durch den gewünschten, sich ihm wirklich bietenden Ausdruck mächtig erregt, vollzog er, indem er sich nothgedrungen mit einem Surrogat begnügte, den Coitus mit der Dirne, ohne aber hiebei das Ziel seiner Wünsche einen Moment aus den Augen zu lassen. Indessen hinterliess dasselbe noch zweimal ebenfalls faute de mieux vorgenommene Experiment trotz der Anwesenheit des Geliebten bei ihm heftigen Ekel und Widerwillen. Seitdem fand keinerlei sexuelle Berührung mehr mit dem weiblichen Geschlecht statt.

Seine unbändige Libido geht bis zur Mannstollheit, er gibt sich Jedem ohne Auswahl hin, fühlt sich aber von gleichgearteten Personen seines Geschlechtes abgestossen.

Die Phantasie des Patienten ist durch obscöne Lectüre und durch masslose Ausschweifungen krankhaft überreizt. Daher richtet sich schliesslich sein ganzes Denken, Fühlen und Streben auf die Sexualsphäre. Die bis zur Satyriasis gesteigerte Geschlechtswuth bringt ihn zu allen nur erfindlichen Perversitäten sexuellen Handelns (z. B. passive Pädicatio mit mehreren Personen hintereinander etc.) und prostituirt ihn zu einer männlichen Courtisane. Sein Schlaf ist unruhig und wird seit Jahren durch lascive Träume mannmännlichen Inhaltes unterbrochen. Vor dem Einschlafen und beim Erwachen (aus Träumen und Morgens) regelmässig (angeblich seit Jahren) Erectionen, die ihrer Häufigkeit wegen peinlich (mitunter schmerzhaft) empfunden werden und immer von Neuem zur Onanie verführen. Masturbation in der Regel Morgens, während A. im Halbschlaf sich üppigen homosexuellen Phantasien hingibt, mitunter auch am Tage ausgeführt. In der Regel onanirt A., abgesehen vom homosexuellen Verkehr, dreimal wöchentlich, in den letzten 14 Tagen jedoch täglich. Der Anblick männlicher Genitalien auf Bildern oder an Statuen ruft Erection hervor, während der Anblick weiblicher Körper keinen Eindruck macht. Patient versucht einmal, sich am Turnunterricht zu betheiligen, musste aber abbrechen wegen fortwährender Anregung seiner Libido sexualis.

Aber nicht nur die geschlechtliche Empfindungsweise A.'s ist nach der männlichen Richtung hin vollständig ausgebildet, sondern auch sein ganzes psychisches Sein. Charakter, Gefühle und Neigungen haben sich (seit angeblich frühester Jugend) im Sinne einer weiblich fühlenden Persönlichkeit entwickelt. Die Effeminatio ist eine vollständige, wie wir in den Hauptpunkten aus der Autobiographie ersehen. A. war seit jeher aller männlichen Beschäftigung abhold, Abneigung gegen Rauchen, Trinken und Sport. Das grösste Glück verursachte

---

*) Fall 63 der »Suggestionstherapie bei krankhaften Erscheinungen des Geschlechtssinnes«. (Enke, Stuttgart 1893) Von v. Schrenck-Notzing.

ihm die dramatische Durchführung der weiblichen Rolle. Sein Verständniss für weibliche Kleidung ist bewundernswerth; er besitzt mehrere weibliche Toiletten und liess bis dato keine Gelegenheit zur Maskirung vorübergehen, ohne sie zu benützen. Seit einer Reihe von Wintern besucht er die hiesigen Redouten und Maskenbälle als Weib. Er beherrscht in Sprache und Bewegung, in Gang, Tanz und Haltung, sowie in der Conversation das ganze Repertoire weiblicher Denkweise, weiblicher Ausdrucksbewegungen und Verführungskünste so vollständig, dass sein wirkliches Geschlecht in der Maske niemals erkannt wurde.

Wiederholt liess er sich in der Verkleidung photographiren. Vor mir liegen zwei Exemplare; die eine Photographie stellt ihn im Ballkleid mit Blumen, die andere in dem Costüm dar, das eine berühmte Sängerin in einer ihrer Hauptrollen benützte. Keiner der zahlreichen Beschauer, denen die Bilder zur Prüfung vorgelegt wurden, erkannte darin einen Mann. Grosse Vorliebe für Prunk, Theater, Belletristik (erfolgreiche schriftstellerische Thätigkeit), überhaupt für alles Formelle und Aeussere! Sein Zimmer ist mit weiblichem Zierath versehen, Bilder historischer Urninge schmücken die Wände.

Das Gefühlsleben ist im Vergleich zum Verstand stärker entwickelt. Grosse Weichheit des Gemüthes. Ernste Vorstellungen meinerseits über sein Verhalten riefen mitunter Thränen hervor. Launenhaftigkeit, Reizbarkeit, Furchtsamkeit ohne jedes Selbstvertrauen. Patient ist eitel. Conversation im Ganzen oberflächlich. Gesichtskreis eng. Logik nur subjectiv nach dem momentanen Empfinden. Aufopferungsfähig, wo es sich um wirkliche Mannesliebe handelt. In seinen Neigungen schwärmerisch bis zum Enthusiasmus. Temperament sanguinisch. Blick verräth Coquetterie, Lüsternheit, Augenaufschlag schüchtern. Stimmung in Folge neuropathischer Anlage, sexuellem Abusus sehr deprimirt. Selbstmordgedanken, die Patient jedoch aus Feigheit niemals verwirklichen wird. Selbstbeherrschung gering. Moralisch schwach, defect, mitunter blind gegen die Verkehrtheit seines Handelns und vernünftigen Vorstellungen unzugänglich. Affecte ebenso wie das Triebleben zuweilen pathologisch gesteigert. Im Ganzen grosse Charakterschwäche. Unfähig, ethische Vorstellungen zu bilden, vollkommene Widerstandsunfähigkeit gegen äussere Eindrücke.

Nur die körperliche, in Form neurasthenischer Beschwerden auftretende Reaction auf seine sexuellen Excesse, sowie das ungestillte Sehnen nach einer liebenden Seele, welches ihm Stunden bitterer Verzweiflung verursacht, führen A. zum Arzt. Seit er über seinen Zustand zur vollen Klarheit gekommen ist, hat er das Interesse für alle, auch die wichtigsten Lebensfragen verloren, soweit sie nicht in irgend einer Beziehung zu seiner weiblichen Triebrichtung stehen. Seinen Berufspflichten geht er mechanisch und freudelos nach; seine schriftstellerische Thätigkeit, die ihn früher voll befriedigte, hat er seitdem ganz aufgegeben. Auch in seiner künstlerischen Geschmacksrichtung bevorzugt er das Oberflächliche, Leichtfertige. Er ist eifriger Besucher der verschiedenen Tingel-Tangel und des Operettentheaters, während man ihn in einer Oper oder einem Schauspiel selten antreffen wird, höchstens in einem Rührstück. Von ganz besonderem Interesse ist für ihn hiebei das Auftreten von Männern in Weiberrollen.

Neben der erwähnten gemüthlichen Depression (Taedium vitae) wird Patient häufig von Migräneanfällen heimgesucht. Schlaf unruhig, unterbrochen. Angstzustände, am stärksten, wenn der Patient allein bleibt. Er flieht daher die Einsamkeit und sucht sich durch Zerstreuung abzulenken. Unlust und Unfähigkeit zu geregelter geistiger Beschäftigung. Allgemeine Mattigkeit, namentlich Morgens. Spinalirritation und Tachycardie.

Status praesens: Mittelgrosse, wohlgenährte Persönlichkeit von zierlichem Bau. Fettpolster sehr gut entwickelt. Schädel im Ganzen von männlichem Typus, nirgends druckempfindlich. Ohrläppchen beiderseits angewachsen. Haarwuchs nicht auffallend stark.

Schädelmasse:

1. Horizontaler Schädelumfang . . . . 60 cm
2. Oberhinterhauptlinie . . . . 24 „
3. Ohrstirnlinie . . . . 32 „
4. Ohrscheitellinie . . . . 39 „
5. Längsumfang von Nasenw. zur Protub. occ. ext. . 28 „
6. Ohrkinnlinie . . . . 30 „
7. Längsdurchmesser . . . . 20 „
8. Grösster Breitendurchmesser . . . . 16 „
9. Distanz der Pori acustici . . . . 13 „
10. Distanz der Jochfortsätze des Stirnbeins . . . 12 „
11. Distanz vom Por. acust. zum Nasenstachel . . 12 „

Haarfarbe blond, wohlgepflegt, spärlicher Schnurrbart, der jedoch von Zeit zu Zeit dem Rasirmesser weichen muss. Augen mit neuropathischem, schwimmendem Ausdruck. Patient ist Myop, trägt einen Kneifer. Pupillenweite und Reaction normal. Gesicht hübsch, in Form und Schnitt weiblich, Ausdruck sympathisch. Hautfarbe des Gesichtes fahl, lässt auf gewohnheitsmässige Anwendung von Schminke und Puder schliessen, was von A. zugestanden wird. Haut wohlgepflegt, zart und weiss. Brustdrüsen sehr gut entwickelt, Brust ohne jede Behaarung.

Beckenmasse:

Entf. der Spin. sup. ant.　25 cm (beim weiblichen Becken　26 cm)
　 　 Cristae il. . .　27 „ (　„ 　 　„ 　 　„ 　 28—29 „)
　 　 Tubera ischii . 8—9 „ (　„ 　 　„ 　 　„ 　 　10 „)
　 　 Rollhügel . .　30 „ (　„ 　 　„ 　 　„ 　 　31 „)
Conjugata externa . . 18 „ (　„ 　 　„ 　 　„ 　 　20 „)

Stellung der Oberschenkel convergent.

Genitalien mittelgross, gut entwickelt. Venusberg dicht behaart. Vorhaut leicht hinter die Eichel zurückzuschieben. Klangfarbe des Sprachorgans weiblich, in hoher Tonlage. Im Ganzen betrachtet sind die Formen rund und weich. Kleidung sehr elegant, beinahe stutzerhaft, verbreitet einen starken Parfümgeruch. Gang tänzelnd, trippelnd. Bewegungen anmuthig, Gesten weiblich. Im ganzen Auftreten liegt etwas Geziertes, Unmännliches.

Neben der activen Reizung des Trieblebens besteht beim Patienten ein auch sonst nachweisbarer Mangel an ethischem Verständniss, eine Unfähigkeit, sittliche Vorstellungen zu bilden, so dass wohl ein mässiger Grad von Schwachsinn angenommen werden kann.

Die Behandlung. Das therapeutische Eingreifen schien mir in vorliegendem Falle von psychopathischer Minderwerthigkeit (anatomische Entartungszeichen, Mangel an moralischem Gefühl und vollständiger Effeminatio) ganz besonders erschwert zu sein. Prognostisch konnte ich daher wohl eine wahrscheinlich erhebliche Besserung in Aussicht stellen, wogegen eine vollständige psychosexuale Transformation sich kaum erwarten liess.

Das erreichbare Ziel der Behandlung konnte bei A. zunächst nur in der Lösung folgender Angaben bestehen:

a) gründliche Beseitigung onanistischer Neigungen und der daraus entspringenden körperlichen Beschwerden;

b) künstliche Einschränkung der homosexuellen Empfindungsweise bis zur völligen Widerstandsfähigkeit (Gleichgiltigkeit) gegen mannmännliche Reize;

c) Herstellung eines dauernd geregelten heterosexuellen Verkehrs zur Befriedigung geschlechtlicher Dränge.

Die Beseitigung körperlicher Beschwerden stellt hiezu die nothwendige Ergänzung dar.

Erst nach Erfüllung dieser Vorbedingungen könnte an eine psychische Umwandlung der Gefühlsweise nach der heterosexuellen Seite mit den daraus entstehenden Rückwirkungen auf den Charakter des Patienten gedacht werden. Die Grenze der Entwicklungsmöglichkeit wird auch hier gezogen sein durch die unbeeinflussbare Festigkeit bereits bestehender Verbindungen im Ganglienzellenapparat.

Die hohe Bedeutung der Vorstellungstherapie, des Traitement moral, der methodischen Disciplinirung der Empfindung im wachen Zustand für diese ganze Behandlung soll keineswegs unterschätzt werden. Auch der hypnotisirende Arzt wird sie zur Ergänzung seiner Einwirkungen vielfach nicht entbehren können. Es erscheint aber sehr fraglich, ob die Anwendung dieser Heilmittel genügen wird! Die hypnotische Suggestion erscheint uns geradezu als die Grundlage, als Ausgangspunkt des therapeutischen Handelns. Jedenfalls führt sie schneller zum Ziele und bedeutet durch die Ausschaltung der associirten und Contrastvorstellungen einen wirksameren Eingriff in die Mechanik des Gehirns, als die Beeinflussung durch Vorstellungen im Gehirn der wachen Person. Beide Formen psychischer Behandlung erstreben jedoch zuletzt dasselbe Ziel! Durch Herstellung fester, bleibender Verbindungen (Autosuggestionen) suchen sie dem Patienten die verlorene Fähigkeit der Selbstzucht, die Herrschaft über seinen Innervationsmechanismus zurückzugeben oder neu zu begründen. Dass leichtere Formen der Anomalie mitunter durch Selbsterziehung erfolgreich behandelt werden können, zeigt ein Beispiel in Krafft-Ebing's Psychopathia sexualis (6. Aufl., S. 239). Aber auch er betrachtet Fälle wie den angeführten als seltene Ausnahmen, der erwähnte ist der einzige seiner Sammlung. Auch Krafft-Ebing bezeichnet die Hypnose als einziges Rettungsmittel. Demnach werden sich die logische Correctur durch Vernunftgründe und der suggestive Zwang im hypnotischen Zustand zweckmässig ergänzen müssen, um den Patienten auf den Weg der Besserung zu führen.

Nach diesem Grundsatze richtete sich auch die mit mannigfaltigen Schwierigkeiten verknüpfte Behandlung unseres Patienten.

Am 1. September 1890 begann die Behandlung mit hypnotischer Suggestion in täglichen Sitzungen.

Ende September bis 10. October bleibt Patient plötzlich ganz aus, ohne irgend eine Motivirung.

Sein auffälliges Benehmen veranlasst mich zu einer schriftlichen Anfrage nach seinem Befinden, worauf ich folgende Antwort erhalte:

München, 10. October 1890.

„Hochgeehrter Herr Doctor!

Verzeihen Sie, wenn ich auf Ihre Zeilen, die ich soeben erhielt, nicht mündlich, sondern schriftlich antworte, aber ich würde nicht den Muth finden, Ihnen zu sagen, was ich Ihnen doch nicht länger verschweigen darf.

Bis Sonntag den 14. September ging Alles nach meinem Wunsch vorwärts, langsam aber doch stetig, die Suggestionen trafen mit der grössten Präcision ein, die Onanie mit allen Begleiterscheinungen, Phantasien etc. war verschwunden und ich hoffte zuversichtlich auf Besserung, wenn nicht Genesung; da kam der unglückliche Sonntag, an dem ich auf Ihren Wunsch das Curriculum vitae aufsetzte und mir, indem ich mir über meinen Zustand völlig klar wurde, sagte: Du kannst ja gar nicht geheilt werden, es ist nicht der geschlechtliche Trieb zum eigenen Geschlecht, der bei dir präponderirt, sondern der geistige. Dann gab ich Ihnen die Autobiographie, in der ich mich so offen wie noch nie zu Jemand, selbst zu meinem Beichtvater nicht, ausgesprochen hatte.

Meine durch die Biographie geweckte Ueberzeugung, sowie Ihre Ermahnungen benahmen mir den Muth. Ich verlor das Vertrauen auf eine Heilung gänzlich. Wie furchtbar beschämend auch das Geständniss für mich sein mag, so kann ich es doch nicht länger verschweigen: ich habe seit dem 17. September meinem alten Laster täglich gefröhnt, ich habe dreimal mit Männern zu thun gehabt und hatte bis heute im Ganzen nur dreimal Umgang mit dem Weibe. Ein mündliches Geständniss war mir zu peinlich, daher die schriftliche Aussprache. Ich weiss Alles, was Sie mir darüber sagen können, wie schlecht meine Handlungsweise ist. So ist seit jenem Tage die Behandlung ohne Erfolg geblieben, vielleicht kam dazu, dass ich aus F o r e l erfuhr, wieviel von der Wirkung derselben auf die Autosuggestion, recte Einbildung, kommt, und ich glaubte nun nicht mehr daran; seit diesem Tage ist Alles wieder wie es war!

Ich wage nichts zu meiner Entschuldigung anzuführen, denn ich bin mir ganz klar über die Verwerflichkeit dieser Handlungsweise, die Scheu vor einem sofortigen mündlichen Geständniss überwog eben alles Andere.

Bitte, verzeihen Sie mir und geben Sie mich auf, ich könnte nach diesem Geständniss Ihnen nicht mehr vor die Augen treten; ich bin Ihnen, hochgeehrter Herr Doctor, zum grössten Danke verpflichtet; wie viel Mühe haben Sie sich mit mir gegeben, und dafür, dass das, was Sie in bester Absicht sagten, nicht die gewünschte Wirkung auf mich hatte, können Sie ja nichts!

Verzeihen Sie mir!

Mit den Gefühlen des aufrichtigsten Dankes und der grössten Hochachtung ganz ergebenst   A."

11. October: Auf meine Veranlassung erscheint Patient wieder in der Sprechstunde. Genauere Erkundigungen zeigen nun, dass A. auch in der Rückfallsperiode und trotz seiner Verzweiflung: a) von nächtlichen Erectionen ganz verschont blieb, b) sich psychisch relativ wohler fühlte (seltenere Phantasien und Masturbationen), c) in dem mannmännlichen Verkehr nicht mehr eine Befriedigung fand, die in ihrer Stärke zu vergleichen wäre mit früheren ähnlichen Empfindungen, im Gegentheil: die Erwartungen des Patienten wurden nicht erfüllt. Es trat nach den Rencontres ein gewisser Widerwillen, eine Art moralischen Katzenjammers ein.

Ich beruhigte A., zerstreute seine Bedenken, sein Misstrauen, und er zeigte sich nun den Suggestionen um so mehr zugänglich.

P a t i e n t wird von heute ab bis zu Ende dieses Monats hypnotisirt; die Empfänglichkeit für Suggestionen nimmt zu, posthypnotische Aufträge werden präcis ausgeführt, aber niemals wird Patient amnestisch.

Gegen seine neurasthenischen Beschwerden allgemeine Faradisation mit gutem Erfolg.

Die Suggestionen richten sich wie im September gegen masturbatorische und homosexuelle Neigungen, Erectionen, und suchen Gelingen des Coitus, Freude an demselben und Zuneigung zum weiblichen Geschlecht, sowie körperliches Wohlbefinden hervorzurufen. Ferner wird ihm grössere Lust zur Arbeit und Wiederaufnahme seiner schriftstellerischen Thätigkeit eingeflüstert.

Vom 11. bis 14. October guter Erfolg. Leider trat an diesem Tage ein neues Hinderniss für die Entwicklung des Patienten ein in Form einer beim Coitus acquirirten Gonorrhoe. Dieselbe weicht einer Injectionscur und verschwindet bis Ende October vollständig.

Im Uebrigen aber bedeutet dieser Monat für den ganzen Zustand A.'s einen e r h e b l i c h e n Fortschritt.

Fortsetzung der Behandlung in derselben Weise bis 21. December 1890. C o n s t a n t e r langsamer Fortschritt.

Am 9. und 12. November Coitus mit gutem Erfolg und körperlichem Wohlbefinden, jedoch Erection durch Manipulationen. Indess entschiedene Zunahme heterosexueller Libido.

Am 15. N o v e m b e r beim Coitusversuch nur noch geringe Anregung zum Eintritt der Erection nöthig. Er bezeichnet sein Verhalten als „innere Umwandlung malgré moi". Denn es besteht zwar noch Interesse an Männern, aber kein Wunsch mehr, sie zu besitzen.

Am 20. N o v e m b e r wiederum Coitus mit befriedigendem Erfolg und stärkeren Wollustempfindungen. Bei sexuellen Phantasien drängt sich ihm bereits regelmässig die Vorstellung des Weibes auf!

Eine 14 t ä g i g e Reise nach Wien und Linz unterbricht die Fortsetzung der Behandlung.

Nach seiner Rückkehr am 6. December 1890 gesteht Patient, dass er das heissersehnte Ziel seines Lebens, nämlich von einem Manne g e l i e b t zu werden, erreicht habe!

Der zweite Rückfall, das dritte Hinderniss für die Behandlung!

Auf Befragen fügt A. hinzu, dass er drei Tage mit seinem Geliebten zu D. gelebt habe. Wiederholt an ihm vollzogener Coitus in anum mit spontaner Ejaculation. Patient protestirt dagegen, dass ich ihm diese Neigung, in welcher er sein ganzes Glück finde, absuggerire. In der Erwägung, dass auch diese zweite Welle, wie die erste, sich verlaufen werde und dass sich mir dann ein um so fruchtbarerer Boden für Suggestionswirkungen darbiete, beschränke ich mich darauf, Arbeitsfähigkeit und Abneigung gegen alle anderen Männer zu suggeriren.

Im Monat December fand kein heterosexueller Verkehr statt. Befinden im Uebrigen zufriedenstellend.

Vom 26. December 1890 bis 4. Januar 1891 lebt Patient in L. mit seinem Geliebten zusammen und schwelgt im Glücke erwiderter Liebe. Allnächtlich sexuelle Rapporte. A. kehrt zurück, von zärtlichster Liebe erfüllt und ästhetisch hoch befriedigt.

Die Monate Januar und Februar bedeuten wiederum im Ganzen einen wesentlichen Fortschritt.

In der ersten Hälfte des Januar deprimirte Stimmung und Klagen über abstossendes kaltes Betragen des Geliebten, der an Schreibfaulheit zu leiden scheint.

Am 7. Januar 1891 wird Patient durch eine Postkarte beglückt! Grosse Freude.

Die Behandlung nimmt ihren regelmässigen Fortgang wie früher. Patient wird ruhiger, seine leidenschaftlichen Gefühle weichon ruhiger Freundschaftsempfindung und es gelingt, ihn bereits in der zweiten Hälfte des Januar zu heterosexuellem Verkehr zu veranlassen, der von jetzt an ganz regelmässig ausgeführt wird.

Patient wird wieder derselbe wie im November, und das intercurrirende Liebesverhältniss hat keine bleibenden Spuren hinterlassen.

Die Entwicklung schreitet langsam, beinahe unmerklich nach der heterosexuellen Richtung hin fort.

Nach meinen Aufzeichnungen vollzog Patient den Coitus

im Januar am: 14., 21., 31.,

im Februar am: 3., 10., 14., 17., 21., 24., 28.,

im März am: 3., 7., 10., 14., 17.,

im April am: 7., 11., 14., 17., 21., 25., 29.,

im Mai am: 5., 7., 12., 16., 19., 21., 26., 30.

Erection in der Regel durch Manipulation hervorgerufen.

Bei dem gleichbleibenden Fortschritt seiner Besserung wurde Patient seit Februar nur ein- bis zweimal wöchentlich hypnotisirt.

In dieser Zeit (Februar) schreibt mir Patient einmal:

„Zu meinem grossen Bedauern konnte ich Donnerstag nicht kommen, da ich geschäftlich verhindert war. Den gewünschten Verkehr mit dem Weibe habe ich ausgeführt und nicht einmal ungern, ich beginne sogar ein grösseres geschlechtliches Interesse dafür zu empfinden, so dass sich bei geschlechtlicher Erregung der Phantasie vorzugsweise weibliche Gestalten zeigen."

Gegen Ende März 14tägige Reise, jedoch ohne Rückfall. Im Ganzen bildet sich unter dem Einflusse der Suggestion und des heterosexuellen Verkehrs eine vollständige Unfähigkeit homosexueller Reaction aus, während andererseits das relative (im Vergleich zum männlichen Verkehr) geringe Lustgefühl beim Coitus allmälig an Stärke zunimmt und die Neigung, den Coitus regelmässig auszuführen, automatisch zu einem Bedürfniss wird.

Im Mai geht er sogar ohne besondere Anregung spontan zum Weibe und ist von der Nothwendigkeit, den Geschlechtstrieb durch geregelten Verkehr in das heterosexuelle Fahrwasser abzuleiten, praktisch und theoretisch ganz überzeugt. Die Anzahl der hypnotischen Sitzungen, denen Patient sich bis Anfang Juni 1891 im Ganzen unterzog, beträgt 118.

Psychosexuell ist also die Umwandlung A.'s eine seit fünf Monaten ohne Rückfall andauernde. Das seelische Gleichgewicht ist heute (Anfang Juni) ganz hergestellt. Das Interesse für das weibliche Geschlecht hat zwar seinen Höhepunkt noch immer nicht erreicht, wohl aber der Intensität nach so bedeutend zugenommen, dass der Gedanke sexuellen Verkehrs, gleichgiltig ob im Wachen oder Traum, innig associirt ist mit der Vorstellung des Weibes. Onanistische Neigungen und peinliche Erectionen sind seit sechs Monaten nie wiedergekehrt.

Das körperliche Befinden gibt nur mehr selten zu Klagen Veranlassung. Die früher durch Schminke verunstaltete Gesichtsfarbe hat einem gesunden, gebräunten Aussehen Platz gemacht. Ja, Patient weist den Gedanken einer Verehelichung heute nicht mehr, wie früher, a priori von der Hand. Nur hat sich ihm bis jetzt nicht eine ähnliche günstige Gelegenheit dargeboten, wie anderen von mir behandelten Patienten! Seine Besserung beschreibt Patient selbst in nachfolgendem Briefe:

München, 31. Mai 1891.

„Hochgeehrter Herr Baron!

Wenn ich heute nach Ihrem Wunsche die bisherigen Erfolge Ihrer Behandlung aufzuzeichnen versuche, so muss ich vor Allem hervorheben, dass eigentlich Alles, was ich ursprünglich durch eine hypnotische Cur zu erreichen hoffte, bereits erreicht ist. Ich onanire nicht mehr und fühle auch gar kein Bedürfniss hiozu: die tiefen Gemüthsdepressionen, über welche ich früher zu klagen hatte, sind so gut wie verschwunden, ich bin seelisch ruhig und ganz im Equilibre. Meine Empfindungen dem eigenen Geschlechte gegenüber sind wesentlich anders geworden; ist doch das Liebesverhältniss dieses Winters aus meinem Gedächtniss so gut wie völlig verwischt. Die Correspondenz hat bereits seit zwei Monaten aufgehört und das Bild des Mannes, dem ich wirklich mit leidenschaftlicher Innigkeit zugethan war, tritt kaum dann und wann noch einmal vor meine Seele und berührt mich auch dann nur noch wie etwas Abgestorbenes, meinem Inneren Fremdgewordenes.

Zwar ist das Wohlgefallen au kräftiger männlicher Schönheit das gleiche geblieben, aber doch nicht mehr von dem Wunsche begleitet, den Betreffenden, welcher mir gerade gefällt, zu besitzen, sondern nur von dem Gedanken gefolgt: „Ach, wärst du doch wie jener!" Die Vorstellung etwa, mit einem solchen jungen Manne geschlechtlichen Umgang zu pflegen, findet in mir selbst kein rechtes Echo mehr, es ist als stiesse sie gegen eine Wand; mir fängt an, das Verständniss für einen solchen Umgang zu mangeln, es regen mich Männer nicht mehr auf. Der durch Ihre erfolgreiche Suggestivbehandlung ermöglichte Coitus mit dem Weibe ist mir bereits zur Gewohnheit geworden; ich vollziehe ihn regelmässig, und wenn die stets vorhandene Wollustempfindung noch nicht so stark ist, wie früher im Verkehr mit geliebten Männern, so hat sie doch an Intensität zugenommen und das Gefühl der Befriedigung ist ein grösseres geworden.

Die lasciven Phantasien, welche mich früher geplagt, haben sich verloren, gelegentlich auftretende derartige Vorstellungen, im Wachen wie im Traum, sind insofern gegen früher verändert, als sie nicht mehr Geschlechtsacte von Mann mit Mann, sondern von Mann mit Weib enthalten und kam ich dabei ins Spiel, mich activ, nicht mehr passiv handeln lassen. Sehr drückend und mein Behagen störend sind die mir noch anhaftenden weiblichen Charaktereigenschaften, umsomehr als sie mich oft an der Möglichkeit einer völligen Umwandlung meiner Natur verzweifeln lassen, Putz und Damentoiletten interessiren mich wie je, mein Auftreten ist schüchtern, befangen, zaghaft, das Selbstbewusstsein fehlt noch und ich fürchte, dass nie zu erreichen, was ich an Anderen so sehr bewundere, nämlich den gewissen Timbre von Energie und Schneid, der jungen Männern so gut steht. Gegen mein Aeusseres bin ich gleichgiltig geworden, Puder und Schminke, Crayon mystérieux und Lippenfarbe ruhen schon lange, während ich früher, selbst an Tagen, an denen ich zum Verzweifeln elend war, mich stets sorgfältig herrichtete, das halb echte, halb gemachte Air fané, fardé, retapé schien mir unerlässlich zur Vervollständigung meiner Persönlichkeit. Die körperlichen Beschwerden, nächtliche schmerzhafte Erectionen, Migräne etc. sind unter dem Einflusse der Suggestion ganz geschwunden, ich fühle mich frisch und gesund, habe mich nach hypnotischen Sitzungen nie anders als vorzüglich wohl befunden, das Interesse an meiner Berufs- wie an meiner schriftstellerischen Thätigkeit ist neu erwacht, die Angstgefühle in der Einsamkeit haben sich völlig verloren. Ich habe begonnen zu rauchen und die Bilder gewisser berühmter hoher Leidensgefährten sind aus meinem Zimmer entfernt, um denen einer Comédienne trop fameuse Platz zu machen.

Das bisher Erreichte in ein Wort zusammenzufassen, so möchte ich sagen, ich fühle mich in geschlechtlicher Beziehung neutral und körperlich gesund; der Mann reizt mich nicht mehr und wenn ich auch beginne, auf Mädchen achtzugeben (was ich ehedem nie gethan), so regen sie mich doch nicht auf; heute vor die Wahl gestellt, Mann oder Weib zu werden, würde ich unbedingt ein Frauenzimmer werden mögen, und glauben Sie mir, ich würde eine gute brave Frau sein!

(Bitte, bitte, Herr Baron, streichen Sie doch die „grossen" Hände,*) ich habe Handschuhnummer 7¹/₄, das ist doch nicht gross und ganz weisse gepflegte Hände; noch nie hat Jemand gesagt, ich hätte grosse Hände, bitte streichen Sie es, ja??)

Hochachtungsvollst Ihr aufrichtig dankbarer   A.“

Dass die Suggestion für die psychosexuelle Umwandlung für die seelische und körperliche Wiederaufrichtung A.'s von hervorragender, ja ausschlaggebender Bedeutung war, kann nach der vorstehenden Darlegung nicht dem geringsten Zweifel unterliegen. Bleibt Patient auf dem eingeschlagenen Wege, so wird ihm der nach seiner Meinung angeborene Defect keine oder nur geringe Veranlassung zu Rückfällen bieten. Es ist vielmehr zu hoffen, dass auch die charakterologische, noch in vollem Umfange bestehende Effeminatio allmälig einer Umwandlung im Sinne einer männlich und activ fühlenden Persönlichkeit unterliegt, wofür wahrscheinlich die unbeeinflussbare Festigkeit bestimmter, bereits bestehender Verbindungen im Centralorgan eine ganz bestimmte, unüberschreitbare Grenze abgeben wird. Damit würde aber auch das Endziel menschlichen Könnens und therapeutischen Strebens erreicht sein!

Nachtrag. Meine 2¹/₂ monatliche Abwesenheit von München, vom Juni bis September 1891, liess eine Pause in der Behandlung des Patienten eintreten. Während dieser Zeit wurde Patient rückfällig, wenn auch nicht im strengen Sinne des Wortes. Er schreibt in einem Briefe vom 1. December darüber wie folgt: „Lediglich aus Langeweile, um wieder einmal Erectionen zu haben, bin ich in die Anlagen gegangen und habe dort Beziehungen angeknüpft. Ich müsste lügen, wenn ich sagen wollte, dass es mich beglückt und dass ich mit dem Herzen dabei war; manchmal langweilt es mich schon; mich rührt die Zärtlichkeit des Betreffenden, aber einen Reiz übt dieser mann-männliche Verkehr nicht mehr auf mich aus.“

---

*) Im Status praesens schrieb ich zuerst »grosse Hände«. Als ich Pat. seine Krankengeschichte vorlas, protestirte er dagegen und wiederholte diesen übrigens sehr charakteristischen Protest in seinem letzten Briefe.

Also nicht etwa seiner krankhaften Triebrichtung folgend, sondern um eine Abwechslung zu haben in der Monotonie des weiblichen Geschlechtsverkehrs, suchte Patient einmal wieder die alten Plätze auf. Er steht aber, wie wir sehen, den homosexuellen Acten innerlich verändert gegenüber; dieselben üben keinen Reiz mehr auf ihn aus. Er ist enttäuscht, und nur das Mitleid mit seinem Partner veranlasst ihn, diese Beziehungen nicht sogleich abzubrechen. Gleichzeitig ersehen wir aber auch daraus, dass Patient noch nicht im Stande ist, ohne moralischen Einfluss des Arztes seinen Weg allein zu finden. Er ist auch sonst ohne moralischen Halt und dieser Defect muss durch eine dauernde Stütze ausgeglichen werden.

Anfang September Wiederaufnahme der hypnotischen Therapie. Abbruch der homosexuellen Beziehungen, jede Woche einmal regelmässiger Geschlechtsverkehr mit dem Weibe. In den seit jenem Rückfall verflossenen acht Monaten hat Patient in keiner Weise seine früheren Neigungen mehr gezeigt. Er wird nunmehr wöchentlich einmal hypnotisirt, ist in angestrengter Weise beruflich thätig. Seine neurasthenischen Beschwerden sind ganz zurückgetreten, niemals mehr Onanie, so dass keinerlei Veranlassung zu Klagen besteht. Seine Effeminatio erscheint in einigen Punkten abgeschwächt zu sein. Er macht einen ruhigen, ernsten Eindruck und hat sich mit den Verhältnissen ins Gleichgewicht gesetzt. Bis jetzt (Frühjahr 1892) 24 weitere hypnotische Sitzungen (zusammen 142 Hypnosen). Patient bleibt in dauernder ärztlicher Aufsicht. Diese sich im Ganzen auf ein Jahr und acht Monate erstreckende Beobachtung eines Degenerirten, namentlich aber der trotz der vorhandenen psychischen Minderwerthigkeit erzielte Erfolg, dürfte für die Prognose und Therapie derartiger schwerer Fälle von hohem Interesse sein.

Ein Jahr nach Erscheinen meines Werkes in deutscher Sprache, das die vorliegende Beobachtung als Fall 63 veröffentlichte, d. h. circa drei Jahre nach Beginn der Behandlung, erhielt ich vom Patienten der Beobachtung 63 folgenden Bericht:

22. März 1893.

„Hochverehrter Herr Baron!

Indem ich Ihrem Wunsche folgend Ihnen wieder einige Zeilen über mein Befinden schreibe, muss ich mich besinnen, was ich eigentlich schreiben soll, so sehr habe ich mich an das neue Leben gewöhnt. — Ich verkehre regelmässig mit dem Weibe geschlechtlich, habe in den letzten Monaten fast regelmässig gewechselt, weil mir der Verkehr mit Prostituirten allmälig zuwider wird. Was ich früher nie für möglich gehalten hätte, was ich stets a priori zurückweisen musste: ich denke viel an eine Ehe, ich male mir eine solche aus, ich wünsche mir Kinder, Familie und ich würde, glaube ich, einen ganz guten, nur zu guten Vater abgeben.

Erotische Phantasien habe ich keine, wie denn die Libido sehr nachgelassen hat, auch die Begleiterscheinungen des früheren Leidens, Migräne, Gemüths-

depressionen, Angstanfälle, haben sich ganz verloren, so dass ich mich in einem
gleichmässigen Gemüthszustande befinde und ganz zufrieden sein könnte, wäre
meine Vergangenheit nicht! Ewig drohend aber ragt diese in mein Leben hinein,
und zu der Furcht vor derselben gesellt sich ein Ekel, ein Abscheu, ein Widerwillen vor mir selbst und meinem früheren Thun, wie ihn wohl normale Menschen
stets vor conträr-sexual Empfindenden haben müssen. Die Erinnerung an diese
schreckliche, schändliche Zeit wird aber wohl mein Leben immer vergiften. Ihnen,
hochgeehrter Herr Baron, immer zu aufrichtigem Danke verbunden, zeichne ich

hochachtungsvollst A.“

Ein weiterer brieflicher Bericht erfolgte 1½ Jahre nach dem vorstehenden,
d. h. im October 1894. Derselbe lautet:

29. October 1894.

„Hochverehrter Herr Baron!

Wenn ich mich heute hinsetze, um Ihnen wieder einmal einen Bericht zu
geben, so weiss ich eigentlich nicht, was ich zu schreiben habe. Ich lebe jetzt
— dank Ihrer Behandlung — so gleichmässig, so ruhig, dass ich — käme nicht
ab und zu die Erinnerung an die schreckliche Vergangenheit — diese als ver-
sunken und nie gewesen betrachten könnte. Ich verkehre nicht mehr mit Männern,
diese lassen mich völlig kalt und gleichgiltig; dagegen coitire ich oft, und wenn
auch nicht gerade immer mit Lust, so doch gewohnheitsmässig und mit Behagen;
ja auf der Bühne, auf Bildern interessiren mich Frauen und weibliche Acte.
Die nervösen Störungen sind ganz geschwunden und ich hätte nur den Wunsch,
schon einige Jahre früher in Ihre Behandlung gekommen zu sein. Wieviel
Schreckliches wäre mir erspart geblieben? Dass sich viele meiner Leidensgefährten
Ihnen anvertrauen möchten, wünsche ich von Herzen. Ich bleibe, hochverehrter
Baron

dankbar und ergeben

der Ihrige.“

Gegenwärtig sind also seit Beginn der Behandlung vier Jahre
und fünf Monate (recte: bis Ende Februar 1895 vier Jahre und
neun Monate) verflossen, ohne dass in den letzten drei Jahren ein
Rückfall zu constatiren gewesen wäre, weder in der sexuellen Bethätigung, noch in dem psychischen Verhalten; wie mir A. mündlich
mittheilt, coitirt er regelmässig und perhorrescirt geradezu den Verkehr
mit früheren Genossen. Die Symptome der Effeminatio sind ebenfalls
im Ganzen gewichen, ebenso die neuropathischen Beschwerden. Sein
Aussehen ist gesund (gebräunte Gesichtsfarbe); sein Auftreten zeigt
männliche Sicherheit und Festigkeit, seine Energie ist gekräftigt und
hat in den letzten Jahren manche Probe siegreich bestanden. Diesen
mündlichen Bericht, zu dem das körperliche Verhalten gewissermassen
die Bestätigung bietet, habe ich keine Veranlassung, auf seine Richtigkeit
zu bezweifeln, um so weniger bei der aus dem ganzen Verhalten des
Patienten hervorgehenden schonungslos gegen sich selbst gezeigten

3*

Wahrheitsliebe (genaue Mittheilung der Rückfälle). Also auch in diesem Falle wurde durch die Behandlung weit mehr erreicht als von Anfang an zu erwarten war. Ein noch so zurückhaltender Skeptiker wird sich der Beweiskraft dieser fast fünfjährigen Beobachtung nicht entziehen können und mir gewiss darin beistimmen, dass Patient vorstehender Beobachtung nunmehr als geheilt angesehen werden darf.

Wegen der seinerzeit völlig entwickelten und jetzt nahezu beseitigten Effeminatio betrifft diese sorgfältig controlirte Krankengeschichte meines Erachtens den schwersten Fall conträrer Sexualempfindung, der bis dato zur Heilung gekommen ist.

Druck von Friedrich Jasper in Wien.

Der Weg des Luftstromes durch die Nase.

Auf Grund experimenteller und anatomischer Untersuchungen.

Von

Dr. Gottfried Scheff.

Mit fünf Zeichnungen.

Wie dies so häufig bei experimentellen Untersuchungen vorzukommen pflegt, so geschah es auch mir, dass ich an ein ganz
anderes Ziel gelangte, als ich bei Beginn meiner Arbeit mir vorgesteckt
hatte. Ich wollte auf experimentellem Wege die Prüfung einer Hypothese über die Function der Nebenhöhlen der Nase vornehmen, die
mir im hohen Grade plausible erschien. Diese Hypothese rührt von
W. Braune und F. E. Clasen*) her und besagt, dass die Nebenhöhlen, insbesondere die Kiefer- und Stirnhöhle vermöge ihrer Grösse,
und vermöge ihrer Einmündstellen in die Nasenhöhle den Riechact
auf mechanischem Wege begünstigen.

Beim gewöhnlichen Athmen, sei es, dass dasselbe durch die Nase
allein, oder durch Mund und Nase zugleich erfolge, bewege sich die
Luft durch die «Regio respiratoria» der Nase, während in der einen
förmlichen Blindsack darstellenden «Regio olfactoria» die Luftbewegung
eine so minimale sein müsse, dass auf die dort gelegenen Endigungen
des Riechnerven kaum Spuren, der in der Luft enthaltenen riechbaren Substanzen gelangen werden. Der Luftstrom nehme durch die
Nase den kürzesten Weg, der zwischen Nasenloch und Choanen gelegen ist und tangire kaum den todten Winkel, welchen die Regio
olfactoria darstellt, gerade so wie ein Luftstrom, der durch die Thüre
eines Zimmers eintretend und beim gegenüberliegenden Fenster aus-
tretend, den ganzen Luftraum des Zimmers nicht gleichmässig ven-
tilirt, sondern ebenfalls die ausserhalb seiner Bahn gelegenen Stellen
als todte Winkel unberührt lässt.

---

*) Die Nebenhöhlen der menschlichen Nase in ihrer Bedeutung für den
Mechanismus des Riechens. Zeitschrift für Anatomie und Entwicklungsgeschichte.
II. Bd. 1877, p. 1—35.

Wenn der Mensch oder ein anderes Säugethier die Geruchs-
warnehmungen recht kräftig gestalten will, dann führen sie die eigenthümlichen Inspirationsbewegungen aus, die man als Schnüffeln oder
Schnuppern zu bezeichnen pflegt. Diese Inspirationen kennzeichnen
sich dadurch, dass sie:

1. Bei geschlossenem Munde ausgeführt werden.
2. Dadurch. dass sie sehr kräftig und rasch erfolgen.
3. Dass nicht Inspiration und Exspiration abwechseln, sondern
eine Reihe — 5—10 Inspirationen — von einer einzigen Exspiration
gefolgt wird.

Eine Eigenthümlichkeit dieser Schnüffelbewegungen ist es ferner,
dass dabei die Nasenlöcher sichtlich verengt werden, indem durch
die rasch erfolgende Action der Inspirationsmuskel (Zwerchfell etc.)
ein beträchtlicher negativer Druck im ganzen Respirationsschlauch
erzeugt wird. so dass dann der äussere Luftdruck die nachgiebigen
Theile desselben, das sind die Nasenflügel gegen die Nasenscheidewand
anzudrängen versucht, und damit eine Stenose an der Mündung des
Respirationsrohres. d. i. an den Nasenlöchern, hervorruft. Diese Stenosirung hinwiederum. welche auch als eine Art unvollkommen
schliessenden Ventils aufgefasst werden kann, verhindert das Nach-
strömen der Luft in die Nasenhöhle und den Ausgleich der Druckdifferenz.

Diese eigenthümlichen Inspirationen bewirken also eine beträchtliche Verdünnung der Luft in der Nase und gewiss auch in den
Nebenhöhlen der Nase. Braune und Clasen haben in einem Falle
einen negativen Druck von 60 mm Quecksilber beobachtet. indem sie
das eine Nasenloch mit einem Manometer verbanden und nun
Schnüffelbewegungen ausführen liessen. Einen so hohen Werth kann
aber die Druckdifferenz unter normalen Verhältnissen, d. i. bei
offenen Nasenlöchern. niemals erreichen. Durch das Einfügen des
Manometers wird eben die Zuströmungsöffnung auf die Hälfte ihres
Querschnittes reducirt. indem die Luft nur durch das offene Nasenloch eindringen kann. Da diese Frage den Gegenstand der vorliegenden
Untersuchung nur nebenher tangirt, so begnüge ich mich mit dem
Hinweise auf die Unvollkommenheit dieser Druckmessungen, die in
der einschlägigen Literatur mit vielfachen Variationen sich wiederholen
und zu den merkwürdigen Controversen geführt haben, ob der In-
spirationszug 2 mm Wasser oder 60 mm Quecksilber beträgt. Es
steht fest, dass durch das Schnüffeln thatsächlich eine Luftverdünnung
in der Nase und den Nebenhöhlen zu Stande kommt. Wenn nun diese
Bewegungen sistiren, dann muss Luft in diese Nebenhöhlen nach-
strömen. Die Richtung dieser Luftströmungen aber geht direct gegen

die Regio olfactoria, die sonst, wie wir gesehen haben. einen todten Winkel bilden soll. und es werden auf diesem Wege grössere Quantitäten der riechbaren Substanzen dem Geruchsorgan zugeführt. Braune und Clasen haben auch nachgewiesen. dass der Cubikinhalt der Nebenhöhlen im Verhältniss zu dem der Nasenhöhlen beträchtlich genug ist, um bei den von ihnen angenommenen. wie wir glauben, allerdings sehr überschätzten Druckdifferenzen ganz beträchtliche Luftströmungen gegen die Mündungen dieser Höhlen zu erklären.

Wir haben es zunächst versucht, über den Werth der eben genannten Druckdifferenzen auf experimentellem Wege Aufschluss zu erhalten, und da uns damals ein Mensch. an dem solche Messungen ausgeführt werden konnten. nicht zur Verfügung stand. so haben wir dieselbe an Hunden ausgeführt. Es wurde die Highmorshöhle von der Fossa canina aus mit einem Drillbohrer eröffnet und in die so entstandene Bohrung eine mit einem groben Schraubengewinde versehene Canüle eingeschraubt. es gelang uns auf diesem Wege sehr leicht, einen luftdichten Abschluss herzustellen. Diese Canüle wurde dann durch einen kurzen engen Schlauch mit einem kleinen Wassermanometer in Verbindung gebracht. Das Resultat der Messung war nun folgendes:

Bei oberflächlichen Athmungen des Hundes wurde kaum ein leises Zittern der Flüssigkeit im Manometer wahrgenommen, bei sehr tiefen. dispnoischen Athemzügen. wie sie morphinisirte Hunde häufig auszuführen pflegen, konnte eine Druckdifferenz gesehen werden, die im Maximum etwa 6–8 mm Wasser betragen haben dürfte.

Ich habe die Druckschwankungen in der Highmorshöhle mit Hilfe der Marey'schen Trommel auch registrirt, und dabei Curven von ganz analoger Form bekommen, wie man sie bei der graphischen Darstellung der Respiration von einem Nasenloch aus zu erhalten pflegt.

Das Resultat der oben erwähnten Versuche lässt sich in den folgenden Sätzen zusammenfassen.

1. In den Nebenhöhlen der Nase kommen bei tieferen Respirationen Druckschwankungen vor, die den Schwankungen der Nasenhöhle parallel gehen, und 2. selbst bei sehr tiefen Respirationen beträgt die Grösse dieser Schwankungen nur einige Millimeter Wasser, und bleibt hinter dem von Braune und Clasen angegebenen Werth von bis 60 mm Quecksilber = 780 mm Wasser um ein sehr beträchtliches zurück.

Aus diesen Thatsachen ergibt sich auch schon die Schlussfolgerung. dass die von Braune und Clasen angenommene Function der Nebenhöhlen in Bezug auf das Dirigiren der Luft gegen die Regio

4*

olfactoria weit überschätzt wurde, doch haben wir es für zweckmässig gehalten, durch directe Versuche der Angelegenheit näher
zu treten.

Es geschah dieses in folgender Weise.

An einem möglichst frischen menschlichen Leichenkopfe wurden
auf der einen Seite, also z. B. rechts die beiden grossen Nebenhöhlen,
nämlich die Stirnhöhle und die Highmorshöhle von aussen her an-
gebohrt, durch die Bohröffnung ein kleiner Wattatampon gegen die
Mündung der betreffenden Höhle vorgeschoben, und die Höhle selbst
mit heissgemachtem Wachs völlig ausgegossen. Nun wurden an
diesem Leichenkopfe in einer später zu beschreibenden Weise, künstliche Inspirationen ausgeführt, derart, dass der Luftstrom an den
Wandungen der Nasenhöhle Spuren zurücklassen musste, die bei einer
nachträglich vorgenommenen Section den Weg, den der Luftstrom
genommen, deutlich erkennen liessen. Es zeigte sich nun, dass die in
der oben beschriebenen Weise vorgenommene einseitige Obliterirung
der beiden grossen Höhlen nicht den geringsten Einfluss auf die
Richtung des Luftstromes ausgeübt hat, dass dieser vielmehr in der
Nasenhälfte mit offenen Nebenhöhlen denselben Weg nimmt, wie in
der Nasenhälfte mit verstopften Nebenhöhlen. Es boten also diese
Versuche keine Bestätigung der von Braune und Clasen aufge-
stellten Hypothese über die Function der Nebenhöhlen.

Diese Versuche waren für uns der Ausgangspunkt zu einer
neuerlichen Prüfung des Weges, den der Luftstrom, speciell der Inspirationsstrom in der Nasenhöhle einschlägt. Bis vor nicht langer
Zeit wurden diesbezüglich die Angaben, welche Bidder*) darüber
gemacht hat, allgemein angenommen und gelehrt. So heisst es z. B.
in Ziemsen's Pathologie, Capitel Krankheiten der Nase von
B. Fränkl: «Der eindringende Luftstrom hat an den Nasenlöchern
einen verhältnissmässig kleinen Querschnitt, dringt vornehmlich durch
den unteren Nasengang in den Raum zwischen der unteren Muschel
und dem Septum gegen die Pars nasalis des Pharynx vor, um hinter
dem schlaff herabhängenden Velum in den Kehlkopf und die eigentlichen Respirationsorgane zu gelangen. Auf demselben Wege kehrt er
bei der Exspiration zurück, und es ist anzunehmen, dass bei jeder
In- und Exspiration die ganze in der Nase befindliche Luft durch
den entstehenden Strom, dessen Hauptrichtung wir soeben geschildert
haben, in eine mehr oder minder lebhafte Mitbewegung geräth.» Aehn-
liche Anschauungen findet man in den Lehrbüchern der Anatomie und
Physiologie vielfach wiedergegeben, und wir haben ja auch schon ge-

---

*) Wagner, Handwörterbuch der Physiologie. Riechen.

sehen, dass auch Braune und Clasen dieselben als richtig ansehen und annehmen, dass beim ruhigen Athmen der Luftstrom vorzüglich durch die untersten Abschnitte der Nasenhöhle hindurchstreicht. Die uns allen geläufigen Bezeichnungen Regio respiratoria für die unteren Abschnitte der Nase im Gegensatz zur Regio olfactoria, d. i. das Ausbreitungsgebiet des Riechnerven im oberen Theile der Nasenhöhle verdanken dieser Lehre ihre Entstehung. Eingehender hat sich mit dem Gegenstande H. Meyer*) beschäftigt. Nach ihm ist es die mittlere Muschel, welche für die Richtung des Luftstromes massgebend ist. Beim ruhigen Athmen werde der grössere Theil der Luft von dem vorderen aufsteigenden Rande der mittleren Muschel und dem Nasendamm, d. i. einer Fortsetzung dieses Randes, die sich flacher werdend gegen das vordere Ende des Nasenloches hinzieht, aufgefangen und unter die untere Muschel geleitet. In die «Geruchsspalte», d. i. den oberen engen Theil der Nasenhöhle, welcher durch die mittlere Muschel und dem gegenüberliegenden Wulst am Septum von dem «Athmungswege» getrennt ist, dringe beim ruhigen Athmen der Luftstrom nicht ein. In ähnlicher Weise spricht sich auch Fick**) aus. Auch er lässt den grössten Theil des Luftstromes durch den unteren Nasengang in den Pharynx gelangen. Nach Zuckerkandl***) hat die während der Inspiration eingezogene Luft das Bestreben unter der Riechspalte vorbei gegen die Choanen zu entweichen.

Anatomisch werde diese Richtung des Luftstromes durch die ins Vestibulum nasale vorspringende Falte der Cartilago triangularis befördert, die gleichsam als vordere Verlängerung der unteren Nasenmuschel den Luftstrom auffängt und in den unteren Nasengang leitet. Von grossem Einfluss auf die Richtung des Luftstromes sei der horizontale Stand der Nasenlöcher, indem dadurch der letztere von der Horizontalen etwas abgelenkt und gegen die Riechspalte hingedrängt wird. Auch die pathologische Anatomie erbringe hiefür einen eminenten Beweis. «Fehlt nämlich das knorpelige Nasengerüste, dann stehen den Choanen zwei senkrecht gelagerte vordere Nasenöffnungen gegenüber: die Leitung gegen die Riechspalte entfällt, die Luft stürzt bei der Athmung gerade rückwärts in die Choanen, und es dringt zu wenig Luft in die Fissura olfactoria ein, um eine deutliche Geruchsempfindung zu erzeugen: daher kommt es, wie zuerst Beclard nachgewiesen, dass der Defect der äusseren Nase das Riechvermögen grösstentheils oder gänzlich aufhebt, trotz-

*) H. Meyer, Lehrbuch der Anatomie des Menschen. III. Aufl.
**) Fick, Lehrbuch der Anatomie und Physiologie der Sinnesorgane 1867.
***) Zuckerkandl, normale und path. Anatomie der Nasenhöhle und ihrer pneum. Anhänge 1882. p. 58.

dem die Riechspalte und ihre Wände nicht im mindesten verändert
wurden.»

Zuckerkandl citirt auch eine Angabe Günther's, wonach
der Verlust der unteren Nasenmuschel das Riechvermögen ebenso
vernichtet, trotzdem bekanntlich in die untere Muschel keine Olfactorius-
fasern gelangen. Zuckerkandl weist aber darauf hin, dass bei
pathologischen Processen, die zur Zerstörung der unteren Nasenmuschel führen, oft auch die mittleren geschwunden sein dürften,
dass es daher nicht nothwendig sei, für den Ausfall der Geruchsempfindung die unteren Muscheln verantwortlich zu machen. Die
Atrophie der mittleren Muschel könne bei der Unvollkommenheit der
damaligen rhinoskopischen Hilfsmittel der Beobachtung leicht ent-
gangen sein.

Der erste, der unsere Frage auf experimentellem Wege zu lösen
versucht hat war Ed. Paulsen.*) Seine Arbeit hatte er unter
Exner's Leitung im Wiener physiologischen Institut ausgeführt. Die
Versuchsanordnung war folgende: In die Trachea eines Leichenkopfes
wurde ein Glasrohr eingefügt und mit einem Blasebalg in Verbindung
gebracht, dann wurde die Nasenhöhle eröffnet, indem der Schädel
hart neben der Medianebene in sagitaler Richtung durchsägt und
die beiden Hälften soweit von einander entfernt, dass man in die
Nasenhöhle Einblick erhielt. Nun wurden die verschiedenen Theile
derselben mit kleinen Stückchen rothen Lakmuspapier austapezirt,
die beiden Schnittflächen wieder adaptirt; jetzt wurde der Mund
durch Zunähen dicht verschlossen, und die Schnittlinien mit Heftpflaster verklebt.

In den Vorversuchen, berichtet Paulsen, habe er die beiden
Kopfhälften beim Schliessen möglichst dicht aneinandergepresst. Dieses
habe sich aber als fehlerhaft herausgestellt. Die Geruchsspalte sei
nämlich so enge, dass der Verlust der dünnen Knochenschichte,
welche beim Sägen in Form von Sägespänen wegfiel, schon eine
wenigstens partielle Berührung der beiden Wände bewirkte. Es wurde
deshalb in den weiteren Versuchen dafür gesorgt, dass zwischen den
beiden Sägeflächen eine Distanz von der Grösse, welche der Dicke des
gebrauchten Sägeblattes entsprach, resultirte. Der Versuch selbst bestand
nun darin, dass man der Luft, die man durch die Nasenhöhle hindurch-
saugte, Ammoniakgas beimengte. Hiedurch wurde das Lakmuspapier
gebläut, u. zw. umsomehr, je kräftiger der Luftstrom auf die betreffende
Stelle einwirken konnte. Aus dem Unterschiede in der Färbung der

*) Experimentelle Untersuchungen über die Strömung der Luft in der Nasen-
höhle. Wr. Akad. Sitzungsbericht. Bd. 85, Abth. 3. 1882. p. 352 u. f.

an verschiedenen Orten deponirten Papierstückchen schloss dann
Paulsen auf die Richtung, die der Luftstrom durch die Nase genommen hatte. Da sich die quadratischen Papierchen, wie sich aus der
Abbildung und der auf pag. 362 befindlichen Darstellung ergibt, in
genügender Dichte nur an der Nasenscheidewand befanden, an den
übrigen Theil der Nasenwandungen im Ganzen nur acht derselben
angebracht waren, so ist es leicht verständlich, dass man in diesem
Theil der Nasenhöhle den Gang des Luftstromes nicht genau verfolgen konnte.

Auf der Abbildung endet die dicke Linie, welche den Haupt-
strom der Luft andeuten soll, ganz vorne in der Gegend des sogenannten Nasendammes; weiter nach rückwärts setzen sich nur dünne
Linien fort, was andeuten soll, dass nur geringere Antheile des
Stromes die betreffende Richtung nahmen. Die obere dieser Linien ist
in ihrem vordersten Abschnitt durch zwei Papiere bestimmt, die
hintere Hälfte derselben und die untere Linie in ihrer Totalität berühren hingegen überhaupt kein Papier, sind also in ihrem Verlaufe
nicht durch positive Ergebnisse des Versuches bestimmt, sondern wie
wir hervorheben müssen, ziemlich willkürlich interpolirt. Es geschah
nicht aus Unachtsamkeit, dass die äussere Wand der Nasenhöhle so
stiefmütterlich mit Papieren bedacht wurde, dieselbe ist bei der von
Paulsen eingeschlagenen Methode in ihrem grössten Antheil schwer
oder gar nicht zugänglich gewesen.

Paulsen untersuchte sowohl den Einathmungsstrom als auch
den Ausathmungsstrom. Wir selbst haben nur den ersteren, weil für
die Geruchsempfindung allein massgebend in den Bereich unserer
Untersuchungen gezogen, und wollen uns aus demselben Grunde auch
bei der Kritik fremder Experimente nur mit diesem allein beschäftigen.
Es ist nothwendig, auch die Art und Weise zu beschreiben, wie
Paulsen das Ammoniakgas zuführte. Dasselbe entströmte nämlich
dem zugespitzten Ende einer Glasröhre, welche in einzelnen
Versuchen ganz vorn, in anderen Versuchen in die Mitte, in anderen
hinten in das Nasenloch selbst eingeführt wurde. Die Täuschungen,
welche durch diese Versuchsanordnung und durch den Umstand, dass
das Ammoniakgas aus seinem Behälter in die Nase direct eingeblasen
wurde, wurden bei anderen Versuchen, bei denen die Ammoniakluft
gegen die Oberlippe hingeleitet wurde und wirklich nur durch den
Inspirationsstrom in die Nase gelangte, vermieden. Paulsen bemerkt
indess, dass diese, unserer Ansicht nach allein massgebende, die un-
bequemere Versuchsanordnung sei, da es dabei schwerer fällt, die
zum prägnanten Hervortreten der Stromesrichtung passende Menge
Ammoniak aufzusaugen. Das Resultat wich angeblich in keiner Weise

von dem, welches bei der anderen Methode und mittlereren Stellung
der Glasröhre erzielt wurde, ab. P a u l s e n findet als Hauptergebniss
seiner Experimente Folgendes: Die Luft dringt durch die horizontal
gestellte Ebene des Nasenloches in verticaler Richtung in die Nase
ein, wird dann einestheils durch den nach hinten wirkenden Zug,
anderseits durch den schiefgestellten Nasenrücken in der Hauptmasse
a m S e p t u m e n t l a n g nach dem unteren Theile der Choane hin
geleitet. Durch die eigentlichen Nasengänge fliesst verhältnissmässig
wenig Luft, was seinen Grund darin hat, dass der Strom durch die
schiefgestellte Seitenwand der äusseren Nase nach dem Septum hingeleitet wird. In dem obersten Nasengang tritt niemals eine nennens-
werthe Quantität des Einathmungsstromes ein.

In die Nebenhöhlen dringen nur minimale Antheile des Luftstromes ein. Wenn nach zehn Secunden Dauer das Reagenspapier in
der Nasenhöhle die charakteristische Färbung angenommen hatte,
war dort kaum nach einer halben Stunde eine Veränderung zu
constatiren.

So dankenswerth auch die Bemühungen P a u l s e n's um die
Lösung der vorliegenden Frage erscheinen, und so vortheilhaft sich
seine Versuche von den früheren nur auf speculativer Grundlage be-
ruhenden Theorien über den vorliegenden Gegenstand unterscheiden,
so lässt sich doch nicht leugnen, dass seine Versuchsanordnung
mancherlei schwerwiegende Fehler aufweist. Wir werden gleich sehen,
dass P a u l s e n selbst zu dieser Erkenntniss gelangt ist und es für
nothwendig befunden hat, seine Methode wesentlich zu modificiren,
wir werden ferner sehen, dass diese abgeänderte Methode auch zu
anderen Ergebnissen geführt hat, als die waren, welche aus der
ersten Arbeit gezogen wurden. Die wichtigsten Fehler dieser ersten
Versuchsanordnung sind folgende:

1. Wurde an Leichenköpfen gearbeitet, die längere Zeit in
Alkohol gelegen, deren Nasenschleimhaut in Folge dessen wesentlich
eingeschrumpft waren. Nun wissen wir aber aus Beobachtungen an
Lebenden, welch' grossen Einfluss der wechselnde Turgor dieser
Schleimhaut auf die Raumverhältnisse der Nasenhöhle ausübt, und es
kann demgemäss keinem Zweifel unterliegen, dass die bekannte
Maceration Bedingungen setzte, die von denen, wie wir sie in vivo
voraussetzen, wesentlich verschieden waren.

2. P a u l s e n hat den Schädel sagital entzweigesägt, dann wieder
die Schnittflächen aneinandergelegt. Anfangs that er dies ohne Rücksicht darauf, dass durch das Sägen eine nicht ganz unbeträchtliche
Knochenschichte verloren ging, wodurch das Septum viel näher an
die Muschelflächen der untersuchten Seite zu liegen kam. Später hat

er allerdings durch Zwischenschaltung von Heftpflaster diesen Fehler
zu vermeiden gesucht, allein wer bürgt uns dafür, dass diese doch
nur nach dem Augenmass ausgeführte Correctur genügend genau war,
und dass die Nasenhöhle nach dem Verschliessen nicht doch enger
oder weiter war als vor der Eröffnung. Jede auch noch so geringe
Veränderung der Distanz zwischen Septum und äusserer Nasenwand
hat aber zweifellos auf die Luftströmungsverhältnisse den allergrössten
Einfluss.

Schon oben wurde darauf hingewiesen, dass auch die Art und
Weise, wie der Ammoniakstrom in die Nasenlöcher aus einer engen
Oeffnung eingeblasen wurde, einen Versuchsfehler abgibt, der allerdings in einzelnen Versuchen durch eine abgeänderte Anordnung in
seiner Bedeutung reducirt wurde, und endlich muss hervorgehoben
werden, dass ein grosser Theil des Naseninnern aus technischen
Gründen nur sehr spärlich mit Reagenspapierchen beschickt werden
konnte, woraus der Nachtheil erwuchs, dass man über die Luftströmung in diesen Gegenden nur ein sehr unvollkommenes und un-
vollständiges Bild erhielt. Wie erwähnt, hat P a u l s e n selbst ein-
gesehen, dass seine Versuche mangelhaft seien und den Gegenstand
neuerdings mit besseren Methoden aufgenommen.

Er bediente sich jetzt der Osmiumsäure, deren Dämpfe bekanntlich organische Substanzen braun färben, zur Verfolgung des Luftstromes in der Nasenhöhle. Ein Leichenkopf, dessen Trachea mit
einer Canüle verbunden war, wurde in einer Glasglocke aufgehängt,
die unten mit einem lose schliessenden Boden versehen war, durch
welchen ein Kautschukschlauch zur Trachea führte. Unter diese
Glocke wurden mit Osmiumsäurelösung getränkte Schwämmchen
gebracht, und nachdem dieses geschehen war, Luft durch die Nase
aspirirt. Es musste eine halbe Stunde gearbeitet werden, bis die
Reaction deutlich zum Vorschein kam. Im Ganzen hat P a u l s e n drei
solche Versuche ausgeführt, von denen aber einer wegen einer Blut-
anhäufung im Nasenrachenraum unverlässlich erscheint. Die zwei gelungenen Versuche ergaben Folgendes: Die Färbung beginnt lateral-
wärts in geringer Entfernung von der Nasenöffnung, zieht sich dem
Nasenrücken entlang hinauf bis zum Nasendach, dann an demselben
hin und verliert sich am Dache des Nasenrachenraumes. Die untere
Grenze des Farbstreifens lief von vorn nach hinten über die Mitte der
unteren Muschel. Die untere Hälfte der unteren Muschel und der
untere Nasengang waren ungefärbt. Das vordere Ende der mittleren
Muschel war immer intensiv gebräunt. Am Septum war ebenfalls ein
brauner Bogen sichtbar, unterhalb desselben fehlt der Farbstoff vollständig.

Wie sich aus der Zeichnung ergibt, war die Färbung am Septum geringer als an der äusseren Wand. An dem Nasendamme fand Paulsen bei diesen Versuchen eine tiefere Bräunung.

Paulsen schliesst seine Abhandlung mit folgendem Satze: «Obwohl ich mir bewusst bin, dass auch diese Versuche keineswegs allen Anforderungen gerecht werden, und dass ich, um zu einem abschliessenden Resultate zu gelangen unter Anwendung weiterer Vorsichtsmassregeln operiren muss. ...»

Wir können diesem Ausspruche nur zustimmen, denn aus zwei Versuchen sollte man überhaupt in diesem Falle keine allgemein geltenden Schlussfolgerungen ziehen, und dies umsoweniger, wenn das Ergebniss derselben mit dem anderer im Widerspruche steht, dass dieses der Fall ist, unterliegt wohl gar keinem Zweifel. Wir müssen nur die Resultate der ersten Arbeit Paulsens mit der der zweiten Arbeit vergleichen. In jener fand er, dass der Luftstrom hauptsächlich am Septum vorbeistreiche, in dieser hingegen findet er die Färbung am Septum geringer als an der äusseren Wand, muss also annehmen, dass der Strom an der Aussenwand intensiver sei als in der Nähe der Scheidewand. Ein weiterer Unterschied ist darin gegeben, dass in den ersten Versuchen Paulsens der Luftstrom nicht bis an das Nasendach heranreicht, während dies bei den Osmiumversuchen der Fall war.

Thatsächlich haben nach Paulsen noch zwei Autoren über diese Frage Versuche angestellt.

R. Kayser*) hat in folgender Weise gearbeitet. Auf ein kleines Sieb, welches in der Nähe der Nase, etwa in der Höhe der Stirne gehalten wurde, legte er Magnesiapulver, welches durch leichte Schläge auf das Sieb in Form eines Staubes herabfiel, der durch die Inspirationen der Versuchsperson, respective an der Leiche durch eine an die Trachea befestigte Aspirationsvorrichtung in die Nase gezogen wurde. Hierauf wurde mittelst Reflector und Nasenspiegel die Nase inspicirt und festgestellt, an welchen Stellen das Magnesiapulver abgelagert war. Kayser hat auch Controlversuche mit Osmium und Magnesia an demselben Leichenkopfe ausgeführt und constatirt, dass die beiden Methoden im Grossen und Ganzen dasselbe Resultat geben, nur reichte das Magnesiapulver nicht so hoch hinauf, wie die Bräunung durch Osmiumsäure. An Lebenden mit leidlich normaler Nase ergab die Rhinoskopie nach dem Pulverversuch folgendes Resultat: Eine mehr oder minder dichte Lage weissen Pulvers

*) R. Kayser, über den Weg der Athmungsluft durch die Nase. Zeitschr. f. Ohrenheilkunde. 20. Bd. 1890, p. 96.

befand sich am vorderen Ende des Septums in der Höhe der Mitte
oder des oberen Randes der unteren Muschel, von da ging der weisse
Staub am Septum halbkreisförmig nach oben und hinten.

Frei blieb der untere Nasengang und der Boden der Nasenhöhle.
Sehr stark bestäubt war hingegen der vordere Rand der mittleren
Muschel, etwas weniger der untere Rand derselben und die Seitenwand
des mittleren Nasenganges. Bei der Rhinoskopia posterior erblickt man
einiges Pulver im oberen Theile der hinteren Rachenwand, und nur
bei sehr starker Staubentwicklung reicht die Ablagerung an dieser
Wand bis zu jenem Theile derselben, der dem unteren Nasengange
gegenüberliegt. Dies gilt nur für die normale Nase. In Fällen, wo das
Septum im oberen Theile ein sogenanntes Tuberculum zeigt, reicht
der Staub nicht über dieses hinauf.

Kayser fühlt sich berechtigt, mit Rücksicht auf seine Versuche
den Satz auszusprechen: «Die Luft strömt während der Inspiration
in der normalen Nase so, dass sie hauptsächlich über der unteren
Muschel an der Scheidewand entlang bogenförmig nach oben bis nahe
dem Nasendach zieht.»

Auf experimentellem Weg hat Kayser auch die Ursachen fest-
zustellen versucht, welche dem Luftstrom die gefundene Richtung
gaben. — Er hat z. B. an einem Leichenkopf die untere Muschel weg-
gemeisselt, und dann den Pulverversuch angestellt. Das Pulver lagerte
sich an denselben Stellen ab wie vorher bei unversehrter unterer
Muschel. Er will auch gefunden haben, dass bei Menschen mit vorgeschrittener Ozaena atrophicans, wo die untere Muschel fast völlig
verschwunden war, der Pulverniederschlag trotzdem an denselben
Stellen gefunden wurde, wie in normalen Nasen. Selbst in Fällen, wo
durch Polypen oder anderen Ursachen der mittlere Nasengang ver-
stopft war, fand er das Pulver wohl am unteren Theile der Nasenscheidewand und auf der unteren Muschel, niemals aber am Boden
der Nasenhöhle.

Aus diesen Versuchen zieht Kayser den Schluss, dass die
untere Muschel für die Richtung des Luftstromes keineswegs jene
grosse Bedeutung hat, als ihr früher namentlich von Bidder zugeschrieben wurde.

Von der grössten Bedeutung für die Luftstromrichtung in der
Nase fand er die Stellung der Nasenöffnungen. Wenn man an der
Leiche die äussere Nasenwand vom Naserrücken bis nahe zum Beginn
der knöchernen Nase ablöst, den Lappen nach aussen umklappt, und
nun Pulver oder Osmiumsäureluft durchsaugt, so strömt dieselbe nicht
im Bogen, sondern in gerader Linie durch die Nase, und bestreicht
von deren Fläche so viel, als der Grösse der äusseren Oeffnung ent-

spricht. Aber selbst in diesem Falle blieb der eigentliche untere Nasengang vom Luftstrom verschont, was K a y s e r durch den Umstand erklärt, dass die untere Peripherie der äusseren Nasenöffnung höher
steht als der Nasenboden, eine Thatsache, die schon von S c h w a l b e
und Z u c k e r k a n d l erkannt wurde.

Das Räthsel der Geruchswahrnehmung beim ruhigen Athmen sei
gelöst durch den Nachweis, dass auch bei ruhigem Athmen im Lebenden
der Luftstrom nach oben gerichtet ist. Die Eintheilung der Nasenhöhle
in eine pars respiratoria und olfactoria habe nur eine anatomische,
aber keine physiologische Berechtigung.

Das Schnüffeln unterstütze die Geruchswahrnehmung durch
folgende Momente:

1. Durch Beschleunigung der Inspiration, wodurch in der Zeit-
einheit eine grössere Menge Luft der Riechschleimhaut zugeführt werde.

2. Dadurch, dass durch die einzelnen stossweise erfolgenden In-
spirationen die Lufttheilchen der Trägheit folgend, die ursprüngliche
Richtung nach oben besser beibehalten als bei andauernder langsamer
Inspiration.

K a y s e r glaubt, dass die Hindernisse, die sich dem Luftstrom
entgegensetzen eine verschiedene Athmungshemmung hervorbringen, je
nachdem sie im unteren Nasengang oder im mittleren Nasengang ihren
Sitz haben. Eine Verlegung des unteren Nasenganges beobachtet man,
ohne dass Athmungshemmung auftritt, während eine Stenosirung des
mittleren Nasenganges bei weitem unteren Nasengang eine deutliche
Erschwerung der Athmung zur Folge hat.

Auch die adenoiden Vegetationen sollen hauptsächlich dadurch
die Respiration behindern, dass sie an der oberen Peripherie der
Choanen gelegen den Weg des normalen Luftstromes durch den
mittleren und oberen Nasengang erschweren.

Der Pulvermethode K a y s e r ' s haftet ein schwerer Fehler an,
der es bewirkt, dass die Resultate, welche der genannte Autor gefunden
hat, nur so weit verwendbar sind, als sie auf anderem Wege bestätigt
wurden. Die Pulvertheilchen, welche mit dem Luftstrom in die Nasenhöhle gelangen, nehmen einen Weg, der einerseits von der Richtung
des Luftstromes, andererseits von der Schwerkraft bestimmt wird, sie
gleichen in dieser Richtung den Projectilen der Schusswaffen.

Da wo diese Partikelchen in Verfolgung ihrer Bahn mit einer
feuchten Fläche in Berührung kommen, bleiben sie daselbst grösstentheils haften, während nur ein sehr kleiner Theil diesem Schicksale
entgeht, abprallt und an einer entfernteren Stelle der Nasenhöhle zu
Boden fällt. So sehen wir denn den grössten Theil des eingeathmeten
Pulvers ganz vorne, unmittelbar am Nasenloch sich ablagern, während

in den Nasenrachenraum nur einige wenige Körnchen sich verirren; der Luftstrom aber muss im Nasenrachenraum dieselbe Intensität besitzen, wie in dem Querschnitt des Respirationsschlauches, der durch die Nasenlöcher gegeben ist.

Kayser hat mit Vorbedacht ein sehr leichtes Pulver zur Darstellung des Weges, den die Luft nimmt, gewählt. Dass aber nach dieser Methode das erwünschte Ziel nicht zu erreichen ist, lehrt folgendes einfache Experiment: Man fülle ein Rohr, z. B. eine Federspule mit Magnesiapulver, blase in das horizontal gehaltene Rohr hinein. Der Luftstrom nimmt zweifellos den Weg, der durch die Axe des Rohres gegeben ist, während das Pulver vermöge seines Eigengewichtes in einiger Entfernung von der Mündung des Rohres zu Boden fällt.

Diese beiden Umstände, nämlich das Anhaften des Pulvers an der ersten feuchten Fläche, die sich ihm in den Weg stellt, und zweitens das zu Boden sinken der einzelnen Partikelchen, einer Erscheinung, die umso auffälliger werden muss, je weniger kräftig der Luftstrom ist, beeinträchtigen die Beweiskraft der Kayser'schen Versuche in so hohem Grade, dass eine Ueberprüfung mit anderen Methoden Kayser selbst räthlich schien. Nur so ist es zu verstehen, dass er sich entschloss, Parallelversuche mit der technisch viel complicirteren aber thatsächlich viel vollkommeneren Osmiumsäure-Methode Paulsen's auszuführen. Nur eines seiner Ergebnisse wollen wir deshalb hervorheben, weil es auch mit den besseren Methoden bestätigt wurde; die Thatsache nämlich, dass der Luftstrom den unteren Nasengang vermeidet, u. zw. auch dann, wenn die untere Nasenmuschel fehlt.

Die letzte Untersuchung, die sich mit unserem Gegenstande beschäftigt, rührt von Dr. Gustav Franke her, der auf Anregung und am Material von Prof. B. Fränkel gearbeitet hat.*)

Der erste Theil der oben genannten Publication beschäftigt sich mit Luftdruckmessungen in der Nase und ihren Nebenhöhlen, und enthält die Richtigstellung mancher Irrthümer, die gerade auf diesem Gebiete durch unzweckmässig ausgeführte Versuche entstanden sind. Uns interessirt vornehmlich der zweite Abschnitt, welcher die Luftbewegung und den Luftwechsel innerhalb der Respirationshöhlen behandelt.

Franke studirte diese Vorgänge an drei Apparaten, die er sich construirt hat. Den ersten Apparat nennt er das Nasenrohr. Es besteht aus einer 10 cm langen Glasröhre von 15 mm Caliber, an welche

*) Experimentelle Untersuchungen über Luftdruck, Luftbewegung und Luftwechsel in der Nase und deren Nebenhöhlen. Von Dr. Gustav Franke in Berlin. Archiv für Laryngologie und Rhinologie, I. Bd. p. 231—49. 1893.

seitlich eine Glaskugel von 3 cm Durchmesser so angeschmolzen ist, dass die Communicationsöffnung einen Querschnitt von 5×10 mm hat. Die Röhre soll eine Nasenhöhle, die Glaskugel die Kieferhöhle vorstellen. Der 2. Apparat, das «Nasenmodell» stellt ein flaches Kästchen dar, welches ungefähr die Grösse und Form der Nasenhöhle, und als Nebenabtheilungen die Stirnbein- und Keilbeinhöhle besitzt; die Nasenseitenwand und Nasenscheidewand sind durch Glasplatten dargestellt, der übrige Rahmen von dünnem Blech. Die eine Seite der Glasplatte ist durchbohrt und bildet den Zugang zur Kieferhöhle, welche durch ein angeklebtes halbes Medicinfläschchen gebildet wird.

Aus dieser fast wörtlich wiedergegebenen Beschreibung ist nicht ersichtlich, ob dieses Modell auch etwas den Nasenmuscheln und den Nasengängen Correspondirendes enthielt. Die 3. Vorrichtung Franke's war einem frischen Leichenkopf entnommen. Derselbe wurde genau in der Medianebene durchschnitten, die Reste der Scheidewände entfernt, so dass Nasen-, Stirnbein- und Keilbeinhöhle freilagen. Durch einen 4½ cm. von der Medianebene entfernten zweiten Sagitalschnitt wurde auch die Kieferhöhle geöffnet. Die Schleimhäute der Höhlen wurden mit Tinte schwarz gefärbt und auf die Schnittflächen zwei Glasplatten luftdicht aufgekittet. Um nun die Luftbewegungen direct beobachten zu können, hat Franke durch die oben beschriebenen drei Apparate Tabakrauch abwechselnd mit frischer Luft ein- und ausgeblasen. Durch die Glasplatten konnte er auf dem schwarzen Untergrund jede Bewegung des Tabakrauches genau erkennen.

Was nun die Resultate betrifft, so können wir das was Franke an seinem Nasenrohr und Nasenmodell beobachtet hat, getrost vernachlässigen. So wenig als man auf Grund dieser Apparate eine anatomische Beschreibung der Nasenhöhle liefern kann, so wenig darf man aus der «Function» dieser Modelle auf die Function der Nasenhöhle selbst zurückschliessen. Die Luftleitungsverhältnisse dieser Höhle hängen zweifellos ganz innig mit dem Baue derselben zusammen, und jede, wenn auch geringe Veränderung in dem Aufbau der Höhle, in der räumlichen Ausdehnung derselben muss auf die erwähnte Function den grössten Einfluss nehmen. Aus diesem Grunde sind selbst die Beobachtungen am «Nasenpräparat» Franke's durchaus nicht einwandfrei, da es nicht feststeht, ob die, die Scheidewand ersetzende Glasplatte genau an der Stelle des entfernten Septum sich befand, ob also die künstliche Nasenhöhle nicht weiter oder enger war als die natürliche Nasenhöhle desselben Kopfes. Im Grossen und Ganzen ergaben übrigens auch die Versuche Franke's Resultate, die mit denen anderer Beobachter ziemlich übereinstimmen. Er sah bei ruhiger Inspiration einen fingerbreiten Rauchstreifen von dem Nasenrücken bis zum Nasendach aufsteigen und im Bogen nach abwärts zur Choane hinziehen, während die Luft am Nasenboden fast unbeweglich blieb, jedoch entstand unterhalb des concaven Bogens der Stromrichtung ein schwacher Wirbel, der sich in der Richtung von oben nach hinten und unten dreht. Bei kräftiger Inspiration hatte der Luftstrom das Bestreben, sich mehr am Nasendach zu halten, und die Wirbelbewegung war eine viel heftigere. Am Ende der Inspiration, besonders bei kräftigen schnuppernden Einathmungen dreht sich der gesammte Luftinhalt der Nasenhöhle in einem grossen Wirbel, dessen Centrum am vorderen unteren Rande der mittleren unteren Muschel liegt.

In die Nebenhöhlen sah Franke den Tabakrauch nicht eindringen, nur in die Keilbeinhöhle traten bei jeder In- und Exspiration schwache Rauchwölkchen ein, was Franke damit erklärt, dass an seinem Präparat die Communicationsöffnung der Keilbeinhöhle um ein Mehrfaches grösser war, als die der beiden anderen Nebenhöhlen.

Die Nebenhöhlen mit engen Oeffnungen bieten dem eindringenden Strome ein fast unüberwindliches Hinderniss. Ist dagegen die Communicationsöffnung so gross, dass durch dieselbe zu gleicher Zeit Luft ein- und ausströmen kann, oder sind gar zwei sich gegenüberliegende Oeffnungen vorhanden, tritt bei der Respiration sofort Wirbelbewegung und ein reger Luftwechsel ein. In sehr grossen und buchtigen Höhlen kann aber die ganze Luftmasse weder gut in Bewegung gesetzt, noch schnell ausgewechselt werden. Das schnelle Vorbeistreichen des Luftzuges über die Oeffnungen gebe ein besonders günstiges Moment für den Luftwechsel in diesen Höhlen, da hiedurch Luft oder sogar Flüssigkeit aus denselben angesogen wird, in ähnlicher Weise wie beim Siegle'schen Dampfzerstäuber. Thatsächlich fand Franke an seinen Nasenmodellen (nicht aber an der natürlichen Nase) negativen Druck in den Nebenhöhlen bei der Exspiration.

Die gewöhnlichen Athembewegungen, wie sie der lebende Mensch ausführt, haben zweifellos niemals genügende Kraft, um auf den Inhalt der Nebenhöhlen aspirirend einzuwirken. Wohl aber dürfte dies bei dem Niesen der Fall sein, einem Reflexact, bei dem bekanntlich nach Vorausgang einer tiefen Inspiration ein Abschluss der Athmungswege, sowohl gegen die Mund- als gegen die Nasenhöhle erfolgt, der dann durch eine krampfhafte explosive Ausathmung durchbrochen wird. Bei dem Niesact strömt die Luft zweifellos mit solcher Geschwindigkeit durch die Nasenhöhle, dass sie den Inhalt der Nebenhöhlen aspiriren, und so zur Reinigung dieser, von in Folge pathologischer Veränderungen vorhandener Flüssigkeiten führen kann.

Ich habe mich auch mit dieser Frage speciell beschäftigt und versucht, einige auf Lösung derselben abzielende Versuche auszuführen.

Es sollte nämlich der Luftdruck in den Nebenhöhlen während des
Niesactes gemessen und ferner geprüft werden, ob dabei thatsächlich
Flüssigkeit aus diesen Höhlen aspirirt werden kann. Die Versuche,
welche wir an Katzen und Hunden ausführten, scheiterten an einem
merkwürdigen Umstand.

Es wollte uns an den mit Morphium betäubten Thieren absolut nicht
gelingen, den Niesact willkürlich hervorzurufen, obwohl wir uns dabei
aller in der Praxis und Wissenschaft empfohlenen Mittel bedienten.
Weder das Kitzeln der Nasenschleimhaut mit einem Federbart, noch
das Einbringen von Schnupftabak oder selbst Heleboruspulver hatte
den gewünschten Erfolg, und so kamen wir auch nicht in die Lage zu
prüfen, ob diese Mittel auch von den Nebenhöhlen aus den Niesact
auszulösen vermögen. Dieser negative Erfolg mag vielleicht durch die
Narkose begründet sein, ohne Narkose konnten und durften wir aber
nicht arbeiten, da wir ja eine schmerzhafte blutige Operation, die Eröffnung der Stirnhöhle vornehmen mussten, und Chloroformnarkose
versprach vom Hause aus noch weniger Erfolg als die Morphiumnarkose, weil sie jede Reflexthätigkeit zum Verlöschen bringt.

Professor Gärtner theilt mir mit, dass er wiederholt beobachtet habe, wie bei Katzen nach Eröffnung der Stirnhöhle heftige
zahlreiche Niesbewegungen auftraten, wobei sofort das von oben her
in die Stirnhöhle eingedrungene Blut beim Nasenloch herausgeschleudert
wurde. Auch diese Thiere befanden sich, soweit die Erinnerung des
Experimentators reicht, in Morphiumnarkose, und wir hofften daher bei
unseren ad hoc angestellten Versuchen die Beobachtungen wiederholen
zu können. Wie bereits erwähnt, ist uns dies niemals gelungen. Trotzdem unterliegt es wohl keinem Zweifel, dass die von uns ausgesprochene Hypothese über die Wirkung des Niesens auf den Inhalt
der Nebenhöhlen der Nase physikalisch begründet ist.

Nach dieser Abschweifung, zu welcher wir durch die Bemerkungen
Franke's über die Luftdruckverhältnisse in der Nase veranlasst wurden,
kehren wir nun zu unserem Thema und zwar zur Beschreibung der von
uns angeführten Experimente zurück. Dieselben theilen sich in zwei durchaus verschiedene Gruppen. Die erste umfasst Versuche, die mit denen
Paulsen's verwandt sind. Wie er und mehrere spätere Bearbeiter
dieses Gegenstandes, so haben auch wir es versucht, die Spuren, die
ein die Nase passirender Luftstrom zurücklässt, unseren Sinnen
zugänglich zu machen. Nur verwendeten wir zu diesem Zweck ein
Reagens, welches dazu viel geeigneter war, als die Ammoniakdämpfe,
als Osmiumsäure und als die Staubwolken Kayser's. Wir liessen
nämlich Joddämpfe inspiriren und befeuchteten hierauf die Schleimhaut der Nasenhöhle mit einer Kleisterlösung. Es trat dort, wo Jod

mit der Schleimhaut in Berührung gekommen war, die bekannte Reaction auf und aus dem Verlauf und der Vertheilung der violetten Flecken konnte man mit Leichtigkeit den Weg, den der Luftstrom genommen, verfolgen.

Schon nach wenigen (etwa 10) Athemzügen war der Hauptweg der Luft durch die gesättigt-dunkle Färbung unverkennbar bezeichnet. Daneben sah man andere Stellen, die durch ihre hellere Färbung verriethen, dass an ihnen die Luft in weniger intensivem Strome vorbeistrich, während wieder andere Stellen ganz und gar ungefärbt blieben, zu diesen letzteren gehören, wie gleich hier bemerkt werden soll, die Nebenhöhlen der Nase, in denen wir niemals auch nur eine Spur von Färbung nachweisen konnten. Bevor wir auf unsere Befunde weiter eingehen, obliegt es uns, unsere Versuchsanordnung eingehend zu beschreiben. Wir führten im Ganzen 10 Versuche durchwegs an möglichst frischen Leichen aus. In der Regel waren seit Eintritt des Todes 24—48 Stunden verflossen. Unter unseren Versuchsobjecten befanden sich Leichname von Männern und Frauen verschiedenen Alters.

Zunächst führten wir die Tracheotomie aus und banden eine daumendicke Glascanüle in die Luftröhre ein. Von der Canüle führte ein Kautschukschlauch zu einem Zweiweghahn und von diesem ein zweiter Schlauch zu einer Spritze mit 400 cm³ Fassungsraum. Bei der einen Stellung des Hahnes communicirte der Innenraum der Spritze mit der Trachea, bei der zweiten Stellung war diese Communication unterbrochen und ein Weg nach aussen für die in der Spritze enthaltene Luft eröffnet. Während der Spritzenstempel vorgezogen wurde, saugte er Luft aus der Trachea; die Entleerung der Spritze erfolgte, wie erwähnt, nicht durch die Luftwege, sondern durch die zweite Bohrung des Hahnes nach aussen.

Es musste nun noch für einen luftdichten Abschluss der Mundöffnung Sorge getragen werden, damit die von der Spritze angesaugte Luft nur durch die Nase und nicht auch durch den Mund ihren Weg nehme. Das Verschliessen besorgten wir in der Weise, dass wir Ober- und Unterlippe durch Knopfnähte vereinigten.

Allein diese Vorsichtsmassregel war für den vorliegenden Zweck nicht ausreichend. Wenn man nämlich an einem solchen Präparate die Luft mit der Spritze ansaugte, so legte sich der Zungengrund über den Kehlkopfeingang und bildete dort einen hermetischen Abschluss der Luftwege so zwar, dass der losgelassene Spritzenstempel in seine ursprüngliche Lage wieder zurückkehrte und dass von einer Luftströmung durch die Nase gar nicht die Rede sein konnte. Es bestehen eben an der Leiche dieselben Verhältnisse, wie wir sie zuweilen in tiefster Chloroformnarkose zu beobachten pflegen. Die Abhilfe bestand

bei unseren Versuchen in demselben Mittel, welches man auch bei dem
erwähnten Zufalle während einer Chloroformnarkose anwenden muss:
in dem Vorziehen der Zunge. Es wurde also die weit hervorgezogene
Zunge zwischen die Lippen eingenäht. Man konnte sich nun durch
Vorhalten einer Flamme vor die Nasenöffnung überzeugen, dass bei
Bewegungen des Spritzenstempels die Luft frei durch die Nasenhöhle
ein- und austrat.

Wichtig war nun die Art und Weise, in welcher die Joddämpfe
der Nasenhöhle zugeführt werden sollen. Keineswegs durfte dies in der
Weise geschehen, wie es Paulsen mit den Ammoniakdämpfen
machte.

Es durften also keine Röhren in die Nasenlöcher selbst eingeführt
werden, weil dadurch die Stromverhältnisse entschieden beeinflusst
werden müssen. Wir verfuhren also in folgender Weise: Aus vulkani-
sirtem Kautschuk wurde eine künstliche Nase gefertigt, die über die
Leichennase gestülpt und durch Glaserkitt luftdicht befestigt wurde. Unterhalb der Nasenlöcher, zwischen diesen und dem Boden der künstlichen
Nase blieb ein Hohlraum übrig, in welchen ein bei aufrechter Stellung
des Kopfes fast horizontal angebrachtes Rohr einmündete. An dieses
wurde mittelst eines kurzen Verbindungsstückes ein zu einer 4 cm im
Durchmesser haltenden Kugel ausgeblasenes Glasrohr befestigt. In die Kugel
wurden einige Schüppchen Jod gebracht, und die letztere hierauf mittelst
einer Weingeistflamme so weit erwärmt, dass sie sich mit Joddämpfen
füllte. Nun wurde der Spritzenstempel angezogen, und die Dämpfe
durch die Nase gesaugt. Diese Procedur wurde etwa zehnmal wiederholt, und damit war das eigentliche Experiment beendet. Wie bereits
erwähnt, erfolgte die Exspiration, d. i. die Entleerung der Spritze,
nicht durch die Nase, sondern durch den eingeschalteten Hahn directe
nach aussen.

Die eingesaugten Joddämpfe trafen zunächst das Filtrum der
Oberlippe, erfüllten den Hohlraum unterhalb der Nasenhöhle und traten
dann erst in die letztere ein. Ihr Weg war nach Eröffnung der
Nasenhöhle und nach dem Ausgiessen derselben mit Stärkekleister
unverkennbar gezeichnet. Die beifolgenden Abbildungen geben besser
als es eine ausführliche Beschreibung vermöchte, eine Vorstellung von
dem Verlauf des Luftstromes.*) So sieht man in Fig. I, Schädel eines

---

*) Für diejenigen, welche solche Versuche wiederholen wollen, sei bemerkt,
dass sich die blaue Färbung nicht lange hält. Ueber Nacht war dieselbe, wie wir
zu unserem Leidwesen erfuhren, verschwunden. Herr Dr. Julius Heitzmann,
von dessen Hand die Abbildungen herrühren, hat den späteren Versuchen selbst
beigewohnt, um unmittelbar nach Abschluss des Versuches den Befund fixiren zu
können.

Fig. I.

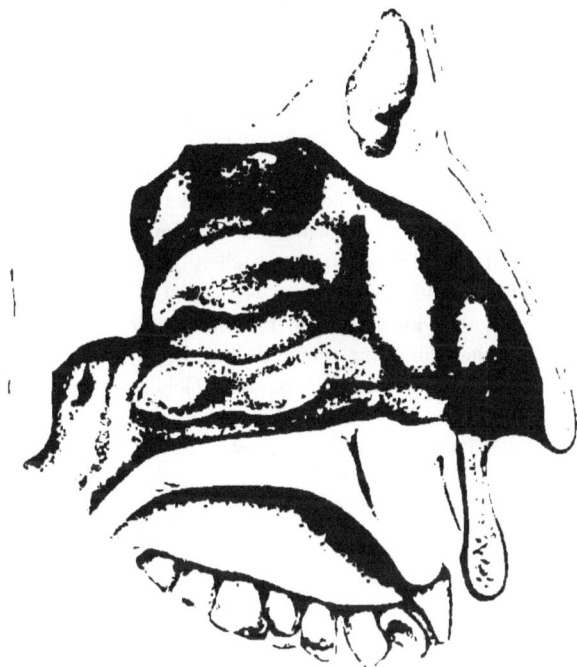

Fig. II.

30jährigen Mannes mit vollkommen normaler Beschaffenheit der Nase
(Experiment bei liegender Leiche) im vestibulum bis zum limen vestibuli
eine starke Anhäufung des Jodniederschlages, von hier aus wird dieser
Niederschlag, nachdem er sich am vorderen Rande und an der freien
Fläche der unteren Muschel nur mässig angelegt hat, gegen den mittleren Nasengang am intensivsten, der obere Gang zeigt nur mässige
Spuren, auch an der freien Fläche der mittleren Muschel ist ein
mässiger Jodniederschlag zu merken. Im Ganzen ist durch diese
Zeichnung u. zw. durch die punktirten Stellen derselben ersichtlich
gemacht, dass der Luftstrom der Hauptmasse zuerst in gerader Richtung
nach aufwärts steigt, um im Bogen nach hinten und unten durch die
Choanen in die Rachenhöhle zu treten. In Fig. II. Schädel eines etwa
20jährigen Mannes (Experiment bei sitzender Leiche), ist der Weg des
Luftstromes gleich wie in Fig. I. aufsteigend hauptsächlich durch den
mittleren und theilweise oberen Nasengang. Fig. III. Schädel eines

Fig. III.

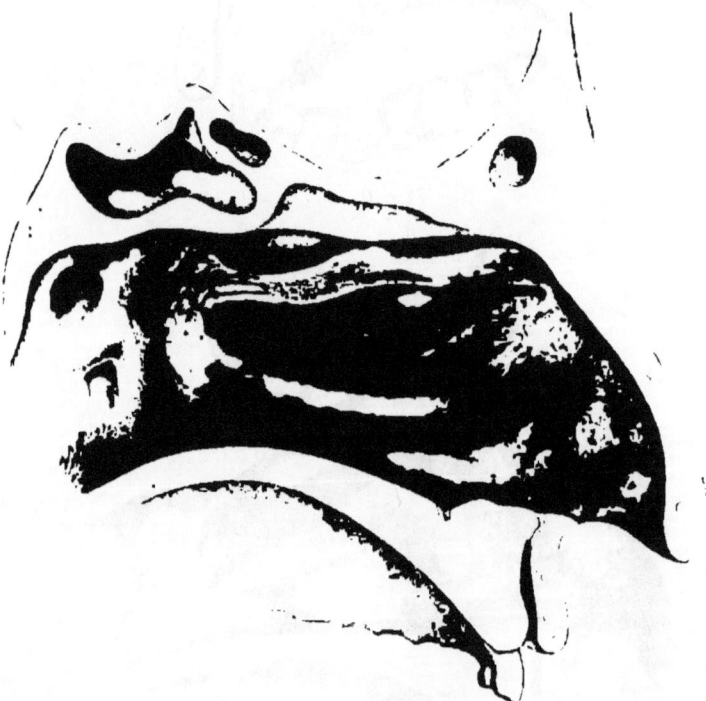

70jährigen Mannes, bei dem die Muscheln der senilen Atrophie verfallen sind, zeigt am eclatantesten, dass der Luftzug nach oben gerichtet ist. Die sowohl in diesem Falle wie auch an den in Fig. I und II

im unteren Nasengang bemerkbaren punktirten Stellen dürfen gleich den Stromschleifen nur als Nebenbahnen betrachtet werden. Gleichzeitig wird durch Fig. III dargethan, dass das Fehlen oder Vorhandensein der unteren und mittleren Muschel keinen wesentlichen Einfluss auf die Richtung des Luftstromes nehme, wie es von einigen Autoren angenommen wurde.

Wir haben schon oben angedeutet, dass wir vorliegende Frage auch noch auf anderem Wege zu lösen versucht haben. Dieser Weg bestand in der Berücksichtigung des Baues und der Form der Nasenhöhle. Man müsse, dachten wir, auch aus der Betrachtung des architektonischen Aufbaues der Höhle über die gedachten Verhältnisse Aufschluss erhalten können. Die Methode, welcher wir uns zum Studium der Anatomie der Nase bedienten, schien uns zur Zeit, als wir sie ausführten, mit Bezug auf dieses Organ neu und so weit unsere Kenntniss der Literatur reichte, vor uns niemals betreten worden zu sein. Erst gelegentlich des am 26. September 1894 gehaltenen Vortrages über diesen Gegenstand in der laryngologischen Abtheilung der 66. Versammlung deutscher Naturforscher und Aerzte in Wien erhielten wir Kenntniss von der Existenz einer Arbeit Dr. Siebenmann's*) und nehmen daher keinen Anstand, ihm die Priorität zuzuerkennen, um so mehr, als wir unabhängig von ihm dieselbe Idee fassten und mit unseren Experimenten ganz andere Zwecke verfolgten, als er selbst.

Während nämlich Siebenmann sein Hauptaugenmerk darauf gerichtet hatte, einen vollkommenen Ausguss der Nasenhöle und aller Nebenhöhlen zu erzielen, war es uns nur um die Nasenhöhle selbst zu thun, diese aber sollte in möglichst unverändertem Zustande, wie sie sich im lebenden Menschen befindet, durch den Ausguss dargestellt werden. Jede Art von Härtung musste unbedingt unterbleiben, weil dadurch die Schleimhaut schrumpft und die Dimensionen der Höhle ganz wesentlich verändert werden können. Es kommt der Unterschied zwischen unserer und Siebenmann's Methode sofort zum Ausdrucke, wenn wir die hier beigedruckten Abbildungen mit denen des letzteren Autors vergleichen. Vor lauter Nebenhöhlen sieht man die eigentliche Nasenhöhle nicht und die letztere kann durch den Ausguss gar nicht getreu wiedergegeben sein, weil Siebenmann den betreffenden Schädel, bevor er ihn zu seinem Versuche benutzte, einem sehr complicirten Härtungsverfahren unterworfen hat, und damit, wie er selbst zugibt, die auskleidende Schleimhaut zum Schrumpfen gebracht hat.

---

*) Dr. F. Siebenmann »Ein Ausguss vom pneum. Höhlensystem der Nase«. Festschrift. Wiesbaden, 1891.

Wir hingegen haben uns bestrebt, jede solche durch Schrumpfung entstehende Entstellung zu vermeiden und haben deshalb an möglichst frischem Leichenmateriale gearbeitet. Auch haben wir auf die vollkommene Wiedergabe der Nebenhöhlen gerne verzichtet, da wir nur die Raumverhältnisse in der Nasenhöhle selbst kennen lernen wollten. Auf unserem Präparate befindet sich nur eine Andeutung der grösseren Nebenhöhlen, dafür kann aber unser Ausguss der Nasenhöhle viel mehr Anspruch auf natürliche Wiedergabe der Raumverhältnisse erheben als der Siebenmann's.

So konnten wir an unseren Ausgüssen der Nasenhöhle mit einem Blicke die Raumverhältnisse, den Verlauf des in einzelne Abtheilungen gegliederten Luftweges viel besser übersehen, als dies durch die Untersuchung der Nasenhöhle selbst jemals möglich war. Wir können doch in die intacte Nasenhöhle nur durch die relativ engen Eingangspforten, Nasenloch und Choane, nur sehr unvollkommenen Einblick erhalten, sowie wir aber zur Erlangung einer besseren Uebersicht das Septum entfernen, haben wir die Nasenhöhle in ihrer Integrität zerstört, und können dann über die Dimensionen des Luftraumes der früher da bestand, keinen Aufschluss mehr erhalten. Es gibt also ausser dem von uns betretenen, kaum einen anderen zum Ziele führenden Weg, als den, zahlreiche Querschnitte durch die Nase anzulegen und durch Aneinanderreihung derselben im Geiste die Form der Nasenhöhle selbst durch eine Art Integration wieder herzustellen. Bei dem ausserordentlich complicirten Bau der Nasenhöhle, deren Querschnitt, man möchte sagen von Millimeter zu Millimeter wechselt, dürfte es kaum Jemandem gelingen sein, auf dem eben angegebenen Wege ein mit den wirklichen Verhältnissen übereinstimmendes Bild zu gewinnen. Selbst die besten Kenner der Nasenhöhle werden zweifellos beim ersten Anblick eines Ausgusses derselben überrascht sein, und manches Neue an demselben lernen können.

Bezüglich der Methode, wie solche Ausgüsse anzufertigen sind, sei hier vorerst kurz erwähnt, dass in der Anatomie, wie Hyrtl*) angibt, das Corrosionsverfahren bis ins 17. Jahrhundert zurückreicht, in welcher Zeit vom Leydner Anatomieprofessor Gottfried Bidloo**) Ausgüsse der Luftröhre und deren Verzweigung aus Metall angefertigt wurden.

Nathaniel Lieberkühn***) verwendete ein Harz-Wachsgemenge zu seinen Gefässcorrosionspräparaten. Sömmering †) scheint zu-

---

*) Hyrtl. Die Corrosionsanatomie und ihre Ergebnisse. Wien 1873.
**) Anatomia corporis humani. Amsterdam 1685.
***) Memoires de l'academie royale. Bd. 10. Berlin 1750.
†) Sömmering. Abbildungen des menschlichen Gehörganges. Frankfurt 1806.

erst das äussere Ohr mit Wachs ausgegossen zu haben. Hyrtl *)
hat jedoch dieser Methode grössere Aufmerksamkeit geschenkt und
sie weiter vervollkommnet. Nicht zu übergehen sind Gerber. Ilg,
Professor F. Bezold. Göddard. Aeby. Löwenberg. Thomasi
und v. Brunn und Kollmann, welch' letztere zu den Metall-
ausgüssen zurückkehrten, da sich die Harz-Wachsmasse als brüchig
erwies. Alle die Genannten haben unserem in Rede stehendem Organe
(Nase) keine Aufmerksamkeit geschenkt. erst Siebenmann machte
vorerst seine Experimente an macerirten Schädeln. welche, wie er
selbst angibt. den Anforderungen nicht entsprachen. Weiterhin versuchte er Weichtheilcorrosionen dieser Höhlen herzustellen, verwendete aber nicht ganz frische unveränderte Leichentheile. sondern
solche nach dem Semper-Riehm'schen Verfahren hergestellte
Trockenpräparate. Diese Methode. welche zu ihrer Durchführung eine
lange Zeit erfordert. hat ausserdem noch den Nachtheil. dass die Verhältnisse nicht denen im Leben entsprechen. weil. wie schon vorher
erwähnt. durch die Vorbereitungsmanipulationen Schrumpfung der
Weichtheile eintritt. sohin das Präparat der Natürlichkeit entbehrt
und demgemäss der Ausguss nicht correct und für unsere Zwecke ohne
Werth wird. So leicht es aber in der Theorie erscheint. diese Ausgüsse anzufertigen. um so schwieriger gestaltet sich die praktische
Ausführung. Mit freundlicher Unterstützung des Herrn Professor
Kolisko ging ich ans Werk. Es handelte sich in erster Linie um
die Wahl eines geeigneten Materiales u. zw. um die Ausfindung eines solchen,
welches die folgenden zu diesem Zwecke nöthigen Eigenschaften unerlässlich
besitzen muss. Die Ausgussmasse soll einen nicht zu hohen Schmelzpunkt
haben. sie muss plastisch sein. um unter einem gewissen Drucke in
die kleinsten Räume zu dringen. muss in entsprechend kurzer Zeit
erstarren und dem Angriffe verschiedener Säuren zum Zwecke der
Corrosion widerstehen. Die anfänglich aus einer Mischung von Gelatin
und Kaolin hergestellte breiige Masse liess sich allerorts mittelst der Spritze
in die Höhle eintreiben. musste dann nach dem Erkalten und Erstarren mittelst Hammer und Meisel aus ihrer knöchernen Fassung
ausgelöst werden. wodurch sehr leicht Verletzungen des Gusses bewerkstelligt wurden. Mit metallischen Legierungen konnten wir wohl
das Corrosionsverfahren mit Salzsäure durchführen. doch hatten wir
bei der Ausführung mannigfache Schwierigkeiten zu überwinden. ja in
einem Falle kamen wir glücklich aus der Gefahr. das Augenlicht zu
verlieren. Nichtsdestoweniger erhielten wir. wie wir weiter be-
sprechen werden. einen für unseren Zweck gelungenen Ausguss mit

†) Hyrtl. l. c.

einer Legierung aus Wismuth und Zinn, welcher in Fig. 3 und 4 zur
Ansicht gezeichnet erscheint. Neuerliche Versuche mit Gelatin, dann mit
Celloidin liessen uns von ersterem vollständig absehen und letzeres
wegen seiner Brüchigkeit bei Seite legen. Bezüglich der quantitativen
Zusammensetzung der metallischen Legierung können wir, da wir ein
genaues Abwägen durch Zufall verabsäumten, nur so approximativ an-
geben, dass die Legierung aus einem Theil Wismuth und 2 Theilen
Zinn bestanden hat.

Die Schädel, welche zu unseren Experimenten verwendet wurden,
mussten entsprechend hergerichtet werden, je nachdem wir mit dem
einen oder anderen Materiale arbeiteten. In der Regel wurde die Nasenhöhle zuerst mittelst Durchspülung gereinigt, und auf ihre Durch-
gängigkeit untersucht. Nachher legten wir in allen Nebenhöhlen Bohrlöcher an, um beim Eindringen der Füllungsmasse der Luft den Weg
zum Entweichen offen zu halten. Um die Gewissheit zu haben, dass
alle Communicationen durchgängig sind, wurde neuerdings die Nase
mittelst Irrigation durchgespült und constatirt, dass das Wasser durch
die Bohrlöcher im Strahle ausfloss, dass somit die Nase mittelst der
natürlichen Communicationsöffnungen mit den Nebenhöhlen in Verbindung stehe. Jetzt wurden die Weichtheile im Bereiche des Cavum
pharyngeale derartig präparirt, dass eine Spritze oder ein Trichter
eingebunden werden konnte, je nachdem wir die eine oder andere Ausgussmasse verwendeten. Der Leichenkopf wurde bei Anwendung der
metallischen Legierungen vorgewärmt, indem er in sehr heisses Wasser
durch beiläufig 15 bis 20 Minuten gelegt wurde. Nach wiederholten
misslungenen Versuchen, mangelhaften Ausgussresultaten haben wir den
Schädel in Gyps eingebettet und nur Eingussöffnung (Rachen) und
Austrittsöffnung (äussere Nasenöffnung) freigelassen: letztere wurde bei
einem der letzten Versuche auch mit Gyps abgeschlossen, um die
Contour der äusseren Nasenöffnung genau zu erhalten, und das Ueber-
fliessen der Masse zu verhindern.

Es gelang einmal, wie aus der Zeichnung ersichtlich, doch bei
einem zweiten Versuche entwickelte sich durch die in der Nase vorhandene Feuchtigkeit Dampf, welcher zur Explosion führte. Es erscheint
demnach unser Verfahren noch nicht vollkommen ausgebildet, was zur
Richtschnur für weitere Experimente ausdrücklich angeführt sei. Immerhin haben aber die Resultate unserer Experimente, wie aus der
weiteren Beschreibung hervorgehen soll, uns den Weg des Luftstromes
durch die Nase genau zur Anschauung gebracht.

An der Hand der beifolgenden Abbildung wird der Leser ein un-
gefähres Bild der Configuration der Nasenhöhle gewinnen können.

Vollkommen wird dasselbe erst durch die Betrachtung und Belastung des Ausgusses selbst. Wir sehen in Fig. IV vorne bei *a* die ovale Form

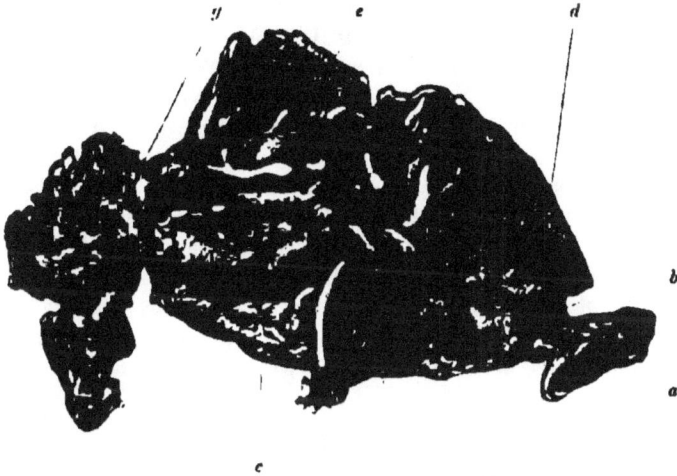

Fig. IV. Aeussere Fläche.

des Nasenloches, unmittelbar daran schliesst sich ein Körper (respective in der Wirklichkeit ein Canal) von etwa 5 mm Länge von ovalem Querschnitt. Die lange Axe des Ovals liegt horizontal und geht schräge von vorne und innen nach aussen und hinten.

Der Querschnitt dieses Canals hat kaum die Hälfte an Flächenausdehnung gegenüber dem eigentlichen Nasenloch. Die allgemein verbreitete Meinung, dass das Nasenloch, respective beide Nasenlöcher den engsten Querschnitt des Respirationsschlauches darstellen, ist entschieden falsch. Der eben erwähnte Canal, sonst als Vestibulum der Nase bezeichnet, stellt den eigentlichen Isthmus dieser Höhle vor.

Die Einengung der Nase an dieser Stelle entsteht dadurch, dass sowohl an der unteren Wand als an der äusseren Wand ein Wulst in dieselbe vorspringt. Der letztere wird in der Anatomie von Rauber als limen vestibuli (*b*) bezeichnet. An diesen engen halsförmigen Theil der Nasenhöhle schliesst sich die flach von aussen nach innen zusammengedrückte eigentliche Höhle an. Der Ausguss der Nasenhöhle zeigt ferner in (Fig. V) eine innere durch das Septum narium a^1 begrenzte Fläche, welche in seltenen Fällen ganz eben, sonst aber mehr oder weniger stark ausgeprägte Buckel oder Vertiefungen aufweist. Diese Fläche begrenzt sich nach oben durch eine bogenförmig verlaufende sehr scharfe Kante b^1, nach hinten durch eine senkrecht abfallende ebenfalls ziemlich scharfe Kante c^1, welche aus einem bis zur Mitte der

Medianfläche reichenden verticalen und einen daran sich anschliessenden fast horizontal verlaufenden Schenkel besteht. Die untere Kante ist wulstig, abgerundet, ihre Contour stellt eine gebogene Linie dar, deren Concavität nach oben sieht. Die äussere Oberfläche des Ausgusses (Fig. 4) ist recht complicirt gebaut. Wenn wir von den gleich zu erwähnenden Einkerbungen absehen, so würde dieselbe sowohl von oben nach unten, als von vorne nach hinten convex erscheinen, so zwar, dass die grösste Dicke des Nasenausgusses ungefähr dem Centrum des Septums entspricht. Von da aus verflacht er sich, u. zw. rascher in der Richtung nach vorne und nach oben zu, als in den beiden anderen Richtungen. Das vordere Drittel der äusseren Fläche zeigt noch keinerlei Vertiefungen. In dem mittleren und hinteren Drittheil zeigen sich die durch die Muscheln hervorgerufenen tiefen Einschnitte, und die den Nebenhöhlen entsprechenden Vorsprünge und Anhängsel. Am weitesten nach vorne zu beginnt die der unteren Muschel entsprechende Rinne (c).

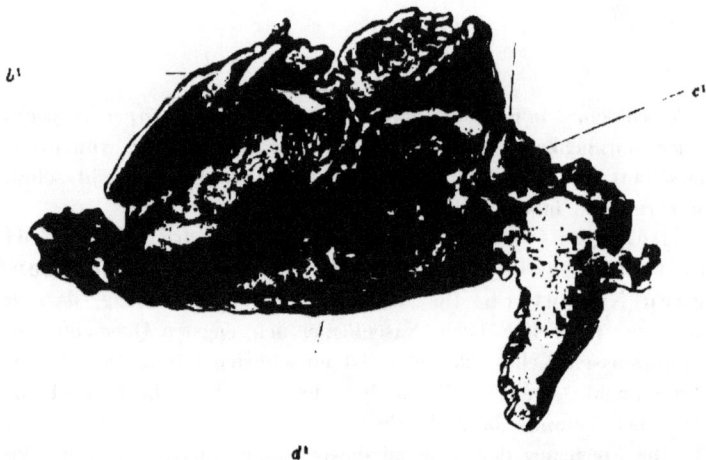

Fig. V. Innere Fläche.

sie reicht so tief in die Masse hinein, dass der dem unteren Nasengang entsprechende Abschnitt nur eine ziemlich dünnwandige Schale darstellt. Der massigste Theil des Ausgusses ist derjenige, der dem mittleren Nasengang (d) entspricht, hier ist das Modell am dicksten, und man sieht einen ununterbrochenen Zug, der directe vom Nasenloch durch den engen Theil gegen diesen Abschnitt der Nasenhöhle und bis in die Choane hinführt, ohne durch irgend eine Vertiefung oder Einkerbung unterbrochen zu sein.

Der oberste Abschnitt des Ausgusses (e) ist dünn, und ausserdem von mehreren tiefen Furchen, die der mittleren und oberen

Muschel entsprechen, zerklüftet. Entsprechend dem vorderen Abschnitte des mittleren Nasenganges sieht man den gestielten Ausguss des Kiefers (*f*) und der Stirnhöhle entspringen. Nach hinten zu verjüngt sich das Modell entsprechend dem engeren Querschnitt der Choane (*g*), welcher aber immer noch, wenigstens dreimal grösser erscheint, als der des oben beschriebenen Isthmus. Noch in der Choanengegend sieht man zwei tiefe Furchen (untere und mittlere Muschel). Der dem unteren und dem oberen Nasengang entsprechende Abschnitt ist dünn, während der dem mittleren Nasengang entsprechende dick und massig ist.

Die Betrachtung eines jeden Ausgusses der Nasenhöhle lehrt uns überzeugend, dass es nur einen weiten und hindernislosen Luftweg durch diese Höhle gibt, und dass dieser Weg der mittlere Nasengang ist. Der Zugang zum unteren Nasengang, der an und für sich wesentlich enger ist als der mittlere, wird durch das vordere Ende der unteren Muschel verlegt. Im oberen Abschnitt der Nasenhöhle treten aber äussere und innere Wand ganz nahe aneinander heran, und ausserdem bilden die beiden oberen Muschel noch weitere Hindernisse für die Luftbewegung.

Druck von M. Engel & Söhne, Wien

Beitrag

zur

Lehre über die Function der Schilddrüse*)

von

Dr. Emanuel Formánek,

Assistent der med. Chemie

und

Dr. Ladislaus Haškovec,

Assistent der psychiatrischen Klinik an der k. k. böhm. medic. Facultät in Prag.

Die Literatur der Schilddrüse wurde besonders in der letzten Zeit in bedeutender Weise bereichert. Es ist nicht unsere Absicht, sämmtliche über die Schilddrüse und deren Function abhandelnden Arbeiten in unserem Artikel zu erwähnen. Dieselbe wurde in ihrer historischen Entwicklung gründlich, besonders von Horsley[1]), Gley[2]) und Fuhr[3]) erörtert.

Wir wollen jedoch nur diejenigen Arbeiten berücksichtigen, welche die Schilddrüse entweder als ein blutbildendes Organ oder als eine, bei der allgemeinen Ernährung des Organismus thätige Drüse, kennzeichneten.

Ueber die Function der Schilddrüse wurden zahlreiche Hypothesen ausgesprochen.

Von den älteren Theorien[4]), welche heute schon der Historie angehören, erhielt sich bei einigen Autoren bis zum heutigen Tage die

---

*) Vorgelegt der böhmischen Akademie des Kaiser Franz Josef I.

[1]) Die Functionen der Schilddrüse. Eine historisch-kritische Studie von Prof. V. Horsley. Internat. Beitrag zur wissenschaftl. Med. Bd. I. 1891.

[2]) Recherches sur la fonction de la glande thyroïde, par M. E. Gley. Extrait (Numéros de janvier et d'avril 1892). Arch. de physiologie.

[3]) Die Exstirpation der Schilddrüse. Eine experim. Studie von Dr. J. Fuhr. Arch. f. exper. Pathologie u. Pharmakologie 1886.

[4]) Wharton (cit. Fuhr) lehrte, dass die Schilddrüse blos zur Zierde des Halses dient. Galen, Heister und Santorini (cit. Coliny: Dissertation sur le goître. Thèse de Paris 1828) lehrten, dass die Schilddrüse mit dem Kehlkopfe durch Canälchen, mittelst welcher sie das Innere des Kehlkopfes befeuchtet, verbunden ist.

Theorie von S c h r e g e r[5]), laut welcher die Schilddrüse den Blutzufluss zum Kopfe regulirt.

M a i g n i e n[6]) (1843) suchte diese Theorie durch Experimente
zu unterstützen, und vom klinischen Standpunkte vertheidigte dieselbe
L i e b e r m e i s t e r[7]) (1864) und auch M e u l i[8]) (1884). Doch schon
H o f r i c h t e r[9]) (1822) brachte Einwendungen gegen die mechanische
Theorie von S c h r e g e r vor, bestritt jede mechanische Thätigkeit der
Schilddrüse, und hielt dafür, dass der Schilddrüse die Rolle zukommt,
dem Blute eine genügende Menge von Kohlenstoff zuzuführen. H o f -
r i c h t e r lehrte, dass falls im Blute eine genügende Menge von Kohlenstoff nicht stets vorhanden wäre, die Absorption von Sauerstoff eine
bedeutendere wäre, und unvermeidlich die Hyperoxydation des Blutes
mit allen schädlichen Folgen sich einstellen würde.

Dieser Hyperoxydation soll die Schilddrüse durch Zufuhr von
Kohlenstoff in das Blut vorbeugen, respective die Hyperoxydation
verhindern.

P r o c h a s k a (cit. F u h r) hielt dafür, dass die Function der Schilddrüse
mit der des Thymus analog, und dass sie nur in der ersten Zeit des Lebens
thätig ist.

B o e r h a v e, M e r k e l und M a r t y n (cit. F u h r) glaubten, dass die Schilddrüse eine wichtige Rolle in der Bildung der Stimme spielt.

L u s c h k a (cit. H o r s l e y, Die Functionen der Schilddrüse. Eine historisch-
kritische Studie von Prof. V. H o r s l e y. Internat. Beitr. z. wissensch. Med Bd. I.
1891) hielt dafür, dass der Schilddrüse die mechanische Rolle, den umliegenden
Gefässen und Nerven gegen eventuellen Druck bei Muskelcontractionen als blosse
Stütze zu dienen, zukommt.

[5]) Cit. F u h r.

[6]) Aus der These von M i c h e l (Considérations physiologiques sur le corps
thyroïde. Thèse de Paris, 1850) ersehen wir, dass im Jahre 1843 Dr. M a i g n i e n
im «Institut National» eine Abhandlung über die Function der Schilddrüse bei
Menschen und Säugethieren mittheilte, in welcher er auf Grund der an Hunden,
Katzen, Kaninchen und anderen Thieren angestellten Experimente nachzuweisen
suchte, dass nach der Exstirpation der Schilddrüse unvermeidlich der Tod eintritt,
und dass die Thiere nach der Operation von Schwindel, Suffocationen befallen,
mit Ataxie behaftet werden, Ermüdung und Secretionsanomalien zeigen und in
.Gehirncongestionen zu Grunde gehen.

Da das Durchschneiden der Thyroideal- und Omohyoidealmuskel von demselben Effect war, urtheilt M a i g n i e n, dass der Schilddrüse die Pflicht obliegt,
die Carotiden zu comprimiren und dadurch den Blutzufluss zum Kopfe zu reguliren.
Der Ansicht M a i g n i e n's entspricht die von G u y o n (cit. H o r s l e y, loc. cit.).

[7]) Ueber eine besondere Ursache der Ohnmacht und über die Regulirung
der Blutvertheilung und Körperstellung. Prof. Dr. C. L i e b e r m e i s t e r. Viertel-
jahrsschrift für die prakt. Heilkunde 1864. XXI. 3.

[8]) Cit. H o r s l e y.

[9]) Siehe «Du goitre», J. F o n t a n e l. Thèse de Paris 1846. Ebenfalls: F u h r,
loc. cit.

Tiedemann (1833). Zeitschrift für Physiologie 1833, Bd. V, H. 1. cit. Crédé und Tauber, siehe unten), dessen Arbeit uns leider im Originale nicht zugänglich war, sagt, dass die Schilddrüse die Milz in der Blutbildung unterstützt, respective dieselbe vertritt.

Bardeleben[10] (1841), welcher bloss drei Hunde mit negativem Resultate operirte, untersuchte zuerst das Blut mit negativem Erfolge.

Kohlrausch[11] (1853), untersuchte die Schilddrüse histologisch und glaubte in den Acinen eigenthümliche Körperchen aufgefunden zu haben, welche er für embryonale rothe Blutkörperchen hielt.

Er war der Ansicht, dass die Acinen der Schilddrüse kleine Höhlungen sind, welche als Anhängsel der Blutadern oder der lymphatischen Gefässe in directer Verbindung mit dem Gefässsystem stehen, und deshalb als Quelle der Embryonalblutkörperchen zu betrachten sind.

Schiff[12] (1859), äusserte auf Grund genauer Experimente zuerst die Ansicht, dass die Schilddrüse eine chemische Wirkung hat. Wölfler (1879). (Weitere Beiträge zur chirurgischen Behandlung des Kropfes. Wiener med. Wochenschrift. 1879), weist darauf hin, dass die Exstirpation von Strumen bei Menschen gut ertragen wird, dass daher aus dem Defecte der degenerirten Schilddrüse keine Schlüsse über Physiologie dieser Drüse gemacht werden können.

Die eigentliche Forschung in Betreff der chemischen Function der Schilddrüse und die Untersuchung des Blutes bei Cachexia thyreopriva begann erst nach dem Jahre 1882, als durch die Chirurgen Reverdin[13] und Kocher[14] von neuem das Interesse für's Studium der Schilddrüse belebt worden war.

Bevor wir von der Arbeit Kocher's sprechen, müssen wir zuerst über die Ansichten Crédé's[15] referiren. Crédé (1882), machte keine Experimente mit der Schilddrüse.

Auf Grund von chirurgischen Erfahrungen gemäss derer bei Menschen nach der Exstirpation der Milz — indess, als im Blute die Leukocyten sich vermehren, und die rothen Blutkörperchen ver-

[10] Cit. Zesas und Fuhr. Arch. f. klin. Chir. 1884. Siehe unten.
[11] Beiträge zur Kenntniss der Schilddrüse. Arch. f. Pathol., Physolog. und wissensch. Med. 1853.
[12] Cit. Gley (loc. cit.) und Horsley (loc. cit.).
[13] Soc. méd. de Genève, 1882 u. Revue de la Suisse rom. 1882 cit. Gley.
[14] Ueber die Kropfexstirpation und ihre Folgen. Arch. f. kl. Chir. 1883.
[15] Ueber die Exstirpation der kranken Milz am Menschen. Arch. f. klin. Chir. 1882. S. 401.

schwinden — die Schilddrüse an Volumen zunimmt, und wieder das normale Volumen erlangt, sobald nach einigen Wochen das Verhältniss der Blutkörperchen ad normam wiederkehrt, urtheilte Crédé, dass die Schilddrüse eine mit der Milz analoge Function hat, und dass sie zur Bildung der rothen Blutkörperchen dient.

Kocher [10] (1883), beschreibt die strumiprive Kachexie beim Menschen und erwähnt unter den Symptomen auch Anämie.

Kocher hat in 17 Fällen die Blutuntersuchung vorgenommen und in allen Fällen die Abnahme der rothen, und die Zunahme der weissen Blutkörperchen constatirt.

Die kleinste Zahl der rothen Blutkörperchen (2,168.000) fand Kocher bei einem Mädchen 8 Monate nach der Exstirpation des Kropfes. In 4 Fällen betrug die Zahl der Blutkörperchen weniger als 2,800.000, in 5 Fällen weniger als 3.500.000, in 3 Fällen weniger als 4,200 000, und schliesslich in 2 Fällen weniger als 4,500.000. In 2 Fällen von strumipriver Kachexie mit leichten Symptomen war die Zahl der Blutkörperchen fast normal, nämlich: 4,940.000 und 5,520.000. In Fällen, in welchen nur eine partielle Exstirpation des Kropfes vorgenommen war, wurde eine normale Zahl der rothen Blutkörperchen constatirt.

In keinem Falle fand Kocher eine Vergrösserung der Milz, und constatirte ausser des veränderten Zahlenverhältnisses der Blutkörperchen keine qualitativen Veränderungen derselben.

Kocher hält jedoch diese Resultate nicht für definitiv, solange die Untersuchung an einem grösseren Materiale nicht vorgenommen wird. „Man kann nicht zweifeln", sagt Kocher, „dass die Schilddrüse bei der Neubildung des Blutes thätig ist". Er bestreitet jedoch, dass die Schilddrüse eine analoge Thätigkeit, wie die Milz oder das Knochenmark hätte. Kocher sagt, dass bei der Kropfexstirpation die Trachea atrophirt, und ihr Lumen kleiner wird, weil ein Theil der sie ernährenden Gefässe vernichtet wird. Seine Ansicht sucht er dann durch anatomische Verhältnisse zu unterstützen. Infolge der Verengung des Lumens der Trachea soll die Zufuhr an Sauerstoff [11] eine geringere sein.

---

[10] Ueber Kropfexstirpation und ihre Folgen. Arch. f. klin. Chir. 1883.

[11] Baumgärtner (Arch. f. klin. Chir. 31. Bd. H. 1), erklärt ebenfalls die strumiprive Kachexie durch ungenügende Zufuhr der Luft in die Lunge, jedoch nicht wie Kocher (durch ungenügendes Lumen der Trachea) sondern durch Verengung des Kehlkopfes, resp. durch ungenügendes Oeffnen der Stimmbänder, was er als die Folge der Veränderungen der umliegenden Nerven erklärt. Aehnlicher Ansicht ist auch Pietrzikowsky (Prag, med. Wochenschrift 1885), welcher die Störungen der Nerven zugleich als Ursache der strumipriven Tetanie angesehen hat.

Kocher erklärt dann die Anämie [18]) — welche nach Exstirpation des Kropfes eintritt, durch ungenügende Zufuhr an Sauerstoff.

Dieser Autor hält die Schilddrüse für einen Regulator der Circulation der Halsorgane, speciell der Trachea, und durchaus analog mit der Hypothese Liebermeister's, dass die Schilddrüse den Blutzufluss zum Gehirn regulirt. Mit Unrecht wird von Kocher die Hypothese Liebermeister's auch Schiff zugeschrieben, welcher, wie wir bereits erwähnten, schon im Jahre 1859 von der chemischen Function der Schilddrüse sprach.

Zesas [19]) (1884) constatirte auch die Anämie nach Exstirpation der Schilddrüse, und sprach der Schilddrüse eine gleiche Rolle zu, wie der Milz, welche er nach der Exstirpation der Schilddrüse stets vergrössert fand.

Dieses Factum wird von andern Autoren, wie wir bereits oben bemerkten, und noch im Folgenden erwähnen werden, bestritten.

Zesas, welcher dem Sectionsbefunde einer vorgekommenen Gehirnanämie ein grosses Gewicht beilegte, anerkannte auch die Theorie Liebermeister's, und machte folgende Schlüsse:

1. Es existirt ein physiologischer Zusammenhang zwischen Milz und Schilddrüse in der Weise, dass im Falle der Entfernung des einen dieser Organe das zurückgelassene dessen blutbildende Thätigkeit übernimmt.

2. Die Schilddrüse besitzt ausser ihrer blutbildenden Thätigkeit die Eigenschaft, die Blutcirculation des Gehirns zu reguliren.

3. Letztgenannte Function ist der Schilddrüse allein eigen und kann von der Milz nicht übernommen werden.

4. Die Thyrektomie hat Anämie des Gehirns zur Folge, was sich durch die Gehirnanämiesymptome manifestirt.

5. Als Ursache des lethalen Ausganges der Exstirpation beider Organe ist der Ausfall der wichtigsten Blutbildungsstätten (Milz und Schilddrüse) und des Hirncirculationsregulators (Schilddrüse) zu betrachten.

------

[18]) Diese seine Ansicht unterstützt Kocher auch mit der Lehre Lombard's. Lombard (Bulletin de la Soc. méd. romand. Lausanne, 1874), sagt, dass in Gegenden, wo der Kropf vorkommt, die Luft weniger Sauerstoff enthält, als in anderen Gegenden. Er berechnet z. B., dass der Einwohner von Bern in der Höhe von 538 m täglich um 142 gr weniger Sauerstoff einathmet, als der Bewohner der Meeresküste und glaubt, dass dadurch der relative Ueberschuss an Kohlensäure im Blute entsteht.

[19]) Ueber den physiol. Zusammenhang zwischen Milz und Schilddrüse. Arch. f. klin. Chir. 1884.

In einer andern in demselben Jahre publicirten Abhandlung
beweist Zesas [10]) ebenfalls, dass der Schilddrüse eine gleiche Rolle
wie der Milz zusteht. Er constatirte jedoch, dass nach der Exstirpation
der Schilddrüse die Abnahme der rothen Blutkörperchen bei weitem
nicht so gross ist, wie nach der Exstirpation der Milz, und dass diese
Abnahme viel später erscheint, als nach der Exstirpation der Milz,
wo sie in 4—5 Wochen eintritt. Diese Abnahme wird bedeutend rascher
ausgeglichen nach der Entfernung der Schilddrüse, als nach der Exstirpation der Milz. Da aber nach Entfernung der Schilddrüse viel mehr
stürmische und tödtliche Erscheinungen eintreten, was nach Exstirpation
der Milz nicht der Fall sein soll, sieht Zesas darin einen neuen
Beweis, dass der Schilddrüse nebst der Neubildung des Blutes noch
eine andere Aufgabe zukommt, d. i. die Regulirung des Blutzuflusses
zum Gehirn.

Zesas schreibt ebenfalls wie Kocher (loc. cit.) doch mit
Unrecht diese Theorie Schiff zu, und schliesst damit, dass die
Milz zwar die blutbildende Thätigkeit der Schilddrüse übernimmt,
aber ihre regulirende Thätigkeit, soweit sie die Gehirncirculation betrifft,
nicht ersetzen kann.

Schiff [21]) (1884), spricht in seinem Artikel eine weitere Hypothese
aus, dass die Schilddrüse mit der Ernährung des Centralnervensystems
im Zusammenhange steht, und dass sie in dieser Function auch durch
ein anderes Organ ersetzt werden kann. Auf welche Weise dies geschieht,
lässt er unbeantwortet.

Wagner [22]) (1884), opponirt gegen die Ansicht Zesas' (loc.
cit.) von dem gegenseitigen Zusammenhange der Schilddrüse und
der Milz und sagt weiter, dass die Schilddrüse in directer Verbindung mit der Thätigkeit des Nervensystems nicht steht. Derselbe vergleicht die thyreopriven Erscheinungen mit den urämischen
Symptomen nach der Entfernung der Nieren, und sagt wörtlich: »Ebenso
wäre es möglich, dass die Schilddrüse beim Stoffwechsel im Thier-
körper eine Rolle spiele, und dass nach dem Ausfalle ihrer Thätigkeit
gewisse Substanzen im Organismus sich anhäufen, welche auf das
Nervensystem eine deletäre Wirkung ausüben.«

[10]) Ist die Entfernung der Schilddrüse ein physiologisch erlaubter Act? Arch.
f. klin. Chir. 1884.

[21]) Ueber eine Versuchsreihe betreffend die Wirkung der Exstirpation der
Schilddrüse. (Arch. f. exper. Pathol. und Pharmakol. 1884. — Uebers. desselben
Artikels aus d. Revue méd. de la Suisse rom. 1888.)

[22]) Ueber die Folgen der Exstirpation der Schilddrüse nach Versuchen an
Thieren. Wien. med. Bl. 1884.

B r u n s [22]) (1884), sagt, dass die Beobachtungen der strumipriven Kachexie beim Menschen unvermeidlich zu der Hypothese führen, dass die Kachexie durch den Untergang einer specifischen Function der Schilddrüse verursacht wird. Derselbe Autor hat auch die Anämie bei der strumipriven Kachexie beim Menschen sichergestellt, jedoch nicht constant. B r u n s zählt die Schilddrüse auch unter die blutbildenden Drüsen, und sagt, dass, obwohl ihre blutbildende Function nicht bewiesen ist, durch dieselbe die Kachexie am besten erklärt ist. Er glaubt jedoch nicht, dass die Schilddrüse eine analoge Wirkung mit der Milz hätte. Auch sah er nie eine Vergrösserung der Milz nach Exstirpation der Schilddrüse.

B r u n s polemisirt auch gegen die Ansicht C r é d é's (loc. cit.) und glaubt, dass die Schilddrüse vielleicht einen directen oder einen indirecten Einfluss auf die Zusammensetzung des Blutes hat, und dass sie daher entweder irgendwelche Stoffe, — deren Anhäufung von schädlicher Wirkung wäre, — aus dem Blute übernimmt und sie verarbeitet, oder dass sie Stoffe, welche das Blut zur normalen Ernährung des Nervensystems nöthig hat, zubereitet, respective verwandelt.

Weiters p o l e m i s i r t B r u n s gegen die Ansicht L i e b e r-m e i s t e r's, doch mit Unrecht schreibt er diese Theorie auch S c h i f f zu.

Ebenso bestreitet er die Hypothese K o c h e r's (loc. cit.), insofern sie die Verengung der Trachea und die darauffolgende Anämie, respective Hydrämie betrifft. Die Erscheinungen ähnlicher strumipriver Kachexie sollen nicht einmal bei langjährigen Stenosen der Trachea und des Larynx beobachtet werden. B r u n s leitet die Anämie bei der strumipriven Kachexie nicht von der Abnahme der rothen Blutkörperchen ab, — weil diese Abnahme nicht constant und bisweilen geringfügig ist, — sondern er sucht eher für sie (für die Anämie) die Erklärung in einer specifischen Thätigkeit der Schilddrüse.

T a u b e r[24]) (1884) citirt die bereits erwähnte Ansicht T i e d e-m a n n's[25]) und fügt zum Unterschiede auch die Ansicht B r ü c k e's bei (Lehrbuch der Physiologie, S. 212.) Nach B r ü c k e gehört zwar die Milz gemäss ihrer Function zum lymphatischen Systeme, jedoch von der Schilddrüse kann dies nicht gesagt werden. Im Gegentheile soll es bekannt sein, dass zwischen der Schilddrüse und dem lympha-

---

[22]) Ueber den gegenwärtigen Stand der Kropfbehandlung. Samml. klin. Vorträge. Chirurgie Nr. 244. 1884, S. 2067.

[24]) Zur Frage nach der physiol. Beziehung der Schilddrüse zur Milz, V i r c h o w's Arch. Bd. 96. S. 29

[25]) loc. cit.

tischen Systeme keinerlei Verbindung besteht. T a u b e r polemisirt gegen Z e s a s (loc. cit.) erklärt dessen Schlusssätze für frühzeitig, und wirft ihm Uebereilung und ungenügende Beobachtung vor. Er sagt dann auch, dass ein Thier gleichzeitig die Schilddrüse und die Milz einbüssen kann, und dass zwischen der Milz und der Schilddrüse kein Zusammenhang besteht; ja dass er selbst bei zehn Hunden überhaupt keine Schilddrüse vorgefunden hat.

S a n q u i r i c o und C a n a l i s[16]) (1884) untersuchten das Blut mit negativem Resultate. Sie bestreiten jeden functionellen Zusammenhang zwischen der Milz und der Schilddrüse, welche auf die morphologische Zusammensetzung des Blutes gar keinen Einfluss haben soll. Die Hypothese, dass die Schilddrüse mit dem Centralnervensystem in irgend einer Verbindung steht, weisen sie nicht zurück.

Prof. M a y d l, welcher schon im Jahre 1885 bei Hunden, denen die Schilddrüse exstirpirt wurde, die rothen Blutkörperchen zählte, stellte uns bereitwillig die nicht publicirten Erfolge seiner Forschung zur Disposition, wofür wir ihm unsern verbindlichsten Dank aussprechen.

Diese Erfolge sind folgende:

II. Versuch, 23. Februar 1885. Schwarzer Rattler. Die Zahl der rothen Blutkörperchen 7,180.000. Die Temperatur 36·8 Grad. Es wurden beide Thyreoideae unterbunden.

25. Februar. Die Zahl der rothen Blutkörperchen 5,502.000. Die Temperatur 39·1 Grad.

27. Februar. Die Zahl der rothen Blutkörperchen 6,170.000.

2. März. Die Zahl der rothen Blutkörperchen 7,165.000.

4. März. Der Tod.

III. Versuch. 27. Februar 1885. Rattler von mittelgrosser Gestalt. Die Zahl der rothen Blutkörperchen 7,080.000. Exstirpation beider Schilddrüsen.

2. März. Die Zahl der rothen Blutkörperchen 4,300.000. Weiter konnte von der Lippe kein Blut mehr erhalten werden.

9. März. Der Tod (Tetanie).

IV. Versuch. 2. März 1885. Weisser Rattler. Das Körpergewicht 7000 Gramm. Die Zahl der rothen Blutkörperchen 7,700.000. Unterbindung beider Schilddrüsen.

9. März. Die Zahl der rothen Blutkörperchen 7,060.000.

12. März. Der Tod (Tetanie).

---

[16]) Sur l'exstirpation du corps thyroïde. Première communication préliminaire. Arch. italiennes de biologie. T. V. 1884. S. 390, cit. F u h r, siehe unten.

VI. Versuch. 6. März 1885. Schwarzer Rattler. Die Zahl der rothen Blutkörperchen 7,105.000. Die oberen Aeste der Gefässe werden unterbunden, die unteren gar nicht: die Drüsen wurden zurück eingesetzt.

9. März. Totalunterbindung und Exstirpation der Drüsen. Die Zahl der rothen Blutkörperchen 7,860.000.

11. März. Tod durch Ausblutung.

Einen wichtigen Befund machten A l b e r t o n i und T i z z o n i [37]) (1885). Diese Autoren constatirten, dass nach der Exstirpation der Schilddrüse das arterielle Blut venös wird, das heisst, dass es eine gleiche Menge, ja sogar eine geringere Menge von Sauerstoff enthält, als das venöse Blut. Diese Autoren setzten nach der B e r n a r d'schen Methode die Sauerstoffmenge im Blute fest, welches sie direct aus der A. femoralis entnahmen und unter Quecksilber auffingen. Während sie dann beim gesunden Hunde auf 100 des Blutes 17·8 Volumen von Sauerstoff (reducirt auf 0 Grad und 760 Millimeter Druck) vorfanden, ergaben sich beim operirten Hunde nur 8 Volumen Sauerstoff, und sie constatirten weiter, dass die Tracheotomie der Entwicklung der Tetanie nicht vorbeugt [38]). A l b e r t o n i und T i z z o n i urtheilen daher, dass die Schilddrüse den rothen Blutkörperchen die Fähigkeit verleiht, Sauerstoff zu binden.

R o g o w i t s c h [39]) (1886) constatirte, dass die Transfusion des Blutes von den thyroidektomisirten Thieren in gesunde Thiere mit kompensatorischer Ablassung des Blutes keine thyreopriven Erscheinungen erzeugt, und dass sie überhaupt gut vertragen wird. Hatte er einige Stunden vor der erwähnten Transfusion die Schilddrüsen exstirpirt, verursachte die Transfusion thatsächlich, wenn auch nur vorübergehende Erscheinungen (Zittern, allgemeines Unwohlsein), jedoch später entwickelte sich die Krankheit in ihrer eigenen Weise weiter fort.

---

[37]) Ueber die Folgen der Exstirpation der Schilddrüse. Centralblatt f. d. med. Wissenschaft, 1885, S. 419.

[38]) Bei dieser Gelegenheit fügt H o r s l e y bei (loc. cit.), dass, wie bereits S c h n i t z l e r (Wiener med. Presse 1877) und S e i t z (Arch. f. klin. Chir. 1884) erwähnten, hier noch ein anderes Moment berücksichtigt werden muss. Dieses Moment sieht H o r s l e y in den qualitativen und quantitativen Veränderungen der Function des Athmungscentrums selbst. Diese Veränderungen werden durch allgemeine Herabsetzung des Stoffwechsels, wie auch direct durch den toxischen Einfluss des veränderten Blutes verursacht. Als Beweis dessen dient für H o r s l e y noch das Vorhandensein anderer Bulbarstörungen (Störungen des Herzens, Schluckenbeschwerden, Erbrechen etc.). Die Empfindsamkeit des Athmungscentrums gegen die äusserlichen Einflüsse wird zur Ursache dessen, dass dies zuletzt gestört ist.

[39]) Zur Physiologie der Schilddrüse. Centralbl. f. d. med. Wissensch. 1886, S. 530.

Rogowitsch hat niemals eine Abnahme der rothen Blutkörperchen gesehen. Er urtheilt über die Function der Schilddrüse
folgendermassen: »Ihre Function besteht in der Neutralisation unbekannter
Producte des Stoffwechsels. Diese Producte wirken, wenn sie sich im
Blute anhäufen, in hohem Grade giftig und verderblich auf das Nervensystem und führen den Tod herbei. Eine ähnliche Function habe auch
die Hypophysis.«

Fuhr [30] (1886) hat in seiner verdienstvollen Arbeit, in welcher
er die Wichtigkeit der Schilddrüse in der Oekonomie des Organismus
überzeugend bewies, auf die accessorischen Drüsen mit voller Wucht
aufmerksam gemacht, und mit Scharfsinn gegen die mechanische
Theorie polemisirt; die Art und Weise der Function jedoch einstweilen
nicht näher beachtet. Trotzdem citiren wir die Arbeit Fuhr's auch
in unserer Abhandlung, weil sie in der Historie der Schilddrüse eine
der werthvollsten ist.

Rogowitsch [31] (1888), erwägend die Erscheinungen der thyreopriven Tetanie, vergleicht dieselben mit den Erscheinungen einer Vergiftung
mit einem Nervengift, z. B. Phosphor. »Welchen Ursprungs und welchen
Charakters ist hier der toxische Stoff?« fragt Rogowitsch. »Um
diese Frage beantworten zu können«, sagt er, »ist es zuerst nöthig,
die Frage zu lösen, ob es ein dem Organismus fremder Stoff, oder ob
es ein Product des normalen Stoffwechsels ist, welcher in der Lebens-
dauer auf irgend eine Weise von der Schilddrüse neutralisirt wurde?«
In der That kennt man die sogenannten Leukomaine, welche im Blute
sich anhäufen und auf die Nervencentra toxisch wirken können. Zu
diesem Zwecke machte Rogowitsch die bereits erwähnten Experimente mit der Transfusion des Blutes. Diese Versuche hat er so
durchgeführt: dass er auf der Höhe der Krankheit aus der Carotis
Blut entnommen, dies defibrinirt und auf 31 Grad erwärmt in das
Centralende der Jugularvene eines gesunden Thieres injicirt hat. An
das periphorische Ende dieser Vene befestigte er dann eine Kanüle, mit
welcher er einen Theil des Blutes herausnahm, um dadurch die Menge
des in das Centralende injicirten Blutes auszugleichen. Er injicirte
mehr als zwei Drittel der Menge, welche bei dem Versuchsthiere vorausgesetzt werden konnte. Ward die Transfusion an einem vollkommen
gesunden Thiere vorgenommen, hatte dieselbe keine schädlichen Folgen;
ja selbst nach acht Monaten wurden bei einem Versuchsthiere keinerlei
Erscheinungen beobachtet. Wurde, wie bereits erwähnt, eine halbe

[30] Die Exstirpation der Schilddrüse. Eine experim. Studie. Arch. f. exper.
Pathologie u. Pharmakol. 1886.
[31] Sur les effets de l'ablation du corps thyroïde chez les animaux. Arch.
de physiol. 1888.

Stunde vor der Transfusion die Schilddrüse exstirpirt, zeigten die
Versuchsthiere anfangs Unruhe und Zittern; sie erholten sich jedoch
bald, und verfielen erst nach drei bis vier Tagen der typischen Krankheit. Rogowitsch urtheilt daher, dass das supponirte Gift dem
Organismus nicht fremd, dass es in irgend einem Producte des normalen
Stoffwechsels enthalten ist, und unter normalen Verhältnissen aus-
geschieden wird. Wenn also beim Defect der Schilddrüse dem Organismus die Fähigkeit, dieses Product zu neutralisiren, genommen wird,
ist es erklärlich, dass die Function der Schilddrüse in einer solchen
Neutralisirung besteht.

Das Factum, dass die thyreoprive Tetanie nicht gleich nach der
Transfusion des Blutes bei einem Thiere, welchem vorher die Schilddrüse exstirpirt wurde, sich entwickelt, spricht weder gegen diese
Theorie, noch gegen die Identität des Giftes, welches im Blute des
operirten Thieres vorkommt, und jenes Giftes, welches normal durch
die Schilddrüse neutralisirt wird. Dieses Gift muss, um thätig zu
werden, zuerst bis zu einem gewissen Masse im Körper angehäuft sein,
und eine zeitlang im Organismus wirken.

Das Factum, dass zuweilen gleich nach der Transfusion bei
jenem Thiere, welchem vorher die Schilddrüse exstirpirt wurde, bestimmte wenngleich vorübergehende Erscheinungen beobachtet werden,
soll eben zu Gunsten der Identität dieser Gifte sprechen.

Rogowitsch vertheidigt noch die heute bereits widerlegte
Ansicht (Gley, siehe unten), dass den Kaninchen die Schilddrüse
ohne schädliche Folgen exstirpirt werden kann, und erklärt dies damit,
weil bei den Kaninchen ein anderes Organ, nämlich die Hypophysis
die Schilddrüse ersetzen kann.

Rogowitsch constatirte, dass die Zellenelemente der Hypophysis
einer coloiden Degeneration unterliegen. Nach Exstirpation der Schilddrüse fand er in der Hypophysis eine bedeutend grössere Menge von
Colloid, als es normal vorkommt. Rogowitsch ist auch der Ansicht,
dass die Elaboration der coloiden Substanz in einigen Organen zum
Erhalten des Lebens nothwendig ist. Wird ein solches Organ entfernt,
so häuft sich das Colloid in einem andern Organe an.

Nach Rogowitsch vertritt die Hypophysis die Function der
Schilddrüse. Beim Hunde ist diese complementäre Thätigkeit der
Hypophysis ungenügend. Beim Kaninchen ist die Hypophysis ver-
hältnissmässig grösser als beim Hunde.

Rogowitsch glaubt deshalb, dass jener giftige Stoff, welcher
nach der Thyreoidectomie im Körper sich anhäuft, durch die coloide
Substanz neutralisirt wird, und somit gradnell unschädliche Verbindungen für den Organismus bildet.

In dieser Hinsicht sollen die Versuche Ewald's[11]) (siehe unten) sehr wichtig sein.

Ewald injicirte den Hunden Extract von der frischen Schilddrüse und verursachte dadurch die, bei der thyreopriven Kachexie vorkommenden ähnlichen Erscheinungen, welche jedoch nicht zum Tode führten.

Seine Experimente sollen beweisen, dass die Neutralisation des schädlichen Stoffes eine gewisse Zeitdauer bedarf: so zwar, dass dieser Stoff, ist er in die Gefässe eingedrungen, hier eine Zeit lang unverändert bleibt.

Zwischen den Zellen der Hypophysis und dem Gefässinhalte herrscht ein lebhafter Wechsel. Nachdem die coloide Substanz ihre physiologische Aufgabe vollendet hat, wird sie vernichtet. Den Beweis dafür liefern die mikroskopischen Forschungen. — Auf welche Weise die Zellen der Hypophysis und der Schilddrüse der coloiden Degeneration unterliegen, überlässt Rogowitsch lebenden oder künftigen Forschern

In einer andern Arbeit kommt Rogowitsch[12]) auf das Thema über den functionellen Zusammenhang zwischen der Hypophysis und der Schilddrüse zurück, und spricht abermals die Hypothese aus, dass die Hypophysis irgend einen Stoff vernichtet, welcher, wie bei Myxödem, irritativ wirkt, und welcher vielleicht in erster Reihe einen schädlichen Einfluss auf das Nervensystem ausübt. Nach Rogowitsch ist die Function der Schilddrüse in gewisser Hinsicht analog mit der Function der Leber.

Nicht ohne Interesse ist bei Beurtheilung unserer Frage auch die Erfahrung, dass es dem operirten Hunde bei der Milchnahrung besser geht, als bei der Fleischnahrung.

Breisacher[13]) (1890) beschäftigte sich besonders mit dem Studium dieser Frage, und gibt darüber folgenden Bericht: »Bereits Munk soll constatirt haben, dass Hunde, welche nach Exstirpation der Schilddrüse noch munter und gesund sind, nach der ersten Fleischnahrung von den bekannten schweren Erscheinungen befallen werden, und bald darauf verenden. Bei Milchdiät und eventueller Zugabe von Eiern wurde eine gewisse Zahl der Thiere nach Exstirpation am Leben

---

[11]) Zu gleichem Resultate wie Ewald konnten Horsley und Alonzo nicht gelangen. (cit. Horsley). Horsley fügt bei, dass diese Versuche mit fibrinogenen Stoffen complicirt sind, weil sie durch Gerinnung in den Gefässen entstehen. Ausserdem ist interessant, dass Wagner (loc. cit.) mit Mucininjectionen bei Thieren Tremores und tetanische Krämpfe — den bei der thyreopriven Kachexie ähnlichen Krämpfen — hervorrief.

[12]) Die Veränderungen der Hypophysis nach Entfernung der Schilddrüse. Ziegler's Beiträge etc. 1889.

[13]) Untersuchungen über die Glandula thyreoidea. Arch. f. Anat. u. Physiol. 1890.

erhalten. In einigen Fällen traten charakteristische, strumiprive Erscheinungen, klonische und tonische Zuckungen, respiratorische Krämpfe ein, welche jedoch bei fortgesetzter Milchdiät wieder ausbleiben. Bei diesen scheinbar gesunden Thieren konnten jederzeit schwere Erscheinungen hervorgerufen werden, wenn ihnen rohes Fleisch oder Suppe gegeben wurde; ausgekochtes Fleisch dagegen war unschädlich. Versuchsthiere, welchen $\frac{2}{3}$ bis $\frac{6}{7}$ der ganzen Schilddrüse exstirpirt wurden, haben Fleischsuppe ganz gut vertragen; sobald aber der Rest der Schilddrüse entfernt wurde, zeigten sich nach Fleischextract schwere Erscheinungen. Durch Abwechslung der Diät war es möglich, die Thiere krank und wieder gesund zu machen. Wird den Thieren längere Zeit Fleischsuppe gegeben, so verenden sie. Eine ähnliche Wirkung wie Bouillon erzeugten die Fleischsalze, welche der Milch beigemengt wurden.«

Pisenti und Viola (1890) fanden die koloide Substanz, welche in einigen Gefässchen anstatt der rothen Blutkörperchen vorkommt, in den Gefässen der Hypophyse. Diese Autoren constatirten auch, dass die Follikel der Hypophyse in directer Verbindung mit dem reichlichen Systeme der kleinen Gefässhöhlungen stehen, in welche wahrscheinlich das Koloid aus den Follikeln gelangt, und in die eigenen Gefässe übergeht. Das erwähnte System der kleinen Gefässhöhlungen besteht aus wirklichen lymphatischen Räumen; das Secret der Follikel gelangt in die Blutcirculation, jedoch nicht um das regressive Product des Zellenlebens auszuscheiden, sondern um beim Stoffwechsel behilflich zu sein.

Biondi und Langendorf sollen bewiesen haben, dass auch in der Schilddrüse das Secret der Follikel in die lymphatischen Räume eindringt, und von da in die Blutcirculation gelangt. Sie anerkennen daher die Identität der Function der Hypophyse und der Schilddrüse, sowie auch die vicarirende Wirkung der Hypophyse beim Defect der Schilddrüse. Diese vicarirende Function soll vergeblich in der Milz, im Thymus und in den Nebennieren gesucht worden sein. Die Autoren glauben daher, dass nach Entfernung der Schilddrüse nicht so viel der koloiden Substanz erzeugt wird, wie in normalen Verhältnissen, und dass die Hypophyse nicht im Stande ist, die Schilddrüse vollständig zu ersetzen. Nach ihrer (der Autoren) Ansicht ist die koloide Substanz für den Organismus unentbehrlich, namentlich für das Blut und für die rothen Blutkörperchen, und hat vielleicht die Aufgabe, jene hypothetischen Gifte zu neutralisiren, welche die strumiprive Kachexie hervorrufen. Deshalb machten diese Autoren ein Reihe von Experimenten mit operirten Thieren, indem sie diesen das Koloid injicirten.

Interessant für unsere Frage sind auch die Befunde und die
Betrachtungen Freund's[35]) (1891). Gelegentlich der Abhandlung über
.den Zusammenhang und über die Beziehungen der Schilddrüse zu den
Krankheiten und zu einigen normalen physiologischen Processen der
weiblichen Genitalien (z. B. während der Schwangerschaft u. dgl.)
gelangt Freund zur Ueberzeugung, dass dieser Zusammenhang nicht
bloss in den Nerven, sondern grösstentheils in der Blutcirculation beruht.
In der Schwangerschaft, in welcher der Blutdruck, die morphologischen
und chemischen Bestandtheile des Blutes sich verändern, und die Milz
anschwillt, schwillt (sagt Freund) auch die Schilddrüse an. Freund
schliesst mit der Erklärung, dass es die Beschaffenheit des Blutes ist,
welche bei den Krankheiten des Uterus den Kropf zur Folge hat.

Wassal[36]) (1891) constatirte, dass er mit Injectionen des Saftes
der zermalmten Schilddrüse die Thiere vor der thyreopriven Kachexie
immunisiren konnte, und dass diese Injectionen auch bei vorgeschrittener
Kachexie einen günstigen Erfolg hatten, der Hodensaft jedoch ohne
Wirkung war.

Horsley[37]) (1891) neben Schiff der verdienstvollste Forscher
und Kenner der Schilddrüse, dessen Arbeiten uns leider im Originale
nicht zugänglich waren, theilt in der Festschrift Virchow's eine
historisch-kritische Studie über die bisher publicirten Arbeiten mit.

In dieser Studie hat Horsley auch seine Ansichten über die
verschiedenen, die Schilddrüse betreffenden Fragen niedergelegt.

Indem dieser Autor die bisher ausgesprochenen Hypothesen
betreffs der Function der Schilddrüse recapitulirt, und ebenso die
Hypothese von der indirecten Betheiligung der Schilddrüse bei der
Neubildung des Blutes bespricht, citirt er die Arbeiten Crédé's und
Zesas' und fügt noch hinzu, dass nach der Exstirpation der Schild-
drüse überhaupt Anämie, welche er bei Affen constatirte, eintritt.

Zugleich hat Horsley sichergestellt, dass in den Thyreoideal-
venen weit mehr Leukocyten, als sonst in den Venen vorkommen,
und dass ihr Verhältniss zu den rothen Blutkörperchen grösser ist,
als z. B. in den Gefässen der Extremitäten.

Nach Horsley scheint diese Hypothese der grösseren Venosität
des Blutes, — welche besonders von Herzen, Hofrichter und

---

[35]) Ueber die Beziehungen der Schilddrüse und der Brustdrüse zu den
schwangeren und erkrankten weiblichen Genitalien. Deutsche Zeitschrift f Chir 1891.

[36]) Ueber die Wirkungen der intravenösen Injection von Schilddrüsensaft
auf Hunde, denen die Schilddrüse exstirpirt worden ist. (Rivista speriment. di
frenat. Med. leg. 1890. XVI. IV.) Ref. im Centralblatt f. allg. Pathol. und pathol.
Anat. 1891. 9.

[37]) Die Functionen der Schilddrüse. Eine historisch-kritische Studie. Internat.
Beiträge zur wissensch. Med. I. 1891.

Rogowitsch constatirt wurde, — mit den erwähnten Befunden Albertoni's und Tizzoni's (loc. cit.) und mit der Entdeckung von Mucin im Plasma des Blutes der thyreoidektomisirten Affen unterstützt zu sein.

Ausserdem sagen noch Michelsohn und Tarchanow, dass der ganze Gaswechsel, also die Menge des Sauerstoffes und der Kohlensäure erhöht ist.

Horsley bespricht eine weitere Hypothese, gemäss welcher die Schilddrüse sich bei der Neubildung des Blutes direct betheiligt, und versichert, dass er nie zweifelte, dass die Schilddrüse auf den chemischen Process im Blute, besonders auf seine eiweisshältigen Bestandtheile einen beachtenswerthen Einfluss ausübt, weil — obwohl bisher kein positiver Beweis für die blutbildende Thätigkeit der Schilddrüse vorliegt — doch sicher ist, dass nach dem Defecte der Schilddrüse die Zusammensetzung des Blutes alterirt wird.

Horsley hofft, dass fernere Studien in dieser Richtung die erwünschte Aufklärung bringen werden und bemerkt, dass die Endentscheidung dieser Frage weiteren Forschungen überlassen werden muss. Aus Allem schliesst dann Horsley, dass die Schilddrüse wirklich mit dem Stoffwechsel des Blutes und der Gewebe zusammenhängt, dass sie entweder direct oder indirect bei der Neubildung des Blutes thätig ist, und irgend eine koloide Substanz erzeugt (das heisst sie aus dem Blute ausscheidet), welche auf lymphatischen Wegen aus den Acinen in die Blutcirculation gelangt. Horsley hält sich noch an der irrigen Ansicht, dass bei den Nagethieren nach der Thyreoidektomie keine Kachexie eintritt. Interessant ist noch die von Horsley citirte Anschauung Groetzner's (medic. Zeitg. des Vereins f. Heilkunde in Preussen, 1847, Nr. 33, S. 159), dessen Arbeit wir im Originale leider nicht lesen konnten. Groetzner urtheilt auf Grund klinischer Beobachtungen, dass es irgendeinen Zusammenhang zwischen den Functionen der Lungen und der Schilddrüse gibt.

Horsley weist auf die Studien über Myxödem von Virchow und auf den Befund Haliburton's, betreffend die Vermehrung von Mucin in den Geweben bei der strumipriven Kachexie, und spricht die Meinung aus, dass die Schilddrüse einige unnütze Zwischenproducte verändert, und dass, wenn dies behindert wird, eine Desorganisation der chemischen Processe, besonders im Bindegewebe, eintritt.

Am Schlusse seiner Abhandlung erwähnt Horsley noch die Verdienste Hofrichter's und dessen alte Ansichten, von denen wir bereits vorn gesprochen haben.

G l e y [38]) (1892), dessen Hauptverdienst darin besteht, dass er die thyreoprive Tetanie auch bei Nagethieren, ferner dass er von neuem die Bedeutung der accessorischen Drüsen, und den günstigen Einfluss des Schilddrüsenextractes bei der thyreopriven Tetanie nachgewiesen hat, reihet die Schilddrüse unter jene Drüsen, welche den Organismus gegen ihn selbst schützen; das heisst unter die Drüsen mit chemischer Aufgabe (Leber, Nebennieren, Schilddrüsen, Hypophyse).

G l e y versucht im vierten Artikel zuerst die Frage zu beantworten, ob ein anderes Organ die Function der Schilddrüse ersetzen kann, und beachtet in dieser Hinsicht die bereits erwähnten, den vermeintlichen Zusammenhang zwischen der Schilddrüse und der Milz betreffenden Arbeiten. G l e y bestreitet diesen Zusammenhang. Dagegen anerkennt er zwar den Zusammenhang zwischen der Schilddrüse und der Hypophyse, gibt jedoch nicht zu, dass durch die Hypophyse die Schilddrüse ersetzt werden könnte. Die Schilddrüse kann nur ein ihr eigenthümliches Product, von welchem man nicht weiss, ob es ein eiweisshaltiger Stoff oder ein Ferment ist, ersetzen.

Dass dem so ist, haben die Injectionsversuche mit Schilddrüsensaft, und die Einheilung der Schilddrüse selbst, wie S c h i f f [39]) und E i s e l s b e r g [40]) es vorgenommen haben, bewiesen.

In seinem Resumé opponirt dann G l e y gegen die Hypothese, dass die Schilddrüse eine wichtige Rolle in der Hämatopoëse spielt. »Die Hypothese von Z e s a s«, sagt G l e y, »ist von diesem Standpunkte aus ohne experimentelle Beweise sehr zweifelhaft, und es ist nicht nöthig, sich näher damit zu beschäftigen«.

Die Ansicht A l b e r t o n i's und T i z z o n i's erwägend, fragt G l e y, wie das Factum zu erklären ist, dass manche Hunde erst längere Zeit nach der Operation von der Krankheit befallen werden?

Auch G l e y sagt, dass nach der Theorie A l b e r t o n i's und T i z z o n i's die Intermittenz des Anfalles, welche bei manchen Thieren

---

[38]) 1. Exposé critique des recherches relatives à la physiologie de la glande thyroïde.

2. Contribution à l'étude des effets de la thyroïdectomie chez les chiens.

3. Effets de la thyroïdectomie chez le lapin.

4. Recherches sur la fonction de la glande thyroïde.

Archives de physiologie normale et pathologique Extrait (Numéros de Janvier et d'Avril 1892.

5. Conception et classification physiologiques des glandes.

Leçon d'ouverture des conférences de physiologie à la faculté de médecin de Paris. Extrait de la revue scientifique 1893.

[39]) Gley (loc. cit.).

[40]) Ueber erfolgreiche Einheilung der Katzenschilddrüse in die Bauchdecke und Auftreten von Tetanie nach deren Exstirpation. (Wien. klin. Wochenschr. 1892.)

beobachtet wird, schwer zu erklären ist. Ferner soll Michelsohn (Arch. f. d. gesammt. Physiol. 1889) Erfolge erzielt haben, welche jenen Erfolgen, die Albertoni und Tizzoni erhielten, ganz entgegengesetzt waren. Auch Fano und Zanda sollen bewiesen haben, dass durch Verminderung der respiratorischen Capacität des Blutes bei Hunden niemals analoge Erscheinungen auftreten, wie jene, welche bei der Thyreoidectomie beobachtet werden.

Gley verwirft demnach die Bluttheorie, und es bleibt also nur noch die sogenannte toxische Theorie übrig. Die toxische Theorie haben Colzi, Fano und Zanda, Herzen und Schiff selbst ausgesprochen.

Gley untersuchte daher die Toxicität des Harns der thyreoidectomisirten Hunde nach der Methode von Buchard, und constatirte, dass der Harn bei der thyreopriven Kachexie toxischer ist. Gley hat ferner auch sichergestellt, dass das Blutserum der thyreoidectomisirten Hunde charakteristische fibrilläre Zuckungen bei Hunden hervorruft!

Die Ursache und den Ursprung der Toxicität des Harns und des Serums anzugeben, ist er nicht imstande. Was den Charakter dieses Giftes betrifft, hält Gley es für ein Nervengift, weil es nicht nur die Erscheinungen bezeugen, sondern auch das Factum, dass Medicamente, welche die Reizbarkeit des Nervensystems vermindern (Antipyrin, Chloral, Bromkali), jene Erscheinungen herabdrücken. Unter diese Medicamente zählt Gley auch den Schilddrüsensaft, welcher auf das Nervensystem entschieden wirken soll.

Bei der Frage, ob jenes Gift in der Schilddrüse selbst vernichtet wird, oder ob die Drüse eine Substanz secernirt, welche das Nervensystem schützt, neigt sich Gley zur zweiten Ansicht.

Dies alles sind aber nur Hypothesen, und Gley sagt, dass noch diese Fragen zu beantworten sind:

»Welche Substanz häuft sich nach der Thyreoidectomie im Organismus? und auf welche Weise, durch welchen Mechanismus stört die Schilddrüse die Action dieser Substanz?«

Im Gley'schen Laboratorium verfolgte einer von uns die Versuche mit der Schilddrüse und überzeugte sich da von der günstigen Wirkung der Injectionen mit Schilddrüsensaft.

Ein wichtiges Factum zur Beurtheilung unserer Frage ist sein mikroskopischer Befund [1]) an den Organen der thyreoidectomisirten Thiere, besonders an der Milz. Es wurde hier nämlich in Fällen, wo

---

[1]) Note sur quelques altérations de divers organes chez les chiens thyroïdectomisés. Par dr. L. Haškovec (de Prague). Comptes rendus hebdomadaires des séances de la Société de biologie. 31. Mars 1893. — Bemerkungen zu der Schilddrüse. Dr. L. Haškovec. Časopis česk. lék. 1893. (Zeitschr. böhm. Aerzte.)

makroskopisch keine Vergrösserung sicherzustellen war. eine bedeutende
Vermehrung der Leukocythen. nach den verschiedenen Fällen verschieden
constatirt. Prof. Cornil bestätigte diesen Befund, und machte noch
auf ein eigenthümliches Zerplatzen der Follikel aufmerksam, welches
jenem ähnlich ist, das er bei Fällen von akuter Entzündung in den
Mandeln beobachtete.

Weiter wurde in allen Organen eine deutliche hämorrhagische
Diathese constatirt. Die Tendenz zu Hämorrhagien, respective Blut-
infiltraten war umso bedeutender, je kürzere Zeit der Hund nach der
Operation gelebt hat. Auffällig war der Umstand, dass in allen Organen,
besonders in den Lungen und in der Milz eine Menge von Hämatoidin-
krystallen und in der Milz Eisenkörner vorgefunden wurden.

Zanda [42]) (1893) gibt an, dass, falls er die Milz einen Monat
vor der Exstirpation der Schilddrüse entfernte, die Thyreoidectomie
keine schädlichen Folgen hatte. Die Exstirpation der Milz soll demnach
nicht nur einen präventiven, sondern auch einen curativen Erfolg haben
Wenn wir bei den thyreoidectomisirten Thieren eine Transfusion von.
gesundem Blute durchführen, verschwinden die tetanischen Erscheinungen
in zwei bis drei Tagen. Eine dauernde Heilung soll jedoch eintreten.
wenn man gleichzeitig mit der Transfusion die Exstirpation der Milz
durchführt. Zanda meint. dass im Blute eine toxische Substanz
enthalten ist, welche namentlich auf das Centralnervensystem einwirkt,
und dass diese Substanz besonders in der Milz entsteht. Diese Substanz
übergeht in das Blut und wird von der Schilddrüse neutralisirt.

Wassal und Pio di Brazza [43]) controlirten die Versuche
Zanda's über den functionellen Zusammenhang zwischen der Schilddrüse und der Milz und constatirten, dass sämmtliche Thiere, welchen
die Milz und die Schilddrüse exstirpirt wurden, umkommen.

Sie entfernten sorgfältig die Schilddrüse und die accessorischen
Drüsen beim Hunde, und operirten zur Controle auch Katzen, welche
die accessorischen Drüsen nicht haben. Sie glauben deshalb, dass
Zanda wahrscheinlich eine nur unvollkommene Ablation der Schilddrüse durchgeführt hat, und verwerfen seine Theorie.

Wassal und Rossi [44]) (1893) theilen mit, dass Sgobbo und
Lamari mit Injectionen des Extracts von verschiedenen Organen
(Leber, Milz, Nieren und Rückenmark) der thyreoidectomisirten Hunde
keine Resultate erzielten.

---

[42]) Lo Sperimentale 1893.

[43]) Sur la spléno-thyroïdectomie chez le chien et chez le chat. Rivista
sperimentale di frenatria, 1893. fasc. II. III. — Ref. in Revue neurol., 15. Avril 1894.

[44]) Sur la toxicité du suc musculaire des animaux thyroïdectomisés. Rivista
sperim. di frenatria 1893. fasc. II. III. S. 103. Ref. in Revue neurol., 15. Avril 1894.

Wassal und Rossi injicirten dagegen den Muskelsaft. Dazu wurden sie durch die Wahrnehmung geführt, dass schon in normalen Verhältnissen das Wasserextract des frischen Muskels eines gesunden Thieres toxischer ist, als von andern Organen (Leber oder Milz).

Sie constatirten, dass der Muskelsaft jener Thiere, welche gerade in der strumipriven Kachexie umgekommen, oder in fortgeschrittener derartiger Kachexie getödtet worden sind, falls er intravenös injicirt wird, eine toxische Wirkung hat.

Der von einem gesunden Thiere auf dieselbe Weise zubereitete Muskelsaft zeigt keine solche Wirkung. Diese Toxicität ruft ähnliche Erscheinungen hervor, wie bei der thyreopriven Tetanie. Die Autoren injicirten Wasserextract, welcher durch Maceration der Muskel zubereitet und filtrirt war. Die Filtration nach Chamberland befreit den Saft von Toxicität. Die Toxicität der Muskeln ist umso grösser, je länger die Krankheit dauert, und umso geringer, je früher die Kachexie entsteht, und je früher das Thier verendet. Die Autoren schliessen damit ab, indem sie sagen, dass die Quelle des Giftes nicht in der übermässigen Arbeit der Muskeln zu suchen ist, sondern dass sie die Folge des gestörten Chemismus der Ernährung nach der Ablation der Schilddrüse ist.

Godart (Recherches sur la transplantation progressie de la glande thyroïde chez le chien. Journ. de la Soc. royale des sc. méd. et natur. de Bruxelles, 27. janvier 1894; citirt v. Gley in Arch. de Physiol. 1894) und Schwarz (Lo Sperimentale, 29. février 1892. S. 19. cit. Gley) sagen, dass sie mit Injectionen des Schilddrüsen-saftes bei der thyreopriven Kachexie nicht gleich günstige Erfolge wie Gley und Wassal erzielt haben.

Gley jedoch beweist in seiner wirkungsvollen Polemik, dass der erstere entschieden kleine Dosen angewendet (2 cm² jeden zweiten Tag), und der andere eigentlich positive Erfolge erzielt hat.

Günstige Erfolge erzielten noch ausser Gley und Wassal auch Herzen (Revue méd. de la Suisse rom. 1893, cit. Gley) und Murray (cit. Gley).

Wichtig sind in dieser Hinsicht die zahlreichen Mittheilungen von der Therapie mit Injectionen des Schilddrüsensaftes, Verabreichung der Schilddrüse per Os oder mit subcutaner Implantation derselben bei Myxödem, sporadischem Kretinismus, Akromegalie und Morbus Basedowii. (Siehe diesbezüglich die Referate in Schmidt's Jahrbücher 1893, 1894; in Revue neurol. 1893, 1894 und in La médecine moderne 1893, 1894.)

Murray, einer der ersten unter jenen Autoren, welche diese Injectionen angewendet haben, (Remarks on the treatment of myx-

7*

oedema with thyroid juice with notes of four cases. Brit. med. Journ.
Aug. 27. 1892) versucht auf Grund klinischer Forschungen nachzuweisen, dass der Schilddrüsenextract ein Herzgift ist.

In der grossen Zahl der Fälle, welche wir alle hier nicht er-
wähnen können, trat eine bedeutende Besserung der Krankheit, in
einigen Fällen sogar rasche Heilung ein. Diese Fälle werden mitgetheilt
von: S t a n und S h a p l a n d, B u y s, B r o w n - S é q u a r d, M e n d e l
P u t n a m. M a c p h e r s o n, R o b i n. B e a d l e s, C a r t e l, B a r t o n,
H e n r y, L u n d i e, B e a t t y, M a r r. K i n n i c u t t, T h o m s o n,
D u n l o p, N i e l s e n, M i l l e r. R e h n, O s l e r. W i s c h m a n n
(Wischmann controlirte diese Injectionen auch mit Injectionen von
destillirtem Wasser), V e r m e h r e n, B r u n s, P a s t e u r, V o i s i n,
M a r i e, B r i s s a u d et S o u q u e s. B o g r o f f, B e c k e r u. A.

Einige Autoren (L a a e l i e [41]), S h a w [44]), E w a l d [47]) constatirten
nach dieser Therapie auch Vermehrung von Hämoglobin und von
rothen Blutkörperchen.

T s c h i r k o f f (Congress der russischen Aerzte und Naturforscher
in Moskau 16. bis 23. Jänner 1894. La médecine moderne 1894. Nr. 11)
hat in seinem Vortrage über Myxöden mitgetheilt, dass nach Einnehmen
von Schilddrüsenextract die Harnausscheidung geringer wird, und dass
gleichzeitig, indess die Menge des Oxyhämoglobins sich vermehrt, die
Menge des reducirten Hämoglobins sich vermindert.

V e r m e h r e n (Stoffwechseluntersuchungen nach Behandlung mit
Gland. thyr. an Individuen mit und ohne Myxödem [48]) constatirte, dass
nach Verabreichung von Schilddrüse die Ausscheidung des Stickstoffs
aus dem Harn reichlicher wird, und hat nachgewiesen, dass ähnliches
auch bei alten Individuen, bei welchen die Schilddrüse atrophisch
wird, vorkommt. Bei jungen Individuen ist die Ausscheidung des Stick-
stoffes nicht einmal bei ausgedehnter Caries der Knochen und ähnlichen
Erkrankungen grösser.

Q u e r v a i n [49]) (1893), welcher in seiner Arbeit besonders die
mikroskopischen Veränderungen des Nervensystems ins Auge fasste,
und sehr gute klinische Beschreibungen mittheilt, constatirte nebenher
in vier Fällen beim Hunde, dass die Zahl der rothen Blutkörperchen
in einem Falle bei der Operation 8,016.000, und nach dem Tode

---

[41]) Deut. med. Wochenschr. 1893.

[44]) Case of myxoedema with restless melancholia treated by injections of
thyroid juice: recovery. Brit. med Journ. Aug. 27. 1892. Ref. in S c h m i d t's Jahrb. 1894.

[47]) La médecine moderne 1894. 60.

[48]) Deut. med. Wochenschr. 1893. 43.

[49]) Ueber die Veränderungen des Centralnervensystems bei experm. Cachexia
thyr. der Thiere. Virchow's Arch. 1893.

4.900.000; im zweiten Falle 6.402.000 und 5,128.000; im dritten Falle
5.25 .000 und 4,800.000; im vierten Falle 6,400.000 und 4.400.000
betrug. Die weissen Blutkörperchen, deren Zahl der Autor nicht angibt.
waren in den ersten zwei Fällen vor dem Tode beiläufig um das
Doppelte, und in einem Falle ungefähr zwei und einhalbfach vermehrt.
Quervain will jedoch mit Rücksicht auf die geringe Zahl der Fälle
diesen Angaben kein grosses Gewicht beilegen. Morphologisch habe er
an den Blutkörperchen keine Veränderungen constatirt. Beim vierten
Falle, in welchem die kleinste Verminderung der Blutkörperchen
ersichtlich war, erwähnt Quervain. dass während der Operation
infolge des Abgleitens der Ligatur der Hund stark blutete, und dass
die Blutkörperchen bei der Operation nicht gezählt wurden, sondern
erst zwei Tage nachher.

Quervain will aber einen Zusammenhang zwischen der Schilddrüse
und der Blutbildung nicht zugeben, die bisherigen Befunde sollen einer
solchen Hypothese keine Unterstützung bieten, wie auch Zesas meint.

Bei Zesas soll man jede Bezifferung der Blutkörperchen ver-
missen. was (angeblich) durch Bemerkungen, wie z. B. »eine gewisse
Vermehrung der weissen Blutkörperchen« etc., nicht stichhältig ist.

Quervain gefällt am besten die Ansicht Horsley's. Quervain
polemisirt auch gegen die Ansichten Créd é's und Zesas', und versucht nachzuweisen, dass nicht ein einziges experimentelles Factum zu
Gunsten der Lehre von dem functionellen Zusammenhange zwischen
der Milz und der Schilddrüse spricht.

Das einzige klinische Factum Créd é's ist für eine solche Behauptung
nicht genügend. Auf Grund seiner eigenen Forschungen versucht
Quervain nachzuweisen, dass die Milz nach der Thyreoidectomie
nicht grösser wird

Quervain schliesst mit dem Ausspruche ab. dass die thyreoprive
Tetanie das Symptom einer Vergiftung des ganzen Nervensystems,
besonders des Centralnervensystems, speciell des Gehirns ist.

Hofmeister [60]) (1894), dessen Arbeit im Originale uns leider
nicht zugänglich ist, theilt in seinen wörtlich citirten Schlussfolgerungen
auch nachstehendes mit: »Die vicarirende Hypertrophie der Milz und
des Thymus wird bei Kaninchen nach der Thyreoidectomie nicht
beobachtet. Injectionen mit frischem Schilddrüsensafte führen vorübergehende Besserung der Erscheinungen herbei Mit grosser Wahrscheinlich-
keit kann man annehmen, dass die bedeutende Hypertrophie des drüsen-
artigen Theiles der Hypophyse eine vicarirende Hypertrophie ist. Bei

----

[60]) Experimentelle Untersuchungen über die Folgen des Schilddrüsenverlustes
Beiträge z. klin. Chir. XI. 2. S. 441. 1894. Ref. in Schmidt's Jahrb. 1894. Nr. 6.

jungen oder noch nicht entwickelten Thieren wird nach der Thyreoidectomie auch der Knochenwuchs in jeder Richtung behindert.

Masoin [30]), dessen Arbeit wir ebenfalls im Originale nicht lesen
konnten, macht folgende Schlussfolgerungen:

a) Die Schilddrüse regulirt bis zu einem gewissen Masse die
Gehirncirculation. Diese Function ist eine secundäre, und die Folgen
der Thyreoidectomie können auf keine Weise der Modification der
Gehirncirculation zugerechnet werden.

b) Die Schilddrüse ist kein hämatopoëtisches
Organ.

c) Die Schilddrüse ist eine Drüse von innerer Secretion, und hat
die Aufgabe, die vom Organismus gebildeten und Krämpfe hervorrufenden
Toxine zu vernichten.

Diese Ansicht soll bewiesen sein:

1. durch Erfolge der subperitonealen Einheilung der Schilddrüse
bei Thieren (Schiff);

2. durch Erfolge der subcutanen Einheilung der Schilddrüse bei
myxödematösen Individuen (Lannelongue, Bircher);

3. durch die Wirkung der Injectionen mit Thyreoidealsaft bei
Thieren, welche auf der Höhe der Krankheit sind (Wassal, Gley);

4. durch die Wirkung der Injectionen mit Thyreoidealsaft bei
myxödematösen Individuen (Murray etc.);

5. durch die toxische Wirkung des von einem kranken Thiere
herrührenden und einem gesunden Thiere injicirten Blutes und durch
den Nutzen der Transfusion des normalen Blutes auf ein krankes
Thier (Rogowitsch, Fano und Zanda);

6. durch Befunde, die Toxicität des Serums der thyreoidectomisirten Hunde betreffend (Gley);

7. durch Versuche betreffs der Toxicität des Muskelsaftes der
thyreoidectomisirten Thiere (Rossi, Wassal);

8. durch Modificationen der Toxicität der operirten, mit acuter
Krankheit behafteten Thiere Lobanie, Gley, Masoin).

Rosenblatt [32]) (1894) vertheidigt ebenfalls die toxische Theorie
und sagt, dass das im Körper sich bildende Gift durch die Nieren aus-
geschieden wird, und dass, sobald dieselben infolge coloider Degeneration
functionsunfähig werden, die Katastrophe eintritt. Von andern interes-

[30]) Aperçus générales sur la physiologie du corps thyroïde, par Paul Masoin,
de Louvain. Revue de questions scientif. Bruxelles, Avril. 1894. Ref. in Revue
neurol. 1894. Nr. 19.

[31]) Sur les causes de la mort des animaux thyroïdectomisés. Arch. des
sciences biologiques publiées par l'institut impérial de médecine expérimentale à
St. Pétersbourg, 1894. T. III. Nr. 1.

santen Deductionen Rosenblatt's erwähnen wir noch eine, nämlich: dass die während der Operation vorkommende Hämorrhagie, wie es scheint, den Ausbruch und den Verlauf der Krankheit aufhält.

Auch Rosenblatt bestätigt die Erfahrung, dass bei der Milchdiät der Verlauf der Krankheit mässiger ist, und dass die Fleischdiät den Tod beschleunigt (Munk [53]), Breisacher [54]), Quervain (loc. cit.). Laut Referat publicirt in »La médecine moderne, 1894, Nr. 91, S. 1423«, macht Bagenoff auf Grund eigener Versuche und auf Grund der Arbeiten anderer Autoren in seiner Abhandlung (Charkow 1894) folgende Schlussfolgerungen:

Nach Thyreoidectomie accumulirt sich im Thierorganismus ein Gift, welches heftige Krämpfe hervorruft. Nebst den Nervenstörungen wird noch eine Reihe von schweren viscerialen Störungen, besonders der Leber, und der Nieren, und auch die Alteration des Stoffwechsels (des echanges nutritifs) beobachtet.

Die Thiere verenden wie nach der Vergiftung mit andern organischen oder unorganischen Giften.

Die Störungen kommen am häufigsten bei den fleischfressenden Thieren vor; seltener beim Menschen und am seltensten bei den Wiederkäuern.

Beim Menschen werden besonders Symptome des Myxödems beobachtet: beim Hunde kann man das Gift im Blute, im Harn, und im Gehirn vorfinden. Das Serum der auf der Höhe der Krankheit getödteten Hunde ist für das Kaninchen weit toxischer, als das Serum von normalen Thieren, und ruft bei ihm leicht (intravenöse Injection von 10 Cubikcentimeter) das klinische, in allem der thyreopriven Tetanie ähnliche Bild hervor. Die subcutanen oder die intraperitonealen Injectionen sind von langsamerer Wirkung. Der Harn der operirten Thiere ist ebenfalls für die Kaninchen, Meerschweinchen und Frösche toxisch, und verursacht rasch die gleichen Symptome; sei er auf diese oder jene Weise injicirt worden.

Nach Bagenoff sind es besonders die organischen Elemente des Harns, welche toxisch wirken, da der Harn, über Kohle filtrirt, wirkungslos ist.

Diese toxische Substanz erhalten wir, wenn wir den alkoholischen Harnextract mit Aether fällen. In chemischer Hinsicht ist es eine hygroskopische Substanz von rothgelber Farbe, welche mit Goldchlorid, mit Phosphormolybdensäure, mit Buchard's Reagenz und mit Tannin einen amorphen Niederschlag gibt; mit Platinchlorid, mit Pikrinsäure,

[53]) Weitere Untersuchungen über die Schilddrüse, Berl. kl. Wochenschr. 1889.
[54]) Breisacher (loc. cit.).

mit Kaliumwismuthjodid. mit Kaliumcadmiumjodid wird sie nicht gefällt: die Substanz löst sich im Wasser, sowie auch im Aethyl-, und in Amylalkohol.

All diesen Reactionen gemäss können wir diese Substanz unter Leukomaine einreihen. Das extrahirte Toxin hat bei Mäusen stets gleiche und jedesmal identische Symptome mit jenen hervorgerufen, welche man bei den thyreoidectomisirten Ratten beobachtete. Die Analogie der Symptome nach der Thyreoidectomie mit jenen Symptomen. welche nach Injectionen mit dem oben bezeichneten isolirten Leukomain beobachtet werden, gibt zu verstehen. dass in allen diesen Fällen die Erscheinungen. wenn auch nicht ausschliesslich, so doch grösstentheils durch diese Substanz verschuldet werden. Wir können daher als bewiesen annehmen, dass bei der Autointoxication nach der Thyreoidectomie im Organismus eine toxische Substanz sich befindet, welche wir in vitro erhalten können. und welche die gleichen Erscheinungen hervorruft, wie sie nach der Thyreoidectomie beobachtet werden.

Hürthle[55]) (1894) sagt in seiner Arbeit über den Secretionsprocess in der Schilddrüse. dass von den verschiedenen Hypothesen, welche über die Function der Schilddrüse ausgesprochen worden sind, am meisten jene Hypothese unterstützt wurde, laut welcher die Schilddrüse im Chemisme des Körpers eine wesentliche und specifische Rolle spielt, die von keinem andern Organe ersetzt werden kann. Die Schilddrüse verändert entweder irgend eine Substanz oder vernichtet dieselbe, oder aber sie erzeugt irgend eine specifische Substanz, welche zur dauernden Erhaltung des Lebens unentbehrlich ist. Hürthle motivirt dann diese Theorie in bekannter Weise, wie in Vorangehendem bereits erwähnt wurde (siehe Masoin).

Der chemische Nachweis dieser Substanz, welcher die wesentlichste Stütze für die chemische Theorie sein soll, wurde leider bisher nicht durchgeführt. Soviel ist jedoch — nach Hürthle (angeblich) — festgesetzt, dass die morphologische Untersuchung der Schilddrüse, mit welcher sich der Autor beschäftigt, zu Gunsten dieser Hypothese spricht. Es ist sichergestellt. dass die Schilddrüse zu den sogenannten Drüsen ohne Ausgang gehört, und dass sie ein Organ ist, welches nur mit Hilfe der Blut- und der lymphatischen Gefässe und durch Hilfe der Nerven mit dem Körper in Verbindung steht. Was die Art der Secretion betrifft, vertheidigt der Autor die Ansicht, dass das Secret zuerst von den epithelialen Zellen in die intercellularen Spalten. und von da aus in die lymphatischen Gefässe, und dann in das Blut ge-

---

[55]) Ueber den Secretionsvorgang in der Schilddrüse. Vortrag. gehalten in der med. Section der schles. Gesellschaft für vaterländ. Cultur zu Breslau. Deutsche med. Wochenschr. 1894. 12.

langt. Die Secretionsausscheidung ist nicht abhängig vom Nervenein-
flusse, wie sich Autor durch directe Reizung der Nerven überzeugt
hat, sondern von der Zusammensetzung des Blutes, da im Blute
entweder ein Ueberschuss einer Substanz oder ein Mangel derselben
vorkommt.

Bei zufälliger Unterbindung des Gallenganges bemerkte Autor,
dass die Thätigkeit der Schilddrüse sich vergrösserte. Es circulirt daher
bei Icterus im Blute eine Substanz, welche die Schilddrüse zur er-
höhten Thätigkeit anregt.

Paul Masoin[56]) (1894) bestätigt die Resultate Gley's und
Launallie's von der Toxicität des Harns. Die Toxicität des Harns ist
proportional mit der totalen Intoxication, und erhöht sich in den
Anfällen.

Masoin urtheilt, dass die Schilddrüse giftige Substanzen vernichtet, welche nach der Ablation der Schilddrüse den Organismus
vergiften.

Die Milchdiät hat auf diese Toxicität angeblich keinen Einfluss.

* * *

Obwohl in der letzten Zeit die meisten Autoren von weiterer
Untersuchung des Blutes bei der thyreopriven Cachexie abliessen,
entschlossen sich die Verfasser dennoch zur systematischen Untersuchung des Blutes, da verschiedene Anzeichen (verminderte Gerinnungs-
fähigkeit, auffallende Venosität, eine auffallend grosse Menge von
Eisenkörnern in den Organen) darauf hinweisen, dass die Blutbe-
schaffenheit bei diesem Processe verändert ist.[57])

Die bisherigen Untersuchungen des Blutes in der thyreopriven
Kachexie konnten keine feste Stütze zu irgend einer bestimmten
Schlussfolgerung bieten, da eine systematische und auf einer umfangreichen Grundlage basirte Untersuchung des Blutes bis jetzt nicht
unternommen worden war.

---

[56]) Influence de l'exstirpation du corps thyroïde sur la toxicité urinaire.
Société de biologie, séance du 13 janvier 1894. La médecine moderne, 1894. Nr. 95.
[57]) Nach Vollendung dieser Arbeit erfahren wir aus dem im «Centralbl. f.
allg. Path. und path. Anat.» 1894. Nr. 24—25 publicirten Referate von der Arbeit
D'Amore's, Falconr's und Gioffredi's (Riforma med. 1894), in welcher
behauptet wird, dass das Blut in der thyreopriven Cachexie nur wenig verändert
ist. Es soll hier eine kleine Abnahme von rothen Blutkörperchen (eine halbe Million
in 1 mm³), eine mässige Vermehrung der weissen Blutkörperchen (ungefähr 2000
in 1 mm³) und eine verhältnissmässige Abnahme von Hämoglobin vorkommen.
Ebendaselbst wird auch die Arbeit der M. Zielinska (Virchow's Arch.
Bd. 136) citirt, laut welcher die Zahl der lymphatischen, das Coloid enthaltenden
Gefässe, stets in gleichem Verhältnisse zu dem in den Zellen der Drüse sich vorfindenden Coloid steht.

Auch in der wichtigsten Grundfrage, ob bei der thyreopriven
Kachexie eine Abnahme von rothen Blutkörperchen vorkommt, stimmten
die bisherigen spärlichen Angaben nicht überein. In Folge dessen haben
wir, aufgefordert von Prof. Horbaczewski, eine systematische Blutuntersuchung vorgenommen, bei welcher die Blutkörperchenzahl, der
Hämoglobingehalt, die Eisenmenge, der feste Rückstand, sowie der
Gesammtaschengehalt bestimmt wurden.

Ausserdem wurde noch eine mikroskopische Untersuchung der
Milz, der Lymphdrüsen und anderer Organe durchgeführt.

Die im März 1894 begonnenen Versuche wurden Ende April 1895
vollendet.

Im Ganzen wurden an 20 Hunden verschiedenen Alters, Geschlechtes und verschiedener Race Versuche gemacht.

In den ersten drei Fällen, welche vorwiegend zur Orientirung
dienten, wurde die Detailuntersuchung des Blutes nicht durchgeführt,
und aus diesem Grunde fehlen hier die klinischen sowie die Sectionsbefunde.

Die Untersuchungen gestalteten sich folgendermassen:

Der Hund wurde zuerst, bevor mit dem Experimente begonnen
wurde, einige Tage im Institute belassen, und mit einer gemischten
gleichmässigen Kost ernährt, wobei der Gesundheitszustand des Thieres
sichergestellt wurde.

Hierauf wurden einige Tage hindurch die Blutkörperchen gezählt,
und sobald übereinstimmende Durchschnittszahlen erhalten wurden,
wurde Blut zur chemischen Analyse genommen. Es wurde dann abermals
die Zahl der Blutkörperchen ermittelt und dann die beiden Schilddrüsenlappen exstirpirt. Nur in einem Falle wurde bloss ein Lappen exstirpirt.
Dann wurden wieder täglich, nach je zwei oder mehreren Tagen die
Blutkörperchen gezählt. Auf der Höhe der Kachexie wurde dann wieder
das Blut zur chemischen Analyse genommen.

Was die Nahrung betrifft, so wurde vor dem Versuche als auch
im Verlaufe desselben annäherungsweise in gleicher Zusammensetzung
die gewöhnliche gemischte Nahrung verabreicht. Zu den Experimenten
wurden bloss vollkommen gesunde Thiere benützt. Ueber die haupt-
sächlichsten klinischen Erscheinungen, das Verhalten des Körpergewichtes
und der Rektaltemperatur finden sich weiter unten die betreffenden
Angaben. Sind in den erwähnten Verzeichnissen keine besonderen
Angaben über Annahme oder Verweigerung der Nahrung, über Ausscheidung von Harn und Excrementen ausdrücklich angeführt, so gingen
diese Functionen normal von statten.

Die Zahl der rothen und der weissen Blutkörperchen wurde nach
der Methode von Thoma-Zeis ermittelt. Dabei wurden sämmtliche

Vorschriften dieser Methode auf das sorgfältigste befolgt. Das Blut wurde zu diesem Zwecke in der Regel von den kleinen Aestchen eines Ohrgefässes mittelst directen Einstiches der Lancette in das Gefässlumen gewonnen, wobei jede überflüssige Verwundung der Haut sorgfältig vermieden wurde.

Der erste Tropfen des aus der Wunde frei ausfliessenden Blutes wurde mit reiner trockener sterilisirter Watte leicht abgewischt und erst dann das Blut zur Untersuchung entnommen.

Die Blutung hörte gewöhnlich spontan auf, war dieselbe heftiger, wurde sie mittelst Eintropfen von Jodoformcollodium in die Wunde gestillt.

In der Regel war die Umgebung des Einstiches frei von allen reactiven Erscheinungen und wenn selbe doch vorkamen, wurde für die nächste Zählung weder von der hyperämischen Stelle, noch von demselben Ohre Blut entnommen. Gleichzeitig wurde auch ein Bluttropfen zur Bestimmung der Hämoglobinmenge mittelst des Apparates von F l e i s c h l genommen. Die weiter unten angeführten Zahlen sind Durchschnittszahlen, welche auf Grund mehrerer Ablesungen erzielt wurden. Zur chemischen Analyse wurde das Blut in zwei Fällen von dem Seitenaste der A. femoralis, in den übrigen Fällen von der A. femoralis selbst unterhalb des Abganges ihrer tieferen Aeste in der Weise entnommen, dass die collaterale Circulation sich regelmässig ausbilden konnte. Die Arterie wurde präparando· isolirt und an der Peripherie unterbunden. Central zur Ligatur wurde ein Faden unterlegt, mit dessen Hilfe die Arterie leicht elevirt wurde. Das Gefäss zwischen beiden Ligaturen wurde angeschnitten, so dass das Blut direct in einen ausgeglühten, und abgewogenen Tiegel fliessen konnte. Nachdem in wenigen Secunden eine genügende Menge Blut gewonnen war, wurde die Arterie mittelst central angelegter Ligatur ohne geringsten Blutverlust unterbunden, hierauf die Wunde nach den üblichen antiseptischen Cautelen zugenäht und behandelt.

Es wurden durchschnittlich 15—25—28 Gramm Blut entzogen, dann die äussere Tiegelfläche gereinigt, und der Tiegel selbst in ein gläsernes Gefäss gestellt, welches mit genau eingeschliffenem Deckel verschlossen wurde, damit der Verlust an Wasser, welches vom warmen Blute abdampfen könnte, vermieden werde. Das Blut wurde sogleich in demselben gläsernen Gefässe abgewogen, im Wasserbade zum Gerinnen gebracht und dann bei 110 Grad Celsius bis zum constanten Gewichte getrocknet, und da der Trockenrückstand sehr hygroskopisch ist, wurde derselbe wieder in dem bereits beschriebenen gläsernen Gefässe abgewogen.

Der feste Rückstand wurde hierauf sorgfältigst verascht und somit das Quantum der anorganischen Bestandtheile festgesetzt. Der

Eisengehalt in der Asche wurde in ähnlicher Weise festgesetzt, wie
dies H a m b u r g e r bei der Festsetzung des Eisenquantums im Harne
bewerkstelligt hat. Die Asche wurde in vollkommen eisenfreier Schwefelsäure gelöst, die Lösung quantitativ in ein Gefäss überführt, in welchem
die Eisenoxydsalze mittelst schwefliger Säure in Eisenoxydulsalze
reducirt wurden.

Der Ueberschuss der schwefligen Säure wurde mit Kohlensäure,
die durch den Apparat geleitet wurde, ausgetrieben, und die erkaltete
Aschenlösung mit Chamäleonlösung titrirt.

Die Schilddrüsen-Exstirpation wurde hauptsächlich nach der
Gley'schen Methode durchgeführt, jedoch ohne seine Chlorallhydrat-
narkose (Injection von zwei Gramm in die Bauchhöhle).

Wir benützten gewöhnlich eine Doppelnarkose, das heisst mit
Morphium und mit Chloroform, welche wir nicht nur bei der Thyreoidectomie, sondern auch beim Blutentziehen anwendeten.

Dem Hunde wurden 2 bis 4·5 Centigramm Morphium subcutan
injicirt. Nach einigen Minuten erbrach der Hund den ganzen Magen-
inhalt. Eine kleine Chloroformdosis genügte dann zur vollständigen
Narkose. Diese Narkose wird jener mit Aether oder mit Chloroform
allein vorgezogen. Der Hund ist auf diese Weise leicht an den Tisch
zu fesseln, und in der Regel hat man bei der Operation keine besondere Beihilfe nöthig. Unglücksfälle sind uns bei dieser Doppelnarkose keine vorgekommen. Nur in einem Falle stellte sich während
der Operation Asphyxie ein; der Hund wurde jedoch durch Tractionen
der Zunge und ausgiebiges künstliches Athmen wiederbelebt. Der Hund
Nr. 1 kam in reiner Chloroformnarkose um.

Die Thyreoidectomie wurde in folgender Weise durchgeführt:

Nachdem das Operationsfeld ordentlich abrasirt und desinficirt
worden war, wurde in der Haut und im Panniculus adiposus vom
Schildknorpel genau in medialer Linie zum Sternum in der Länge von
fünf bis sechs Centimeter ein Schnitt geführt. Präparando mit Hilfe
einer stumpfen Sonde ward dann in medialer Linie die Trachea entblösst,
wobei die Verwundung der in medialer Linie längs der sternothyreoidealen
Muskel sich ziehenden Vene vermieden wurde.

Hierauf wurde die Schilddrüse stumpf entblösst und zuerst an
einer Seite auspräparirt, ihre Gefässe am oberen und unteren Rande
und an medialer Seite unterbunden, und die Drüse exstirpirt. Auf
gleiche Weise wurde auch die andere Drüsenhälfte exstirpirt.

Die Drüsen müssen vollkommen isolirt werden, damit sämmtliche
zuführenden und ableitenden Gefässe überblickt werden können.

Es war daher nöthig an der medialen Seite je nach Bedarf sogar
mehrere Ligaturen anzulegen.

Bei der Operation selbst wurden die in der Umgebung der Trachea sich etwa vorfindenden accessorischen Drüsen gleichzeitig exstirpirt.

Sind in den erwähnten Verzeichnissen keine besonderen Angaben über den Verlauf der Operation, über die anatomischen Verhältnisse der Drüse selbst angeführt worden, so waren diese Verhältnisse stets vollkommen normal. Die accessorischen Drüsen, welche Gley in der Kapsel selbst beschrieben hat, wurden in einigen Fällen vorgefunden und gleichzeitig exstirpirt. Die exstirpirten Drüsen wurden aufbewahrt, die Wunde unter den üblichen Kautelen behandelt, zugenäht und mit Jodoformcollodium gedeckt, welches die Wunde vollkommen deckt und der Infection vorbeugt (Gley bestreicht die Wunde blos mit reinem Vaselin).

In keinem Falle mussten wir einen Verband anlegen, und nur ausnahmsweise, wie wir weiter unten erwähnen, trat geringe Eiterung der Wunde ein. In der Regel heilten die Wunden per primam in einigen Tagen.

Aus den aufbewahrten Schilddrüsen wurde die Injectionsflüssigkeit auf diese Weise zubereitet, dass die Drüsen der Kapsel entledigt, in einer kleinen Porzellanschale mit $\frac{1}{2}$ Percent Phenollösung zerrieben und in sterilisirtem und hermetisch verschlossenem Gefässe aufbewahrt wurden.

Nach dem erfolgten Tode des Versuchsthieres, welcher entweder nach längerer Dauer der thyreopriven Cachexie oder nach zwei bis drei Tagen in tetanischem Anfalle eintrat, wurde die Section vorgenommen, wobei, um die eventuellen accessorischen Drüsen zu entdecken, nicht nur das Operationsfeld am Halse, sondern auch die in der Umgebung der Schilddrüse befindlichen Nerven sorgfältig untersucht wurden.

Das grosse Gehirn, das kleine Gehirn, und die Medulla oblongata, sowie auch die Organe der Brust- und Bauchhöhle wurden für Zwecke der histologischen Untersuchung theils in Alkohol, theils in Müller'scher Flüssigkeit aufbewahrt.

Von den auf diese Weise gehärteten Organen wurden mit dem Mikrotom Schnitte gemacht, welche mit Delafield's Hämatoxylin gefärbt wurden.

Ausserdem wurden mit Hilfe von Ferrocyankaliumlösung und Salzsäure, und mit Schwefelammonium [30]) mikrochemische Reactionen auf Eisen vorgenommen.

* * *

---

[30]) Nasse Hermann. Jahrb. f. Thierch. 1890. Die eisenreichen Ablagerungen im thierischen Körper.

In allen Fällen fanden wir also beide Lappen der Schilddrüse normal entwickelt; einen nicht citirten Fall (Nr. 16) ausgenommen, bei welchem es sich um eine beiderseitige parenchymatöse Struma von Kindsfaustgrösse handelte. Mit Ausnahme des Falles Nr. 5, wo man bloss einen Lappen der Schilddrüse exstirpirte, trat in allen Fällen in kürzerer oder längerer Zeit (2—72 Tage) nach der Exstirpation der Schilddrüse der Tod entweder unter Erscheinungen der fortgerückten thyreopriven Kachexie oder in einem schweren tetanischen Anfalle ein. Ohne allgemeine, besonders klinische Fragen in diesem Resumé zu berühren, wollen wir unsere Aufmerksamkeit hauptsächlich den von uns constatirten Blutveränderungen widmen und erwähnen nur Folgendes:

In allen Fällen entstand der Tod der thyreodektomischen Hunde durch den plötzlich enstandenen Defect der ganzen Schilddrüse und durch die daraus folgenden Ernährungsstörungen, da derselbe weder durch eine Wundinfection noch durch Verletzungen der die Schilddrüse umgebenden Nerven verursacht werden konnte, wie Munk[58]) behauptet.

In allen Fällen heilte nämlich die Operationswunde per primam, nur in den Fällen Nr. 2, 4, 6 fanden sich in der Umgebung der Nähte und Ligaturen circumscripte Eitertropfen.

Im Falle Nr. 5 wurde unter üblichen Cautelen nur ein Schilddrüsenlappen exstirpirt, wobei der Hund gesund blieb. In dem nicht citirten Falle Nr. 17 wurde mit absichtlicher Vernachlässigung der Antisepsis beiderseits der Vagosympathicus beschädigt, indem derselbe in eine Pincette eingeklemmt wurde; in diesem Falle wurde auch beiderseits der N. laryngeus inf. in der Länge von je 1 cm excidirt, ohne dass infolge dessen der thyreopriven Tetanie ähnliche Erscheinungen beobachtet werden konnten.

Das Bild der thyreopriven Tetanie ist einer acuten, das der Cachexie einer chronischen Intoxication nicht unähnlich. Wie aus dem Status zu ersehen ist, ist das klinische Bild sehr bunt, an dem sich fast alle Organe mit krankhaften Erscheinungen betheiligen. Dieses Bild zeugt für die Complicität des krankhaften, bei den thyreoidektomisirten Thieren beobachteten Processes.

Das Bild der Intoxication ist nicht so charakteristisch, wie jenes bei der Intoxication mit einem bestimmten Gifte, wo man immer eine Reihe gleicher Erscheinungen beobachten kann, welche in einer bestimmten Reihenfolge hintereinander auftreten und immer ein bestimmtes Gift, z. B. Strychnin, charakterisiren.

---

[58]) Siehe Sitzungsber. der königl. preussischen Akademie der Wissenschaften, 1887—1888.

Bei den thyreoektomisirten Thieren ist diese Reihenfolge der Erscheinungen nicht immer eine und dieselbe. Eine Reihe von Erscheinungen, wie z. B. Ernährungs- und Entzündungsstörungen der Augen (Conjunctivitis catar., Blenorrhoë, Panophthalmitis), Hämorrhagien der Schleimhäute, vasomotorische Hautveränderungen, kommen nicht constant vor, ja sogar die vulgären Erscheinungen, Krämpfe und Kachexie, treten nicht in gleicher Intensität, Qualität und Zeit auf. Ebenso der pathologisch-anatomische Befund, besonders der am Centralnervensystem, wo man entweder keine Veränderungen oder nur mässige Hyperämie oder endlich auch sichtbare, je nach der Intensität der Läsion der Organe sich durch entzündliche oder degenerative Veränderungen charakterisirende Hämorhagien vorfindet, ist nicht constant. Constant aber kommen Störungen vor, welche vom Zerfalle der rothen Blutkörperchen Zeugniss geben.

Wir meinen, dass der Zerfall der rothen Blutkörperchen zu anderen Veränderungen, welche das bunte Bild der Tetanie und der thyreopriven Kachexie zur Folge haben, Veranlassung gibt.

Der Gedanke, den Ursprung der thyreopriven Kachexie in den Blutstörungen zu suchen, schwebte natürlich schon den ältesten Beobachtern vor den Augen, es war aber sehr schwierig, in einer so complicirten Frage unwiderlegliche Beweise zu liefern, weshalb die toxische Theorie mehr Anklang fand. Wir glauben nun, dass die toxische Theorie (Gley, Quervain, Masoin, Rosenblatt, Bagenoff) mit unserer Erklärung (Bluttheorie) in Einklang gebracht werden kann.

Die Ansicht über die Rolle des Blutes bei der Cachexia thyreopriva hat im Laufe der Jahre verschiedene Umänderungen erfahren. Zuerst muss man die Theorie über die mechanische Bedeutung des Blutes von Schreger, Maignien und Liebermeister erwähnen, zu der später Guyon und theilweise Zesas und Kocher zurückkehrten. Diese Theorie wurde schon von Seiten Hofmeister's vielfältig bekämpft, und schliesslich von dem grössten Theile der Autoren verlassen.

Auf Grund seiner histologischen Befunde schloss Kohlrausch auf den Zusammenhang der Function der Schilddrüse mit Neubildung des Blutes, ebenso Crédé, Zesas und Kocher. Ausser den letzteren zwei Autoren machten schon Horsley und Quervain auf die Anämie, d. i. auf die Abnahme der Zahl der rothen Blutkörperchen nach Exstirpation der Schilddrüse, aufmerksam. Kocher leitete aber diese Anämie nicht direct von dem Ausfalle der Function der Schilddrüse ab, sondern von den secundären Veränderungen der Trachea, d. h. von der Atrophie derselben und der nachfolgenden ungenügenden Sauerstoffeinnahme, nach Exstirpation der Schilddrüse, welche Ansicht aber

später von Bruns widerlegt wurde. Zesas dagegen suchte die Haupt-
stütze für seine Ansicht in der Milzschwellung, die von ihm nach
Exstirpation der Schilddrüse beobachtet wurde, was jedoch Kocher
und Bruns nicht bestätigen konnten. Rogowitsch fand keine
Abnahme der Zahl der rothen Blutkörperchen. Bruns fand das
Auftreten der Anämie nicht constant, und leitet dieselbe vom
Verschwinden irgend einer specifischen Function der Schilddrüse
ab. Quervain anerkennt überhaupt keinerlei Zusammenhang der
Function der Schilddrüse mit Neubildung des Blutes. Dagegen haben
Albertoni und Tizzoni eine Abnahme des Hämoglobingehaltes und
verminderten Sauerstoffgehalt des Blutes der thyreoektomisirten Thiere
constatirt. Nach Gley soll dieser Befund mit demjenigen von Michelsohn nicht übereinstimmen. Bardeleben, Sanquirico und Canalis
untersuchten das Blut mit negativem Erfolge. Wie sollte man also
diese Widersprüche erklären? Sind überhaupt die in der thyreopriven
Cachexie beobachteten Blutveränderungen eine constante Erscheinung?

Unsere Befunde geben in dieser Richtung klare und in mancher
Beziehung interessante Antworten. Bei allen von uns operirten Hunden,
wie aus unserer Durchschnittstabelle ersichtlich ist, sank die Zahl der
rothen Blutkörperchen nach Exstirpation der Schilddrüse, nur der Hund
Nr. 10, welcher in einem tetanischen Anfalle zugrunde gieng, weist
eine bedeutende Erhöhung der Zahl der rothen Blutkörperchen von
normalen 6,100.000 und 5.580.000 auf 7,550.000 nach der Operation
auf. Dieser Fall bestimmte uns zum gründlicheren Nachforschen der
Ursache dieser Steigerung. Beim Durchmustern der die Zahl der rothen
Blutkörperchen angebenden Ziffern war es auffällig, dass an jenen
Tagen, an welchen zahlreiche tetanische Anfälle vorkamen, zugleich
auch die Zahl der rothen Blutkörperchen verhältnissmässig grösser war,
als an andern Tagen.

Es war daher zu vermuthen, dass vielleicht Krämpfe die Ursache
der Zunahme der Zahl der rothen Blutkörperchen sein könnten. Ist
dem wirklich so, dass bei Krämpfen die Zahl der rothen Blutkörperchen
zunimmt, so muss man dieselbe Erscheinung auch bei den künstlich
durch eine Vergiftung hervorgerufenen Krämpfen finden. Zu diesem
Zwecke wurden drei Hunde mit Strychnin vergiftet. Der erste Hund (Nr. 18)
gieng zugrunde, bevor Blut zum Zählen der Blutkörperchen während der
Anfälle gewonnen werden konnte. Bei dem zweiten Hunde (Nr. 19)
constatirte man in den Anfällen eine bedeutende Zunahme der Zahl
der rothen Blutkörperchen und zwar von normalen 7.555.000 auf
9,150.000 und vor dem Tode sogar auf 11,000.000. Bei dem dritten Hunde
(Nr. 20) stieg die Zahl der rothen Blutkörperchen von normalen 7,750.000
auf 9,500.000. Eine genauere Mittheilung über diese Versuche wird folgen.

Auf Grund dieser Befunde kann man also die Zunahme der Zahl der rothen Blutkörperchen beim Hunde Nr. 10, wie auch die verhältnismässig höhere Zahl der rothen Blutkörperchen bei andern Hunden an den Tagen der Anfälle (Nr. 3, Nr. 6, Nr. 7, Nr. 8, Nr. 12) leicht erklären. Mittelst dieses Befundes kann man ebenso leicht jene Differenzen erklären, dass einige Autoren eine Verminderung der rothen Blutkörperchen fanden, während andere eher das Gegentheil constatiren konnten. Der Befund der Verminderung der rothen Blutkörperchen ist nämlich von der Form, in welcher die thyreoprive Cachexie verläuft, abhängig. Sind die Anfälle sehr zahlreich, überwiegt die thyreoprive Tetanie, so erscheint die Verminderung der rothen Blutkörperchen entweder unbedeutend oder gar nicht; tritt aber nach Exstirpation die Form der reinen Cachexie ein, so erscheint die Verminderung sicher und bedeutend.

Man könnte einwenden, dass die bedeutende und progressive Abnahme der Zahl der rothen Blutkörperchen bei der thyreopriven Cachexie von andern zufälligen Factoren, als vom Defecte der Schilddrüse abhängig sein könnte, und zwar:

1. Vom Blutverluste nach der Exstirpation der Schilddrüse oder in den obigen Fällen vom Verluste des zur chemischen Analyse genommenen Blutes oder

2. infolge schlechter Ernährung, oder endlich

3. infolge eventueller Eiterungsprocesse.

Die erste Einwendung kann man durch unsere Versuche widerlegen: denn es wurde in den Fällen Nr. 4, 6 bis 10, 12 bis 15 ohne geringsten Blutverlust operirt (abgesehen von jener unbedeutenden Menge, welche in der Schilddrüse selbst enthalten war), und doch resultirte eine mehr oder weniger grosse Abnahme der Blutkörperchenzahl. Es ist übrigens bereits von Siegel und Maydl [60]) erwiesen worden, dass Hunde erst auf grössere Blutverluste mit Verminderung der Zahl der rothen Blutkörperchen reagiren, und dass kleinere Blutverluste ohne Einfluss sind. Uebrigens kehrt die Zahl der rothen Blutkörperchen, die an den ersten Tagen nach dem Blutverluste abnimmt, bald wieder ad normam zurück. Darüber konnten wir uns (siehe die betreffende Tabelle) auch überzeugen. Nahm die Zahl der rothen Blutkörperchen in einzelnen Fällen (Nr. 7, Nr. 9) nach der Entnahme von 20 bis 28 Cubikcentimeter Blut ab, so wurde mit der Exstirpation der Schilddrüse abgewartet, bis die Zahl wieder ad norman zurückkehrte. In dieser Beziehung meint auch Kocher in der schon citirten Arbeit (1883), dass die Ursache der Anämie bei den mit der strumi-

---

[60]) Ueber Zählungen der Blutkörperchen nach Blutungen. Aus dem Laboratorium des Prof. Stricker in Wien, 1884.

priven Cachexie behafteten Menschen nicht ein blosser Blutverlust sei, was die Thatsache beweist, dass die Erscheinungen der strumipriven Cachexie erst später auftreten und dass analoge Erscheinungen nicht einmal nach grossen Operationen beobachtet werden.

Was die zweite Einwendung betrifft, so haben wir uns im Falle Nr 5 überzeugt, dass im Hungerzustande die Zahl der rothen Blutkörperchen nicht nur nicht abnimmt, sondern sogar zunimmt, wie es auch Poletacve[81]) in seiner umfangreichen Studie nachgewiesen hat, indem er constatirte, dass beim absoluten Hunger die Zahl der rothen Blutkörperchen progressiv bis zum Tode zunimmt. Beim unvollkommenen Hungern (unter Wasserzufuhr) steigt die Zahl der rothen Blutkörperchen bis zum Körpergewichtsverluste von 30 Percent und nimmt dann allmählig ab, und kann schliesslich unter die Norm sinken. In den obigen Fällen sank aber ohne Rücksicht, ob die Abstinenz eine vollkommene oder unvollkommene war, die Zahl der rothen Blutkörperchen.

Was die dritte Frage anbelangt, so wird dieselbe durch den negativen Befund beantwortet, dass bei Hunden, bei welchen die exquisit systematische Abnahme der Zahl der rothen Blutkörperchen beobachtet wurde, keine Eiterungsprocesse vorkamen. Auch bei der Section konnte keine Spur von eitrigen oder entzündlichen Processen constatirt werden.

In Uebereinstimmung mit der constatirten Abnahme der Zahl der rothen Blutkörperchen sind auch die chemisch-analytischen Befunde. Der Trockenrückstand des Blutes war kleiner und zwar in allen untersuchten Fällen, mit Ausnahme des Falles Nr. 10 (Exorbitante Tetanie). Aber auch hier geben Versuche mit Strychninvergiftung genügende Aufklärung. Auch bei dieser Vergiftung steigt das Gewicht des Trockenrückstandes; denn auch da wird das Blut im ganzen dichter, als Folgezustand der Krämpfe.

So wurde bei der Strychninvergiftung gefunden:

I. Normales Blut. 24·6092 gr Blut ergaben 5·0448 gr, d. h. 20·29 % Trockenrückstand, 0·2210 gr, d. i. 0·889 % Asche und 11·5782 mgr, d. i. 429 °/°° Eisen.

II. Blut nach der Vergiftung. 18·1381 gr Blut gab 4·1849, d. h. 23·12 % Trockenrückstand, 0·1692, d. h. 0·932 °/° Asche und 11·4943 mgr, d. h. 643 °/°° Eisen.

Die Aschenmenge des Blutes zeigt keine beträchtliche Differenz vor und nach Exstirpation der Schilddrüse.

---

*¹) Sur la composition morphologique du sang dans l'inanition par abstinence complète et incomplète. Arch. des sciences biolog., Petersbourgh 1893, II., p. 794.

Ganz charakteristisch verhält sich aber der Eisengehalt. Man findet constant eine verminderte Menge von Eisen im Blute, wieder mit Ausnahme des Falles Nr. 10. der, wie oben erwähnt, durch die Tetanie erklärt wird. Dieser Befund stimmt vollkommen mit den Resultaten der Hämoglobinbestimmung nach der Methode von Fleischl überein, mittelst welcher eine Abnahme des Hämoglobingehaltes im Blute der operirten Thiere gefunden wurde, wieder mit Ausname des Falles Nr. 10.

Schliesslich wird der Zerfall der rothen Blutkörperchen auch durch den anatomischen Befund documentirt. In der Milz und den Lymphdrüsen finden sich eine Menge von Eisenkörnern, die entweder frei im Gewebe gelagert oder von Leukocyten eingeschlossen sind.

Die Veränderungen in der Zusammensetzung des Blutes sind nicht nur quantitativ, sondern auch qualitativ. Wie man aus den angeführten Daten ersehen kann, erscheinen in dem Blute von thyreoectomisirten Thieren zahlreiche Mikrocyten: rothe Blutkörperchen verändern sich schneller in verdünnter Kochsalzlösung, indem sie auffallend rasch die stechapfelförmige Gestalt annehmen. Ob die kranken Blutkörperchen überhaupt nicht kleiner sind als die normalen, konnte an den Conservationspräparaten nicht constatirt werden.

Man muss bemerken, dass in jenen Fällen, in denen die Abnahme der Zahl der rothen Blutkörperchen nicht beträchtlich ist, die Mikrocyten stark vermehrt waren. Die Verminderung und der Zerfall der rothen Blutkörperchen im Blute thyreoectomisirter Thiere ist daher zweifellos. Durch diese Thatsache kann man eine Reihe von krankhaften Erscheinungen der thyreopriven Cachexie erklären. Das an Blutkörperchen ärmere Blut ist an Hämoglobin ärmer. Die nothwendige Folge davon ist die Beschleunigung des Pulses und der Athmung, denn solches Blut muss lebhafter circuliren, um den Organismus mit der nothwendigen Menge von Sauerstoff zu versorgen. Da jedoch die Zahl der rothen Blutkörperchen fortwährend abnimmt, wird diese Compensation durch schnellere Circulation ungenügend. Es wäre auch denkbar, dass der Stoffwechsel bei dieser Blutveränderung andere Endproducte bildet, als in den normalen Verhältnissen, und dass diese Endproducte eben die Vergiftungserscheinungen verursachen könnten. Mit diesem Befunde könnte man daher vielleicht auch Befunde über die Toxicität des Harnes, Blutes, und Muskelsaftes bei den thyreoectomisirten Thieren in Uebereinstimmung bringen (Gley, Vassal und Rossi, Rogowitsch, Bagenoff, Lamallie, Masoin, Fano und Zanda). Vielleicht auch durch diesen Umstand könnte man die von verschiedenen Autoren (Rosenblatt, Munk, Breisacher. Quervain) constatirte Thatsache, dass die thyreoectomisirten Thiere viel besser die Milch- als Fleischdiät vertragen, erklären.

Die Ansicht von S c h i f f, S a n q u i r i c o, C a n a l i s und B r u n s, dass die Schilddrüse zur Ernährung nur eines Systems, zum Beispiel des Nervensystemes diene, scheint nicht berechtigt zu sein. Uebrigens bemerkt S c h i f f selbst dazu, dass er keine Thatsache constatiren konnte, welche für eine ähnliche Aufgabe der Schilddrüse sprechen würde. Es ist ganz natürlich, dass bei Störung der Gesammternährung in erster Reihe das Nervensystem betroffen sein wird, und dass dasselbe zuerst mit krankhaften Erscheinungen auf die Störung des Ernährungsgleichgewichtes reagiren wird.

Verfasser behalten sich vor, diese Frage näher zu studieren und glauben vorläufig sichergestellt zu haben, dass die Schilddrüse bei der Blutbildung betheiligt ist.

Die günstige Wirkung der Injectionen von Schilddrüsenextract, welche bei den thyreoectomisirten Hunden von G l e y, Vas s a l, M u r r a y, M a s o i n, H o f m e i s t e r, H e r z e n, und von uns beobachtet wurde, unterstützt noch mehr die eben angeführte Behauptung.

Die Injection des Schilddrüsenextractes bei den operirten Hunden vermindert nicht nur die Intensität der krankhaften Erscheinungen (Nr. 12, 14, 15), sondern sie verlängert evident das Leben des Thieres. In unseren eben erwähnten Fällen nahm nach der Injection dieses Extractes auch die Zahl der bereits verminderten rothen Blutkörperchen zu und zugleich besserte sich der Gesammt-Gesundheitszustand der Thiere.

Dieser Befund stimmt mit den Angaben von L a a l i e, S h a w und E w a l d überein, welche bei mit Myxödem behafteten und mittelst Schilddrüsenextractes behandelten Menschen Zunahme der Zahl der rothen Blutkörperchen ebenfalls constatirten. Endlich muss man noch auf die schon lange bekannte klinische Thatsache hinweisen, dass die Schilddrüse in einigen Zuständen, in welchen sich die Blutzusammensetzung ändert, zum Beispiel in der Schwangerschaft anschwillt. F r e u n d bemerkt, dass es eben die veränderte Blutzusammensetzung sei, die zu einer Struma führt, ebenso gelangte auch H ü r t h l e in seiner Studie über den Secretionsvorgang der Schilddrüse zum Schlusse, dass diese Secretion nicht von der Innervation der Drüse, sondern von der Art der Blutzusammensetzung abhängig ist.

Aus Allem können folgende Schlüsse gezogen werden:

1. In der thyreopriven Kachexie findet eine systematische Abnahme der Zahl der rothen Blutkörperchen statt. Zugleich erscheinen im Blute Mikrocyten und die Zahl der Leukocyten nimmt zu.

2. Der Trockenrückstand des Blutes, sowie die Menge des Eisens, resp. Hämoglobins ist kleiner, als de norma.

3. Geht der Hund in einem tetanischen Anfalle zu Grunde oder befindet sich derselbe in dem tetanischen Zustande, so nimmt die Zahl der rothen Blutkörperchen, sowie auch der Trockenrückstand und Eisengehalt des Blutes nicht ab: ja man beobachtet sogar eine Steigerung, was durch das Dichterwerden des Blutes infolge von Krämpfen bedingt ist, wie parallele Controlversuche mit Strychnin beweisen.

4. Das durch den Zerfall der rothen Blutkörperchen freigewordene Eisen lagert sich in den Organen, besonders in der Milz und in den Lymphdrüsen ab.

5. Infolge der Verminderung des Bluthämoglobins tritt eine Beschleunigung der Respiration und des Pulses ein, welche erst im Terminalstadium der Cachexie abnimmt.

6. Die Schilddrüse ist ein an der Hämatopoese betheiligtes Organ.

7. Das den operirten Thieren subcutan injicirte Schilddrüsenextract bessert die Blutzusammensetzung und den Gesammt-Gesundheitszustand, indem die Zahl der Blutkörperchen zunimmt.

8. Es ist möglich, dass die Blutstörungen gewisse Veränderungen bei der Bildung der Endproducte des Stoffwechsels bedingen, so dass Gifte entstehen, die eine Intoxication des Organismus verursachen.

Nr. I. (Erwachsener Hund.)

Datum	Zahl der rothen Blutkörper	Zahl der weissen Blutkörper	Blut Hämo-globin	Blut Fester Rück-stand	Blut Asche	Blut Eisen Mgr.	Körper-gewicht in Gramm	Temperatur Celsius	Herzschläge pro Minute	Anmerkung
19 März	8.150.000	4000	—	—	—	•		39·5	120	20. März: Exstirpation der Schilddrüse ohne
21. „	4.202.500	6500	—	—	—	—		39·5	136	bedeutenden Blutverlust.
22. „	—	—	—	—	—	—		39·6	130	22. März: Fibrilläre Zuckungen in den vorderen
23. „	4.100.000	6500	—	—	—	—		39·4	126	Extremitäten.
24. „	—	—	—	—	—	—		39·0	126	24. März: Verendet während der Chloroform-narkose.

Partielle Autopsie. In der Halswunde, auch in der Tiefe keine entzündliche Reaction. Um die Trachea herum einige Blutgerinnsel. An der Trachea unweit vom oberen Sternalrande ist eine kleine Drüse gefunden worden, die sich bei der mikroskopischen Untersuchung als eine Lymphdrüse erwiesen hat.

Nr. II.

Datum	Zahl der rothen Blutkörper	Zahl der weissen Blut-körper	Blut Hämo-globin	Blut Fester Rück-stand	Blut Asche	Blut Eisen Mgr.	Körper-gewicht in Gramm	Temperatur Celsius	Herzschläge pro Minute	Anmerkung
13. April	9.150.000	5000	—	—	—	•		39·8	210	14. April: Exstirpation der Schilddrüse mit
15. „	—	—	—	—	—	—		—	126	mässiger Blutung (Aethernarkose).
16. „	—	—	—	—	—	—				16. April: Verendet in tetanischen Anfällen.

Autopsie. In der Halswunde schwarze Blutgerinnsel. Um die Ligaturen herum mässige Eiterung. Beide Vagosympathici unversehrt. Beide Schilddrüsenlappen vollkommen entfernt. In der Milz und in der Leber zahlreiche Eisenkörner.
Mikroskopische Untersuchung.

Nr. III. (Erwachsener Hund.)

Datum	Zahl der rothen Blutkörper	Zahl der weissen Blutkörper	Blut				Körpergewicht in Gramm	Temperatur Celsius	Herzschläge pro Minute	Anmerkung
			Hämoglobin	Fester Rückstand %	Asche %	Eisen Mgr. $^{0}/_{00}$				
20. April	10225000	20000	100	21·25	0·879	376	7200	38	100	Das Blut zur Analyse aus der linken Femoralis genommen.
23.	7250000	18000	65	—	—	—	7000	—	120	21. April: Exstirpation der Schilddrüse ohne jeden Blutverlust.
24.	5000000	24000	55	—	—	—	6000	39·2	120	Am 1ter bildete sich ein Hämatom von Hühnereigrösse. Blut zur Analyse aus der rechten A. femoralis entnommen.
26.	6600000	20000	60–65	16·27	0·808	226	6400	39·2	—	26. April: Häufige Krämpfe und Polyurie.
27.	6200000	20000	65	—	—	—	6320	39·6	132	
28.	—	—	—	—	—	—	—	37·8	102	
29.	7250000	30000	75	—	—	—	5800	37·8	126	
30.	6700000	25000	65–70	—	—	—	—	—	—	
1. Mai	7800000	20000	80	—	—	—	5350	—	—	Conjunct. blenorrhoica. Im Harne Spuren von Albumin.
2.	5200000	10000	70	—	—	—	5120	38	90	Bedeutender Kräfteverfall. Zahlreiche Decubitus.
3.	4550000	6000	55	—	—	—	5000	—	—	4. Mai: Verendet.

Autopsie. Die Halswunde vollkommen verheilt. Um die Ligaturen herum keine Eiterung, auch die Umgebung der Nähte ohne geringste entzündliche Reaction. Beide Schilddrüsenlappen richtig entfernt. Beide Vagosympathici unversehrt. Die Wunden an den hinteren Extremitäten rein.

Mikroskopische Untersuchung. In den Organen, besonders in der Milz, der Leber und den Lymphdrüsen grosse Menge von Eisenkörnern.

Nr. IV. (Erwachsener Bulldogg.)

Datum	Blut						Körpergewicht in Gramm	Temperatur Celsius	Herzschläge pro Minute	Anmerkung
	Zahl der rothen Blutkörper	Zahl der weissen Blutkörper	Hämoglobin	Fester Rückstand %	Asche %	Eisen Mlgr. %				
21. April	9987500	12000	106	20·64	0·891	434·9	8150	38·2	90	Blut zur chemischen Analyse genommen.
23. „	—	—	—	—	—	—	—	39	90	22. April: Exstirpation der Schilddrüse.
24. „	800000	20000	95	—	—	—	8100	39	132	Fibrilläre Zuckungen in den hinteren Extremitäten.
25. „	—	—	—	—	—	—	—	39·4	120	Häufige tetanische Anfälle. Im Harne Spuren von Eiweiss.
26. „	—	—	—	—	—	—	—			Blut zur chemischen Analyse genommen.
26. „	820000	10000	75—80	19·10	0·837	437	7800	38·6	120	26. April: Starke Krämpfe und Polyurie. 27. April: Verendet nach vorherigen, häufigen, schweren Anfällen.

Autopsie. Um einige Nähte am Halse geringe Eiterung. Die Umgebung der Ligaturen ohne Reaction. Beide Vagosympathici unversehrt. Die Umgebung des linken N. laryng. inf. hyperämisch. Beide Schilddrüsenlappen vollkommen entfernt.

Mikroskopische Untersuchung. In der Milz eine grosse Menge von rostigen Pigmentklumpen. In der Leber grosse Blutinfiltration besonders in der Umgebung der Centralvenen. In den Nieren parenchymatöse Degeneration.

Nr. V. (Erwachsener Rattler.)

Datum	Zahl der rothen Blutkörper	Zahl der weissen Blutkörper	Hämoglobin	Blut Fester Rückstand %	Asche %	Eisen Mgr. %	Körpergewicht in Gramm	Temperatur Celsius	Herzschläge pro Minute	Anmerkung
4. Mai	5125000	13500	80	—	—	—	6550	—	—	
9. »	5350000	5000	90	—	—	—	6500	—	—	9. Mai: Der Hund hungert.
11. »	6800000	5000	95	—	—	—	6120	—	—	14. Mai: Exstirpation bloss eines Schilddrüsenlappens ohne geringsten Blutverlust.
15. »	4700000	16000	75—80	—	—	—	6200	—	—	
16. »	7928000	7500	95	—	—	—	6430	—	—	
17. »	5450000	16000	95	—	—	—	6600	—	!	17. Mai: Leichter tetanoider Anfall.
18. »	5500000	20000	90	—	—	—	6600	—	—	
20. »	5300000	17000	90	—	—	—	6900	—	—	1. Juni: Vollkommen gesund, munter.
28. »	5600000	12500	90	—	—	—	6850	—	—	15. August: Status idem.

Nr. VI. (Junge Hündin.)

Datum	Zahl der rothen Blutkörper	Zahl der weissen Blutkörper	Hämoglobin	Fester Rückstand	Asche	Eisen Mgr.	Körpergewicht in Gramm	Temperatur Celsius	Herzschläge pro Minute	Anmerkung
17. Mai	5750000	15000	75–80	—	—	—	3600	38	102	17. Mai: Darmkatarrh.
26. „	6100000	7500	90–95	—	—	—	4500	—	—	
29. „	6250000	6000	—	—	—	—	4600	—	—	
30. „	6700000	10000	—	—	—	—	4700	—	—	30. Mai: Exstirpation der Schilddrüse.
1. Juni	6050000	20000	—	—	—	—	4900	38·5	120	Ein dreistündiger tetanischer Anfall.
2. „	—	—	—	—	—	—	4500	38·5	132	Während d. tetan. Anfalles Temp. 41·7°.
3. „	6250000	13900	85	—	—	—	4130	38·7	140	Herzschläge 144; n. d. Anfalle Temp. 38·3°.
5. „	6560000	10000	82	—	—	—	4000	38·4	132	Conjunctivalcatarrh.
6. „	—	—	—	—	—	—	4000	38·4	132	5. Juni: Polyurie, Nausea, inselartiges Erythem.
7. „	5650000	16250	82	—	—	—	3900	38·1	144	Beiderseitige Blennorrhöa.
9. „	6450000	13750	82	—	—	—	3800	—	—	7. Juni: Polyurie dauert fort.
11 „	—	—	—	—	—	—	3500	38·5	120	9. Juni: Polyurie dauert fort.
12. „	5000000	9000	78	—	—	—	3200	38·5	120	
15. „	5650000	9000	86	—	—	—	2950	38·4	126	13. Juni: Polyurie dauert fort.
16. „	5525000	11250	85	—	—	—	3900	38·2	132	
17. „	—	—	—	—	—	—	—	38·4	132	Tremor des ganzen Körpers.
18. „	5460000	11000	—	—	—	—	—	38·3	120	
20. „	5350000	3000	75	—	—	—	2450	—	—	20. Juni: Verendet.

Autopsie. Die Halswunde per primam geheilt. In der Umgebung der Nähe und Ligaturen keine entzündliche Reaction. Beide Vagosympathici sowie auch die Nervi laryngei unversehrt. Beide Schilddrüsenlappen vollkommen entfernt. Hypophyse hyperämisch und angeschwollen.

Mikroskopische Untersuchung: In der Milz reichliche Ablagerungen von Eisenkörnern und rothen Blutkörperchen. In den Nieren starke Hyperämie und Capillarhämorrhagien. In der Leber Hyperämie und Erweiterung der intertrabeculären Räume. Im Herzmuskel kleine Hämorrhagien.

Nr. VII. (Junger Windspiel.)

Datum	Zahl der rothen Blutkörper	Zahl der weissen Blutkörper	Blut				Körpergewicht in Gramm	Temperatur Celsius	Herzschläge pro Minute	Anmerkung
			Hämoglobin	Fester Rückstand %	Asche %	Eisen Mgr.				
24. Mai	6200000	11500	85	—	—	—	5720	39	102	
26. „	5800000	10000	75	—	—	—	5850	—	—	
29. „	5400000	9000	—	—	—	—	6000	—	—	
30. „	5700000	10000	—	16·70	0·892	408·7	6000	—	—	
1. Juni	6100000	11000	—	—	—	—	6250	—	—	1. Juni: Blut zur chem. Analyse genommen.
2. „	6000000	14000	—	—	—	—	6400	—	—	
3. „	5600000	12500	—	—	—	—	6400	—	—	
5. „	6000000	18750	—	—	—	—	6400	—	—	
6. „	5850000	15000	—	—	—	—	—	—	—	
12. „	—	12500	—	—	—	—	—	39	—	11. Juni: Exstirpation der Schilddrüse.
13. „	5300000	—	—	—	—	—	—	38·8	130	
14. „	—	21250	—	—	—	—	—	38	240	
15. „	6150000	28750	—	—	—	—	5600	38·5	150	16. Juni: Häufige klonische Krämpfe.
17. „	5150000	—	—	—	—	—	5150	38·5	160	
20. „	—	—	—	16·06	0·879	346·4	—	—	—	20. Juni: Verendet. Blut zur Analyse aus der rechten Herzkammer gleich nach dem Tode entnommen.

Autopsie:
Mikroskopische Untersuchung: } Aehnlich wie in Nr. VI.

Nr. VIII. (Junge Hündin.)

Datum	Zahl der rothen Blutkörper	Zahl der weissen Blutkörper	Hämoglobin	Blut			Körpergewicht in Gramm	Temperatur Celsius	Herzschläge pro Minute	Anmerkung
				Fester Rückstand %	Asche %	Eisen Mgr. %				
26. Mai	8300000	18000	100	—	—	—	3700	38	90	27. Mai: Exstirpation der Schilddrüse.
27. „	8250000	19000	95-100	—	—	—	3700	—	—	
28. „	8850000	19000	100	—	—	—	3550	—	96	
29. „	7500000	25000	—	—	—	—	3500	38·9	144	
30. „	7850000	16000	—	—	—	—	3450	—	—	
31. „	7500000	12000	—	—	—	—	3250	—	138	
1. Juni	—	—	—	—	—	—	—	38·8	96	
2. „	6500000	23500	95	—	—	—	3500	38·7	—	
3. „	—	—	—	—	—	—	3500	38·3	144	Beiderseitige Blennorrhöa.
4. „	5550000	30000	86	—	—	—	2900	38·2	144	G. Juni: Einige schwere tetanische Anfälle.
5. „	—	—	—	—	—	—	—	—	114	Prolaps der rechten Linse.
6. „	8250000	15000	86	—	—	—	2750	38	114	
9. „	6000000	8850	73	—	—	—	2400	38·1	—	10. Juni: Verendet.

Autopsie: Beide Schilddrüsenlappen vollkommen entfernt. Vagosympathici u. N. laryngei unversehrt.

Mikroskopische Untersuchung: Die Pigmentablagerung in der Milz ist nicht so bedeutend wie in dem Falle Nr. VI.

Sonst ähnlicher Befund wie im Falle Nr. VI.

Nr. IX. (Erwachsenes Windspiel.)

Datum	Zahl der rothen Blutkörper	Zahl der weissen Blutkörper	Hämoglobin	Blut Fester Rückstand %	Blut Asche %	Blut Eisen Mgr. %	Körpergewicht in Gramm	Temperatur Celsius	Herzschläge pro Minute	Anmerkung
4. Juni	8400000	7000	115—120	—	—	—	9000	38·5	120	
5. „	8000000	5000	120	—	—	—	9000	—	—	
12. „	9100000	7000	120	—	—	—	9100	—	—	
13. „	—	—	—	21·36	0·870	562	—	—	—	13. Juni: Blut zur chem. Analyse genommen.
16. „	7800000	16250	110—115	—	—	—	9000	—	—	
18. „	8100000	6000	110—116	—	—	—	9000	38·5	120	
21. „	9080000	9000	—	—	—	—	9000	—	—	21. Juni: Exstirpation der Schilddrüse.
22. „	—	—	100	—	—	—	—	39	126	Fibrillare Zuckungen der Muskeln.
23. „	6550000	30000	—	—	—	—	9600	38·2	126	24. Juni: Häufige fibrilläre Zuckungen
26. „	6800000	21000	105—110	19·67	0·808	—	8800	38·1	—	27. Juni: Blut zur chem. Analyse genommen.
27. „	7100000	20000	85—90	—	—	4·48	7700	—	—	29. Juni: Die fibril. Zuckungen haben aufgehört.
28. „	—	—	—	—	—	—	—	36·2	144	30. Juni: Häufige Krämpfe.
29. „	6700000	20000	95	—	—	—	7360	37·6	120	2. Juli: Verendet in tetanischem Anfalle.
30. „	—	—	—	—	—	—	—	38·0	132	

Autopsie. Beide Schilddrüsenlappen vollkommen entfernt. Die umgebenden Nerven unversehrt. Die Wunden am Halse und an den untern Extremitäten per primam geheilt. Die Hypophyse vergrössert.

Mikroskopische Untersuchung. In der Milz reichliche Ablagerung von Eisenkörnern und zerfallenen rothen Blutkörperchen.

Nr. X. (Neunmonatlicher Hund.)

Datum	Zahl der rothen Blutkörper	Zahl der weissen Blutkörper	Hämoglobin	Blut			Körpergewicht in Gramm	Temperatur Celsius	Herzschläge pro Minute	Anmerkung
				Fester Rückstand	Asche	Eisen Mgr.				
18. Juni	6100000	9000	105	—	—	—	35095	38·5	102	
19. •	—	—	—	20·80	0·875	5198	—	—	—	19. Juni, Blut zur chem. Analyse genommen.
22. •	5850000	—	90–95	—	—	—	35090	38	102	26. Juni: Exstirpation der Schilddrüse.
28. •	7550000	11000	116	25·29	0·887	583·6	33500	43·2	—	28. Juni: Verendet im schweren tetanischen Anfalle. Blut zur chemischen Analyse sub finem vitae aus dem rechten Herzen entnommen.

Autopsie. Die Wunde am Halse rein. Die umgebenden Nerven unversehrt. An der rechten Seite des Larynx wurde eine kleine Drüse gefunden, die sich bei der mikroskopischen Untersuchung als eine Lymphdrüse mit umfangreichen Hämorrhagien erwies. Die Hypophyse stark hyperämisch. In allen Organen ausgeprägte hämorrhagische Diathesis.

Nr. XI. (Junger Hund.)

Datum	Zahl der rothen Blutkörper	Zahl der weissen Blutkörper	Hämo-globin	Blut Fester Rückstand %	Asche %	Eisen Mgr. %	Körpergewicht in Gramm	Temperatur Celsius	Herzschläge pro Minute	Anmerkung
4. Juli	8600000	5000	105	—	—	—	7770	—	102	
7. „	8500000	8000	110	—	—	—	7500	—	—	
10. „	9050000	10000	110—115	—	—	—	7700	—	—	
11. „	9700000	8000	110—115	22.49	0.859	557.8	7650	—	—	11. Juli: Blut zur chem. Analyse genommen.
12. „	9250000	10000	115	—	—	—	7600	—	—	12. Juli: Exstirpation der Schilddrüse.
14. „	8000000	10000	105—110	—	—	—	7000	—	—	
16. „	8700000	12500	95 -100	—	—	—	6760	—	120	
18. „	8300000	10000	90 - 95	—	—	—	6500	—	—	
19. „	8350000	13000	95	19.74	0.850	408.1	6250	—	—	19. Juli: Blut zur chem. Analyse genommen.
23. „	8600000	14000	80—85	—	—	—	6900	—	90	26. Juli: Verendet.

Autopsie wurde nicht durchgeführt

Nr. XII. (Junger Hund.)

Datum	Zahl der rothen Blutkörper	Zahl der weissen Blutkörper	Hämoglobin	Blut: Fester Rückstand %	Asche %	Eisen-Mgr. %	Körpergewicht in Gramm	Temperatur Celsius	Herzschläge pro Minute	Anmerkung
1. October	7850000	10000	105—110	—	—	—	8150	—	102	
4. „	7900000	10000	110	—	—	—	8150	—	—	
5. „	—	—	—	—	—	—	8000	—	—	5 October: Blut zur chem. Analyse genommen.
7. „	—	—	110	—	—	—	8000	—	—	7 October: Exstirpation der Schilddrüse.
9. „	7700000	16000	100	—	—	—	8150	—	—	
11. „	7000000	16750	95—95	—	—	—	8000	—	—	
13. „	6960000	10000	95—100	—	—	—	7350	38·8	132	13. October: Polyurie. Massige Protrusion des rechten Bulbus. Starke Injection der Conjunctiven.
15. „	7400000	7600	95—100	20·88	0·90	305·4	6900	38·8	120	
14. „	—	—	—	20·788	0·908	300·1	—	—	—	14. October: Bedeutende klonische Krämpfe. Die Hornhäute werden trübe.
15. „	—	—	95—100	—	—	—	8150	—	144	15. October: Injection 20 cm³ Schilddrüsen-emulsion.
17. „	6840000	16000	95	—	—	—	6400	38·7	180	16. October: Injection 10 cm³ Schilddrüsen-emulsion.
19. „	7900000	11250	100	—	—	—	6360	—	156	19. October: Der allgemeine Zustand besser.
19. „	8700000	20000	—	—	—	—	6150	—	—	20. October: Keine Polyurie.
23. „	8960000	20000	90—95	—	—	—	6000	—	—	21. October: Hyperämie der Conjunctiven verschwunden. Die Hornhäute klar. Protrusion des Bulbus verschwunden.
25. „	6100000	20000	85—90	—	—	—	5750	—	120	24. October: Abermalige klonische Krämpfe. Diffuses Erythem.
96. „	5750000	16000	80	—	—	—	5400	—	—	
27. „	5850000	16000	80	—	—	—	5300	—	—	
29. „	5900000	10000	80—85	—	—	—	5300	38·2	—	31. October: Keine Krämpfe.
31. „	5950000	16000	90	—	—	—	6000	38·2	—	1. November: Injection von 10 cm³ Schild-
1. Novemb.	6950000	16000	—	—	—	—	5070	—	—	drüsenemulsion.

Nr. XII. (Junger Hund.) Fortsetzung.

Datum	Zahl der rothen Blutkörper	Zahl der weissen Blutkörper	Blut Hämoglobin	Fester Rückstand %	Asche %	Eisen Mgr. %	Körpergewicht in Gramm	Temperatur Celsius	Herzschläge pro Minute	Anmerkung
2.	6850000	16000	90				5250	38·8	138	2. November: Motorische Kraft grösser. Erythem verschwunden.
4.	8600000	31000	80—85				5300			
6.	5300000	22500	75				5100			
9.		—					—		120	
10.	4300000	35000	75	14·905	0·802	322·7	4900			10. Novemb.: Blut z. chem. Analyse genommen. Abermals Krämpfe. 11. November: Injection 20 cm³ Schilddrüsenemulsion 19. December: Verendet.
1. Decemb	5600000	11000	80—85				4650			
18.	5300000	5500	70—75				4100			

Autopsie. Beide Schilddrüsenlappen vollkommen entfernt. Die umgebenden Nerven unversehrt. An der linken Seite des Kehlkopfes wurde eine bohnengrosse Drüse gefunden, die sich bei der mikroskopischen Untersuchung als eine Lymphdrüse erwies. In der Milz amorphe Pigmentkörner In den Nieren parenchymatöse Degeneration. In der Leber auffallende Blutinfiltration.

Nr. XIII. (Alter Hund.)

Datum	Zahl der rothen Blutkörper	Zahl der weissen Blutkörper	Blut Hämoglobin	Fester Rückstand %	Asche %	Eisen Mgr. %	Körpergewicht in Gramm	Temperatur Celsius	Herzschläge pro Minute	Anmerkung
1. Novemb.	8200000	8000	115—120	20·49	0·87	604	10000	38	102	3. Novemb.: Blut zur chem. Analyse genommen.
8.	8300000	16000	110				10150			
6.	7760000	11000	110				10150			
16.	8050000	22000	110—115				9700			16. November: Exstirpation der Schilddrüse. 21. November: Verendet im Anfalle.
19.	6800000	16000	100				9450	38·9	120	

Partielle Autopsie.

Nr. XIV. (Junger Hund.)

Datum	Zahl der rothen Blutkörper	Zahl der weissen Blutkörper	Blut Hämoglobin	Fester Rückstand %	Asche %	Eisen Mgr. %	Körpergewicht in Gramm	Temperatur Celsius	Herzschläge pro Minute	Anmerkung
10 December	8250000	6500	115	—	—	—	7150	—	—	
11. „	8200000	16000	115	—:	—	—	7150	—	—	
12. „	—	—	—	—	—	—	—	—	—	12. Decemb.: Blut z. chem. Analyse genommen.
15. „	7900000	23500	115	—	—	—	7150	—	—	15. December: Exstirpation der Schilddrüse.
17. „	8200000	26000	105	—	—	—	6950	182	—	
18. „	7950000	27500	110	—	—	—	6950	39·8	160	18. December: Schwerer tetanischer Anfall. Injection 10 cm³ Schilddrüsenemulsion.
19. „	—	—	—	—	—	—	—	39	182	
20. „	6650000	41000	95–100	—	—	—	6660	40·2	120	20. December: Keine Krämpfe.
22. „	6800000	38·0	95	—	—	—	—	38·7	130	
24. „	7000000	20000	100–105	—	—	—	5700	—	144	24. December: Allgemeine Besserung.
27. „	6950000	15000	100	—	—	—	5180	37	102	28. December: Verendet.

Autopsie. Die Halswunde vollkommen geheilt. Die Schilddrüsenlappen richtig exstirpirt. An dem oberen Rande des Larynx eine erbsengrosse Drüse, die sich bei der mikroskopischen Untersuchung als eine Nebenschilddrüse erwies. Die umgebenden Nerven unverändert. Am Aortabogen kleine Lymphdrüse. In der Milz, in den Alkoholpräparaten grosse Menge von amorphem Blutpigment. In den Nieren parenchymatöse Degeneration und kleine Hämorrhagien. In der Leber Capillaren mit Blut überfüllt.

Nr. XV. (Erwachsener Dachsel.)

Datum	Zahl der rothen Blutkörper	Zahl der weissen Blutkörper	Blut Hämoglobin	Blut Fester Rückstand %	Blut Asche %	Blut Eisen Mgr. %	Körpergewicht in Gramm	Temperatur Celsius	Herzschläge pro Minute	Anmerkung
1896										
21. Jänner	9800000	8750	110—115	—	—	—	—	—	—	
23. »	9800000	8750	110—115	—	—	—	10150	—	—	23. Jänner: Blut zur chem. Analyse genommen.
26. »	9050000	15000	115—120	20·08	0·892	507·2	10100	—	—	30. Jänner: Exstirpation der Schilddrüse. 3. bis 4. Februar: Zahlreiche Anfälle.
5. Februar	4700000	15000	90—95	—	—	—	9100	—	—	5. Februar: Injection 20 cm³ Schilddrüsenemulsion.
7. »	6150000	8750	105—110	—	—	—	9300	—	—	
9. »	7150000	50000	110	—	—	—	9700	—	—	9. Februar: Allgemeiner Zustand gut.
11. »	7800000	22500	110—115	—	—	—	—	—	—	
13. »	7200000	22000	105—110	—	—	—	9100	—	—	
17. »	6100000	30500	100—105	—	—	—	9400	—	—	
20. »	7000000	30000	105	—	—	—	—	—	—	
8. März	6850000	—	—	18·42	0·890	405	—	—	—	8. März: Blut zur chem. Analyse genommen. 11. März: Verendet in tetanischem Anfalle.

Bei der Autopsie wurden keine accessorischen Drüsen am Halse gefunden. Der makroskopische Befund ohne Besonderheiten.

Durchschnitts-Tabelle.

Nr.	Zahl der rothen Blutkörperchen		Zahl der weissen Blutkörperchen		Hämoglobin		Blut:						Körpergewicht in Gramm		Anmerkung
							Fester Rückstand		Asche		Eisen Mgr.				
	vor	nach	nach	vor	vor	nach	vor	nach	vor	nach	vor	nach	vor	nach	
1	8150000	4161250	4000	6500	—	—	—	—	—	—	—	—	—	—	
II	9150000	—	6000	—	—	—	—	—	—	—	—	—	—	—	
III	10225000	6983333	20000	19111	100	66·66	21·25	16·27	0·879	0·908	376	226	7200	5321	
IV	9987600	8100000	12000	16000	105	87·77	20·64	19·10	0·891	0·837	484·9	437	8150	8000	
V	6768333	5729666	14600	14600	88·33	90	—	—	—	—	—	—	6390	6563	
VI	6200000	5750000	9625	11626	87·50	81·66	16·70	16·05	0·892	0·879	403·7	346·4	4350	3461	Exstirpation nur eines Schilddrüsenlappens.
VII	6772222	6683333	12416	20833	80	—	16·70	16·05	—	—	—	—	6127	5375	
VIII	8275000	7892500	15000	17608	100	88	21·36	19·67	0·870	0·843	562	484·6	9700	3162	
IX	8575600	6812500	8576	23666	114	98·76	21·36	19·67	0·876	0·887	519·8	683·5	9016	7987	Verendet im schweren tetanischen Anfalle. Dritter Tag nach der Exstirpation der Schilddrüse.
X	9860000	7660000	9000	11000	103	116	20·89	25·29	0·859	0·850	687·3	409·1	33500	33500	
XI	9090000	677000	7600	12500	112	97	22·49	19·74	0·800	0·655	395·4	356·6	7644	6480	
XII	7716666	6413888	16666	16250	110	89·33	20·88	17·79	0·800	0·655	504	—	8160	5693	
XIII	8083333	742500	11333	18600	118·33	119·5	20·49	—	0·87	—	—	—	10100	9575	
XIV	8116666	6925000	14666	23450	115	102·50	115	—	—	—	—	—	7150	6278	
XV	9416666	6506400	10833	28678	116·66	105·57	20·08	18·42	0·892	0·890	607·2	409	10125	9320	

Johann Martin Charcot.

M. U. Dr. Ladislaus Haškovec,

Assistent an der k. k. böhmischen psychiatrischen Klinik in Prag.

I.

Als im August 1893 die Trauerkunde von dem plötzlichen Tode
Johann Martin Charcot's, Professors an der medicinischen Facultät
in Paris, sich verbreitete, fühlten nicht nur diejenigen, welche die
Leutseligkeit und Ehrwürdigkeit des Dahingeschiedenen persönlich
kannten, tief im Herzen die traurige Botschaft, sondern auch jene
welche von Charcot's Riesenarbeiten auf dem Gebiete wissenschaftlicher Forschung, von seiner Humanität und Liebe zur Menschheit
erfahren hatten.

Die Erinnerung an Professor Charcot ist so mächtig, die Worte
so tiefdringend, dass ich heute ebenso wie vor zwei Jahren mit demselben Feuereifer, mit demselben inbrünstigen Gefühle der Liebe und
Dankbarkeit meine Feder führe, um seine Verdienste in's Gedächtniss
zurückzurufen, und auf seine unsterblichen Werke zu zeigen.

Es dürfte dies nicht unpassend sein zu einer Zeit, wo die Aerzte
hier am Continent, und drüben über dem Ocean ein dauerndes, des
verstorbenen Forschers würdiges Denkmal vorbereiten.

* * *

Das erstemal sah ich Charcot in seiner diensttägigen Vorlesung
im Herbste des Jahres 1892. Ruhig-ernst trat er in den Hörsaal; ihm
folgten der Assistent und die Vorstände der einzelnen klinischen
Laboratorien, die Internen, die Gäste und fremde Doctoren.
Charcot, mittelgross und etwas gebeugt, gieng mässigen Schrittes
zu seinem linksvorn auf der Estrade postirten Armstuhl. Charcot's
Blick war kalt, streng; auf seinem Antlitze lagerten bereits die Zeichen
des Alters, und langjährige, schwierige Geistesarbeit hatte tiefe Furchen
und Falten auf seinem blassen, glattrasirten Gesichte ausgeprägt.
Aber kaum war Charcot im Strome seines Vortrags, so verschwand
auch der kalte, strenge Blick. Die zum Examen vorgeführten Kranken,
und ihre Aussagen, jede Bewegung und jeder Wink Charcot's

schufen zusammen ein so übereinstimmendes, abgerundetes und
harmonisches Bild, dass ich im ersten Momente mich in ein Theater
versetzt glaubte. — Ich war nicht der Einzige, welcher im ersten
Augenblicke sich von diesem ungerechten Urtheile hinreissen liess.
Aber ich hatte das Glück, mich Charcot zu nähern, und erkannte
bald, wie vorschnell ich urtheilte und mich selbst täuschte; denn die
momentrasche Orientierung, entsprossen einem allumfassenden Wissen,
einem ungewöhnlichen Scharfblicke und Witz, verbunden mit einem
meisterhaften sachlichen und formellen Vortrage, imponirte hier wie
ein Schauspiel.

Professor Charcot gewann sofort die Sympathie aller jener, welche
Gelegenheit hatten, in seiner Nähe zu weilen. Je länger ich dieses Glück
hatte, umsomehr beugte ich mich mit unbegrenzter Ehrfurcht vor seiner
Weisheit und seinem Genie, und bewunderte seine Leutseligkeit, seine
Bescheidenheit und seine Liebenswürdigkeit.

Seine Arbeiten waren nicht nur der Erguss jahrelangen, anstrengen-
den Fleisses, sondern auch die Früchte genialer Gedanken. »Viele,
welche die Funken der Wahrheit in das Dunkel menschlichen Wissens
schleuderten, sanken in die Vergessenheit, und jene, welche die Funken
sammelten, ernteten Ruhm und Dank der Menschheit. Aber wenige
Menschen gibt es, denen das Fatum gerecht war, und noch weniger solcher
Glücklicher, die nicht nur erfinden und entdecken, sondern welche auch
aufbauen, der Menschheit in ihrer ganzen, schöpferischen Kraft sich
zeigen, und noch im Leben Dank ernten! Einer dieser Begnadeten
war Charcot.« Diese Worte schrieb ich in dem Nekrolog, im
illustrirten böhmischen Wochenblatte »Zlatá Praha« 1893 und die
gleichen Worte wiederhole ich heute mit demselben Ernste, wie
damals!

Charcot starb auf der Höhe seines Ruhmes, verehrt von den
Aerzten der ganzen Welt, innig geliebt von seinen unzähligen Schülern,
und vergöttert von allen jenen, welche bei ihm Hilfe suchten.

Wenngleich die Aufgabe wirklich eine sehr schwere ist, mit
meiner schwachen Feder ein Bild zu entwerfen, aus welchem die
grossen Werke Charcot's, sein hoher und edler Geist deutlich ent-
gegenleuchten, wage ich es dennoch, diese lockende, angenehme Arbeit
zu versuchen.

Nur wenige Künstler und Gelehrte gibt es, die im gemeinschaft-
lichen Leben, im erbitterten geheimen und offenen Kampfe um das
bischen Existenz immer und immer ihre reine Seele bewahren, immer
und immer — auch in den kleinsten einzelnen Thaten und Handlungen
sich gleichartig widerspiegeln.

Ein solcher Gelehrter war Charcot! Gerecht, ernst, festen Willens, entscheidend, ohne unnütze Sentimentalität und hell denkend, so zeigte er sich im Gespräche, so erkannte man ihn in seinen Vorträgen und in seinen Schriften. Obwohl in voller Erkenntniss seiner dominirenden Stellung, und im Bewusstsein vollstreckter, segensreicher Arbeit, umgrenzte er sich keineswegs mit den Schanzen der Unzugänglichkeit und Verschlossenheit. Zwar ein strenger Kritiker der Leistungen jüngerer Männer hatte Charcot doch niemals mit skeptischem Vorurtheil irgend Einen von der Arbeit abgeschreckt. Er war den jungen Medicinern stets ein liebevoller Rathgeber, Freund und Lehrer. Als ich einmal in längerem Gespräche mit Charcot in Gegenwart einiger Vorstände der Laboratorien und der Internen darauf aufmerksam machte, dass man in der Aetiologie der Nerven- und Geisteskrankheiten den Krankheiten der Schilddrüse vielleicht ein gar zu oberflächliches Augenmerk widme, und dass in dieser Hinsicht systematische Forschungen zu irgendeiner positiven Entdeckung führen könnten, da weissagten mir einige der jüngeren Collegen einen totalen Misserfolg solcher Arbeit. Charcot aber keineswegs. Aufmerksam horchte er meinen Anschauungen, entwickelte darauf sein eigenes Urtheil über die Sache und machte dann eine Schlussbemerkung, welche ich nie vergessen werde: »Il faut toujours travailler«.

Charcot war jeder fremden Einwendung zugänglich und bekundete im Zwiegespräche, sowie in seinem Thun eine seltene Bescheidenheit. Ausser der Lehrweisheit sind die Bescheidenheit und Mittheilsamkeit des Meisters die mächtigsten Glieder, welche den Schüler mit dem Lehrer innig vereinigen.

Mit diesen Eigenschaften gewinnen grosse Männer blitzschnell die jugendlichen Herzen, und ich staune manchmal nicht über ein Uebermass von Anhänglichkeit des Schülers zum Lehrer!

Als eines Tages in das Ordinationszimmer der Klinik ein Kranker kam und sich über einen bis jetzt unbekannten Symptomencomplex beklagte, wendete sich Charcot gegen den Assistenten, welcher den Kranken vorführte und sagte: »das kenne ich nicht, beobachten Sie selbst den Kranken weiter«.

Etwas ähnliches erzählte mir der gewesene Assistent Charcot's, Professor Marie. Als dieser den ersten Kranken vorführte, bei welchem er sonderbare Kennzeichen einer neu beschriebenen Krankheit, der sogenannten Akromegalie wahrnahm, sagte Charcot: »Das kenne ich nicht«, aber gleichzeitig machte er ihn auf einen an der Klinik befindlichen, ähnlichen Fall aufmerksam, und verlangte, dass er diese Fälle eingehender studire.

Charakterisiren diese beiden Begebenheiten nicht genügend die
bescheidene und heitere Natur Charcot's?

Charcot war ein seltener werthvoller Freund aller seiner
Schüler, welche er nach dem Masse und nach der Güte ihrer Arbeit
bewerthete; er unterstützte überall und immer seine Schüler.

Aus dem kühlen, scheinbar frostigen »Patron« ward Charcot
ein menschenfreundlicher, liebevoller Rathgeber jedem Untergebenen,
sobald er erkannte, dass dieser des Vertrauens würdig sei.

Charcot liebte und schätzte das ideale Streben seiner Schüler
und nur so konnte er eine Schule gründen. welche der Stolz der
Pariser Facultät ist. und welche Männer zu Mitgliedern zählt, die einen
Weltruf haben.

Charcot selbst hat seinen Schülern Gedanken eingeflösst,
literarische Winke gegeben, und forderte nichts dafür, als Fleiss,
wirklichen, wahrhaften Ernst und Ausdauer.

Mit Lust und Liebe sammelte dieser und jener, da und dort
Material für Charcot. Die Schüler unterstützten ihren Meister, und
wurden dafür von ihm in der freigebigsten Weise belohnt. Als eine
seltene Ehre betrachtete es nicht nur Einer der heute gefeierten
Professoren der Pariser Facultät, durfte er im Hörsaale Charcot's in
Gegenwart des Meisters von den Erfolgen seiner Forschungen vortragen.

In seinen Vorlesungen versäumte Charcot keine günstige
Gelegenheit, auf die Arbeiten seiner jüngeren Schüler hinzuweisen. Und
diesen galt der Lobspruch des Meisters als schönster und bester Lohn
ihres Strebens. Aus aller Welt sandten Generationen seiner Schüler
ihm Arbeiten ein. Mit Charcot's Bibliothek. welche sein Schüler
Guyon verwaltete, und welche jedem im Laboratorium Charcot's
zugänglich war. konnte sich keine öffentliche neurologische Bibliothek
gleichstellen.

Charcot war einer der ersten französischen Forscher, welche voll
und ganz den Werth und die Bedeutung fremder Literatur anerkannten.

Wie in seinen Schriften, war Charcot auch in seinen Vorträgen
ein grosser Meister. Ob er mit eisiger Ruhe erzählte. oder stellenweise
seine Worte lebendig accentuirte, um unwillkürlich einen Fingerzeig
auf die geheimen Falten aus dem Leben des Kranken und dessen
sociale Verhältnisse zu geben. oder ob er in überaus ergötzlichem und
lebhaftem Dialog mit dem Kranken die Wissbegierde und Neugier
der Hörer aufs höchste spannte, immer fand er die richtigen, passenden
Worte und niemals ermüdete er. Seine reichen Erfahrungen, seine
gründliche allseitige literarische und philosophische Bildung. seine durch-
leuchtenden und logischen Ableitungen und Schlüsse. sein kunstvoller
Stil. dies Alles charakterisirte Charcot's Vortrag. Und wahrlich. oft

war sein zweistündiger Vortrag eine äusserst interessante Erzählung von
Lebensereignissen. Manchmal schien es, als horchte man einer Novelle —
indess unmerklich der Verlauf dieser oder jener Nervenkrankheit, ihr
Erkennen und ihre Behandlung ins Gedächtniss schlich, und im
Gedächtniss wurzelte. Und in der That hatte C h a r c o t einen reichen
Fond, um in seinen Vorträgen magnetisch zu fesseln. Ein grosses
Ganzes war sein umfassendes Wissen, seine ungewöhnliche Kenntniss
der Künste und sein Kennen des socialen Lebens. Das Letztere betreffend,
sei an dieser Stelle Folgendes erzählt:

Der Professor spricht von Entzündungen der peripheren Nerven
infolge chronischer Vergiftung durch Alkohol und erklärt verschiedene
Fälle aus seiner Praxis.

Einst wurde er zu einer Dame aus höheren Kreisen gerufen,
welche seit längerer Zeit fast vollkommen gelähmt im Krankenbette
lag. Er untersuchte die Leidende, und erkannte sofort, dass es sich
hier um Erkrankung der peripheren Nerven durch unmässigen
Genuss alkoholischer Getränke handelte. Nun war eben diese Ursache
sicherzustellen, und das Geständniss der Kranken zu erlangen. Charcot
hatte darüber nicht den geringsten Zweifel; aber die Familie der Kranken,
ja vielleicht auch die Kranke selbst hatten keine Ahnung von den
Grundursachen. — Sehr behutsam und äusserst aufmerksam examinirte
er deshalb die Kranke. Deren Familie und die Patientin selbst ver-
sicherten auf das eindringlichste, dass durchaus nicht, und nicht
einmal das geringste Mass genossenen Liqueurs Ursache der Krankheit
sein könne. C h a r c o t's Neugierde ward deshalb ungemein rege, aber
er irrte sich nicht. Seine Diagnose stand fest. Er konnte sich hier
gar nicht irren: verordnete auf der Basis seiner Diagnose die Behandlung und musterte, während er sich von der Dame empfahl, mit
unauffälligem Blicke die Wohnung der Kranken. Und da gewahrte er
in einem, durch einen Vorhang halbverdeckten Alkoven eine am Schrank
stehende Liqueurflasche. Nur seine unumstössliche, unwiderleglich
sichere Diagnose, und seine Berühmtheit erlaubten ihm, indiscret zu
sein: nach der Abstammung und dem Inhalte der Flasche zu fragen,
und wenn nöthig, von vorn sein Examen zu beginnen. Und siehe da,
bevor C h a r c o t die Kranke verliess, erfuhr er von ihr selbst, dass
sie zuweilen »ein bisschen« Liqueur trinkt, ja, es kam auch an's Licht,
dass die Dame seit einer Reihe von Jahren dem unmässigen Genusse
alkoholischer Getränke ergeben war.

* * *

C h a r c o t disponirte über ungeheuer reiche literarische Kenntnisse.
Mit besonderer Vorliebe studierte er den englischen Dramatiker
S h a k e s p e a r e und citirte einzelne seiner Dichtungen in originali aus

dem Gedächtnisse. — In C h a r c o t's hinterlassenen Manuskripten ist
eine Unzahl von Reisebetrachtungen und Reiseerinnerungen, eine Menge
literarischer Kritiken und philosophischer Reflexionen enthalten.

C h a r c o t liebte die Musik und huldigte am meisten dem
classischen Beethoven.

Sculptur und Malerei fanden an ihm einen fördernden Gönner.
Er selbst malte in jüngeren Jahren, und viele seiner Kranken skizzirte
und zeichnete er eigenhändig.

Seine Betrachtungen über einige Kunstwerke, namentlich jene,
welche er im Vereine mit R i c h e r publicirte, sind von unschätzbarem
Werthe für das historische Studium der Nervenkrankheiten. *)

Die C h a r c o t'schen Salons waren reich decorirt mit Raritäten
der antiken, sowie der neueren Skulptur und Malerei. Ich werde mich
immer freuen, dass ich die Ehre hatte, in C h a r c o t's Hause auch
Gast gewesen zu sein.

Madame C h a r c o t hatte das gleiche anmuthige und herzliche
»Willkommen« für den gefeierten Künstler, wie für den jüngsten
Internen der Charot'schen Klinik. Auch in der Familie C h a r c o t's
herrschte dieselbe Harmonie, wie sie die Seele des Meisters ausstrahlte.
C h a r c o t's Sohn, damals Interne in der »Salpêtrière«, erbte vom
Vater das gedankentiefe, scheinbar düstre, aber für alles Schöne und
Edle und für Menschenfreundlichkeit begeisterte Gemüth. Als gewandter,
tüchtiger Arbeiter geniesst er die grösste Achtung seiner Collegen. —
Fräulein Johanna, die träumerisch holde Tochter C h a r c o t's erbte
zwar von ihrem Vater dessen Entschlossenheit, Energie und ungewöhnliche Talente, aber all' diese schätzenswerthen Tugenden vereinigten
sich in ihr mit jener Zartheitund Schönheit, welche nur dem edelsten
Weibe eigen ist.

Die Gesellschaft, welche sich im Hause C h a r c o t's immer
Dienstag Abends zusammenfand, bestand aus Familiengliedern der
Facultäts-Professoren, aus Künstlern und Bekannten C h a r c o t's, aus
alter und junger Generation seiner Schüler, und aus Fremden, welche
an den Kliniken hospitirten und studierten. Jedem derjenigen seiner
Schüler, welcher das Vertrauen des Meisters verdiente, und jedem
Fremden, mit welchem C h a r c o t in nähere Berührung kam, stand
sein Haus offen. Hier hatte Jeder das seltene Vergnügen, im Kreise
einer auserwählten Gesellschaft sich zu freuen.

---

*) 1. Les difformes et les malades dans l'art.
2. Les démoniaques dans l'art. De quelques marbres antiques concernant les
études anatomiques (Gaz. Hebdom. 1857).
3. Représentation d'après nature de la danse de Saint-Guy par Breughel.
4. Esquisse de Rubens représentant une démoniaque.

Im Kreise seiner Familie war Charcot nicht zu erkennen! Hier verwandelte er sich in den feurigen, um die Siegespalme bei der Billardpartie ringenden Jüngling; hier entflammte er im Gespräche und zeigte sich als enthusiastischer Patriot und Humanist.

Bisher sahen und erkannten wir in Charcot den natürlichen Menschen, und den auserkorenen Lehrer. Seine wissenschaftlichen Arbeiten und seine Gelehrsamkeit will ich später zu schildern versuchen. Charcot war aber auch einer der gesuchtesten Aerzte — nicht nur in seinem Vaterlande, ja in der ganzen Welt. Könige und Bettler, Reiche und Arme verlangten seine Hilfe! Und der weltberühmte in Pracht und Glanz wohnende Charcot half dem mittellosen Armen ebenso liebevoll, wie dem verwöhnten Millionär. Ist es da ein Wunder, wenn er von aller Welt vergöttert und gepriesen und geschätzt wurde?

Der vielsprachige, tönende Nachruf, welcher über sein Grab erschallt, und der Nachruf in Schriftzeichen, welcher an ihn erinnert, sind gewiss wahrhafte Zeugen nie verstummender Verehrung! Und Allen voran sind es Charcot's Schüler, welche niemals ermüden, von ihrem Meister mit den innigsten Gefühlen treuer Anhänglichkeit und kindlicher Liebe zu sprechen!

Als einmal während einer Vorlesung im Monate März 1893 der Meister Charcot plötzlich von einer Ermattung überrascht wurde und gezwungen war, den Hörsaal zu verlassen, waren alle Anwesenden ängstlich beklommen, und tief erschüttert; die Damen weinten bitterlich und manchem, im Kampfe um die Existenz abgehärteten Manne standen Thränen im Auge.

Graue Haare bedeckten Charcot's Scheitel, Runzeln furchten sein Antlitz, aber seine Seele, sein Geist blieb rege und hell bis zu seinem unverhofften, unerwarteten Abschiede aus dem Leben. Professor Charcot war bis zum letzten Augenblicke seines Erdenglückes als Meister auf der Lehrkanzel, wie als rastloser, forschender Gelehrter thätig.

II.

Charcot gerieth in jene Uebergangsepoche, in welcher all' die veralteten Ansichten vom Wesen und von den Ursachen der inneren Krankheiten infolge der neueren Forschungen verschwanden, und in welcher durch physiologische und pathologische Forschung namentlich das Nervensystem ein Lieblingsstudium geworden ist.

Theorie und Praxis unterstützten und ergänzten einander gegenseitig. Der Physiolog nützte zweckentsprechend für seine Studien die klinischen Erfahrungen und der Kliniker erweiterte seine Kenntnisse durch die theoretischen Errungenschaften.

Alles, was bis jetzt in der Klinik der Nervenkrankheiten ausgeübt
wurde, trug den Stempel der alten Descriptivschulen. Vom Zusammenhange und von dem Causalnexus zwischen den Symptomen und der
entsprechenden Läsionen im Nervensysteme war keine Rede!

Nun aber zeigte sich gleichzeitig neben R o m b e r g in Deutschland —
C h a r c o t in Frankreich als ein an Fleiss und Scharfblick Alle über-
ragender, ausdauernder Forscher und Gelehrter.

C h a r c o t's Arbeiten aufzählen — hiesse eine Geschichte der
modernen Neurologie schreiben; so eng verknüpft ist diese mit dem
Namen C h a r c o t.

*   *   *

C h a r c o t half durch seine eifrigen, pathologisch-anatomischen
Arbeiten zu jenem prächtigen Gebäude, welches der Triumph ärztlicher,
wissenschaftlicher Forschung ist, nämlich zur »Localisation des Gehirns
und des Rückenmarkes«.

Seine »Leçons sur les localisations dans les maladies du cerveau«
sind in's Englische, Russische und Deutsche übersetzt worden. Diesen
Leçons giengen voran: ein Theil der Arbeiten »von der Gehirnerweichung«,
»vom Miliar-Aneurysma« als Ursache der Hämorrhagie, »von der
Atrophie des Gehirns«, von der »Aphasie«, von den »secundären
Degenerationen des Rückenmarkes« u. dgl. m.

C h a r c o t's vornehmstes Princip war: »es ist nöthig pathologisch
und physiologisch zu denken«. Diesem Grundsatze gab er in allen
seinen Arbeiten Ausdruck. Er beschrieb eine neue Krankheit, die sogenannte »sclérose latérale amyotrophique«, entdeckte die Natur der sogenannten Affection »claudication intermittente«, beschrieb die tabetische
Arthropathie (C h a r c o t's joint disease), die tabetischen Larynx-Magen-
Nierenkrisen und die unilaterale Atrophie der Zunge bei Tabes, Tabes
spasmodique, Pachymeningit. cervical. hypertrophica, und erweiterte
die Kenntniss von der Lues des Rückenmarkes, von den Schmerzen
der Tabes als Initialsymptome, von der Paralysis infantilis, Atethosis,
Atrophie der Muskeln, Paralysis agitans, Sclérose en plaques; von der
B a s e d o w'schen Krankheit. vom Myxödem, Syringomyelie, Vertigo
M e n i e r i, von der J a c k s o n'schen Epilepsie, von der T o m s e n'schen,
F r i e d r i c h'schen, M o r v a n'schen Krankheit — brachte helles Licht
in die sogenannten formes frustes der Nervenkrankheiten u. s. w., u. s. w.

C h a r c o t hat unseren Studien vom hereditären Einfluss auf
das Entstehen der Nervenkrankheiten eine feste, sichere Basis gegeben.

Ein glorreiches Andenken bilden seine Studien jener Krankheiten,
welche bloss auf dynamische Störungen des Nervensystems zurückzuführen sind.

Diese Arbeiten Charcot's bilden den Höhepunkt seines Schaffens! Es sind dies Studien von der Hysterie. vom Hypnotismus, von somnambulen Zustande überhaupt und von Hystero-Traumatisme.

Charcot hat uns mit seiner strikten Analyse klinischer Erscheinungen und ihres Zusammenhanges mit psychischen Zuständen der Kranken gelehrt, ohne Vorurtheil jene seit Jahrhunderten bekannte Krankheit, die sogenannte Hysterie, zu beurtheilen

In diesen Studien begegnete Charcot das erstemal Gegnern.

Sie verstanden seine Erläuterungen nicht, und wälzten ebenso, wie die ganze Front der damaligen Aerzte, welche vom Hypnotismus falsche Begriffe hatten, den Hypnotismus in das Reich der Sage und der Fabel, warfen auf Charcot Schmähworte, nannten Charcot einen Charlatan.

Charcot's Studien von der Hysterie umfassen eine ganze Reihe selbständiger Abhandlungen über Differenzial-Diagnostik, Paralysis, Contracturen, und hysterische Anästhesie, Ovarialgie, Ischurie, Achromatopsie, Taubheit, Blindheit, Aphasie. Tremor, Chorea, Husten, Gähnen, Monoplegie, Contracturen der Zungen- und der Wangen-Muskeln, Oedem bleu hysterique, Hysterie der Männer und Hysterotraumatisme.

Parallel mit diesen Studien giengen eine Menge psychiatrischer und psychologischer Artikel, welche Charcot zum grossen Theile im Vereine mit Magnan geschrieben hat.

Seine philosophisch-medicinischen Anschauungen und Ideen hat Charcot in zwei Publicationen niedergelegt, u. zw.: La Médecine empirique et la médecine scientifique. parallèle entre les Anciens et les Modernes, 1867 (sein Antritts-Vortrag in der Ecole pratique) und in einem seiner letzten Artikel, welcher allenthalben bekannt wurde, d. i. »Der Glauben, welcher heilt«.

Charcot war der richtige Repräsentant der modernen Neurologie.

Und in Wahrheit, das Studium der Psychologie, der physiologischen Psychologie, das Studium der Geistes- und Nervenkrankheiten, das Studium der pathologischen Physiologie und Anatomie und der allgemeinen Medicin — dies alles sind untrennbar-zusammenhängende Ringe einer Kette, und der Schlüssel zum Erkennen der Nervenkrankheiten

Bisher war ich bestrebt, Charcot's Thätigkeit im Gebiete der Nervenkrankheiten zu skizziren.

Aber betrachten wir auch diese oder jene Seite der internen Pathologie und Therapie, so sehen wir auch hier gar oft den Namen Charcot (Krankheiten des Blutes, der Lungen, der Leber, der Nieren, des Herzens, der Gefässe, der Knochen, der Gelenke u. dgl.).

Es erübrigt noch, den Therapeuten C h a r c o t zu kennzeichnen.
Wenngleich er als Heilkünstler der Nervenkrankheiten tiefer eindrang,
als seine Zeitgenossen, bekannte er dennoch jedesmal offenherzig und
ohne Scheu, dass diese Therapie noch immer unzureichend und unvollkommen ist. Unsere Ohnmacht in dieser Richtung charakterisirt
C h a r c o t selbst mit den Worten: «Es ist traurig, aber es ist nicht
anders. Insofern es den Arzt betrifft, handelt es sich nicht allein
darum, dass er wisse, es ist traurig, vielmehr handelt es sich darum,
ob dies wahr sei, dass der Kranke bis an sein Ende in Illusionen
lebt. Das ist menschlich, und es muss so sein. Aber beruht die Aufgabe des Arztes nur darin? Oft wird uns der Vorwurf zugeschleudert,
dass wir unermüdlich und beharrlich unheilbare Nervenkrankheiten
studieren. «Wozu denn?» fragt man uns. Vielleicht würde man ganz
dreist noch hinzufügen, dass dies keine Medicin ist. — Allerdings ist
die Heilkunst jene Kunst, mit welcher man heilt; — und traurig ist
es, sagen zu müssen: ich bin Heilkünstler, kann Dir aber — Gott
sei's geklagt — nicht helfen! Leider sind wir da den ungerechtesten
Vorwürfen ausgesetzt. Wohlan, meine Herren! unsere Pflicht reicht
weiter; sie zeigt nach vorwärts. Forschen wir trotz allem emsig fort;
denn das ist das beste Mittel, vielleicht doch etwas zu finden, und
dann dürfte unser Verdict von «heute» nicht das Verdict von «morgen»
sein!»

Für die Durchführung nicht einer, sondern mehrerer elektro-
therapeutischer Methoden sind wir C h a r c o t zu Danke verpflichtet.
C h a r c o t errichtete in der Salpêtrière die vollkommenste hydro-
therapeutische Anstalt; ihm haben wir für eine ganze Reihe vortheilhafter therapeutischer Formeln und Regeln zu danken, welche bei
Migrène ophthalmique, bei Gicht und vertigo Menieri, Neurasthenie,
Tabes, Epilepsie etc. verwerthet werden. Seine Erfahrungen leiteten
ihn zu der originellen Einrichtung des sogenannten fauteuil rotatoire
bei paralysis agitans, und des casque vibrante bei Neurasthenie. In
dem bereits erwähnten Artikel: «Der Glauben, welcher heilt», gab
C h a r c o t dem Principe der sogenannten Suggestions-Therapie die
reelle Stütze.

*   *   *

Staunend über die Fülle verdienstvoller Arbeiten verlässt man
C h a r c o t's Laboratorium. Es ist Schade, dass parallel mit dem
Feuereifer des klinischen und pathologisch-anatomischen Studiums
nicht auch der Impuls zu experimentellen und chemischen Studien
von C h a r c o t ausging. Er war eben kein grosser Freund der Experimente. Die Versuche B r o w n - S é q u a r d's und all' der ganze

moderne Tummel der Substitutionstherapie fanden in Charcot keinen Protector. Denn diese Versuche hatten für ihn gar zu viele hypothetische Fundamente.

Dessenungeachtet hat er neue Gedanken niemals negirt, oder gar von sich abgeschüttelt. Namentlich hatte er für bacteriologische Forschungen eine hohe Meinung, umsomehr als hinter ihnen Pasteur, Charcot's intimer Freund, stand.

Gerade zur Zeit, als ich Paris verlassen musste, wurde in der Salpêtrière ein chemisch-bacteriologisches Laboratorium eingerichtet.

Zu den Verdiensten Charcot's müssen auch die unzählbaren Arbeiten seiner Schüler gerechnet werden. Ich erinnere hier nur an einige Autoren, u. zw. an den verblichenen Ball, dann an Cornil, Bouchard, Lépine, Cotard, Bourneville, Joffroy, Raymond, Gombault, Oulmont, Regnard; ferner an die jüngeren: Féré, Ballet, Brissaud, Séglas, Richer, Marie, Babinski und an die jüngsten Dutil, Lamy, Blocq, Souques, Janet, Londe, Souza-Leite, der verstorbene Onanoff, Guyon, Gilles de la Tourette, Meuge u. A. Ueberdies ward Charcot's Wissen von einem unübersehbaren Schwarm fremder Aerzte und Forscher am ganzen Erdball verbreitet. Für diese Fremden — unter denen viele hochgestellt sind — hatte Charcot nicht nur stets das liebreichste freundschaftlichste Entgegenkommen, er war auch ein vornehmer, schätzenswerther, ja seltener Vermittler des Auslandes mit der Literaturwelt seines Vaterlandes.

* * *

Charcot gründete theils folgende periodische Zeitschriften, theils betheiligte er sich bei der Herausgabe und Redaction derselben:

1. Archives de physiologie normale et pathologique (1868);
2. Revue mensuelle de médecine et de chirurgie (1877); später Revue de médecine et Revue de chirurgie:
3. Archives de neurologie (1880):
4. Le progrès médical;
5. Iconographie photographique de la Salpêtrière;
6. Nouvelle Iconographie de la Salpêtrière:
7. Archives de médecine expérimentale et d'anatomie pathologique;
8. Bibliothèque médicale;
9. Traité de médecine.

* * *

Wollen wir uns nun etwas näher die vielgepriesene Salpêtrière betrachten, wo Charcot seinen Ruhm fundamentirte, wo so viele berühmte und tüchtige Arbeiter geschult wurden.

III.

Das Hôspice de la Salpêtrière im Südosten des Häusermeeres Paris und in der Nähe des Jardin des Plantes, bedeckt mit seinen ausgedehnten Baulichkeiten eine ungemein grosse Bodenfläche. Die Hauptfront ist gegen das Boulevard de l'hôpital gerichtet, wo das Monument des berühmten P i n e l steht*).

— ———

*) P i n e l war einer der ersten und zugleich verdienstvollsten Reformatoren auf dem Gebiete der Psychiatrie.

In einer Zeit, wo noch die Ansichten und Ideen herrschten, dass es nothwendig sei, den Geisteskranken Furcht und Schrecken einzujagen, sie zu trepaniren, ihr occiput zu kauterisiren — in dieser Zeit trat P i n e l auf.

Während seines längeren Aufenthaltes in Bicêtre musste er die durchdringenden Klagelaute und das Schmerzgestöhne der Geisteskranken hören und sich — daran gewöhnen. Aber sein inniges Mitgefühl für diese unglücklichen Brüder mahnte ihn und mit festem Willen und treu seiner Ueberzeugung siegte er über die Vorurtheile seines Jahrhunderts.

P i n e l, der gefeierte Arzt und Philosoph legte den Grundstein zur Behandlung der Geisteskranken.

Seine Wiege stand in St. Paul, wo er im Jahre 1755 geboren wurde. In Montpellier und Toulouse hat er studirt und nachher in Paris besonders die Naturwissenschaften und Mathematik eifrig gepflegt. Im Jahre 1792 wurde er Arzt in Bicêtre. Damals publicirte er eine Abhandlung über Geisteskrankheiten und gewann dadurch nicht nur grosse Verdienste um die Wissenschaft, sondern auch um die Menschheit. P i n e l zerriss die Fesseln, in denen bis zu jener Zeit die Geisteskranken schmachteten und setzte an Stelle der absurden und brutalen Methode Gerechtigkeit, Milde und Geduld. Seine philosophische Monographie verschaffte ihm einen europäischen Ruf. Zuerst zum Doctor, dann zum Professor der medizinischen Physik und gleich darauf der internen Pathologie an der Aerzte-Schule in Paris, und zum Mitgliede des Instituts für Zoologie anstatt C u v i e r s ernannt, wurde er dessen erster Secretär. Er starb im Jahre 1826.

P i n e l redigirte die Gazette de santé, arbeitete am ersten Volumen der Encyclopédie méthodique, schrieb Artikel in den Dictionnaire des sciences médicales, übersetzte aus dem Englischen l'Abrégé des transactions philosophiques, u. s. w.

P i n e l's Werke sind folgende:

Monographie philosophique, ou la méthode de l'analyse appliquée à la médecine, 1798. — Discours inaugural sur la nécessité de rappeler l'enseignement de la médecine au principe de l'observation. 1806. — Traité médico — philosophique sur l'aliénation mentale, ou la Manie (mit Abbildungen, 1801). La médecine clinique etc. aus der Salpêtrière, 1815. Memoire sur la manie périodique ou intermittente 1802, Recherches et observations sur le traitement des aliénés 1798. Observations sur les aliénés et leur division en éspèces distinctes 1799. Die Arbeit von der Luxation des Humerus 1788, von der Verkrüppelung der Zeugungsorgane, 1789, von der Luxation des Vorderarmes 1789, von den Präparaten für Thier-Sammlungen 1791; Hygienische Artikel, über Luxation der Kinnlade 1792, naturwissenschaftliche Artikel von den Vierfüssern u. A.

Die Salpêtrière, ursprünglich (1656) ein öffentliches Krankenhaus, diente im Laufe der Zeiten zu verschiedenen Zwecken.*) Sie hat sich allmählig durch Staatsbauten vergrössert. Mit ihr verknüpft ist der gefeierte Name Esquirol. In der Salpêtrière sind thätig die bekannten Forscher auf dem Gebiete der Psychiatrie und Neuropathologie: Féré, Voisin und Raymond, Nachfolger Charcot's.

In der Salpêtrière werden gegenwärtig grösstentheils alte Weiber gepflegt, welche mit unheilbaren Krankheiten behaftet sind.

Ausserdem sind aber auch Abtheilungen für Geisteskranke, für Epileptiker, für Blödsinnige und eine separate Kranken-Abtheilung damals unter der Leitung Jeoffroy's, jetzt Professors der Psychiatrie. Seit 1882, als in der Salpêtrière Charcot's Klinik für Nervenkranke eingerichtet wurde, ist auch ein Saal für nervenkranke Männer reservirt. Ueberhaupt entsprechen alle Institutionen in der grossen Salpêtrière den prätenziösen Anforderungen der Gegenwart.

Keine allzulange Reihe von Jahren trennt uns von jener Vergangenheit, in welcher unterirdische Isolirzellen vom Kettengeklirr der gefesselten Geisteskranken wiederhallten, und in welcher nebeneinander angehäuft Kranke lagen, die mit den mannigfaltigsten Körperleiden belastet waren.

Heute verlassen wir mit dem Gefühle freudiger Erregung die für Blödsinnig-Geborene eingerichteten Räume und bewundern den Fortschritt der Humanität, und staunen, wie hier mit nie ermüdender, unendlicher Geduld und mit demselben Fleisse unterrichtet und erzogen wird. Aus einem Wilden, ja aus einem Thiere macht diese Humanität einen Menschen!

Die Erfolge solchen Unterrichtes und solcher Erziehung, sowie die musterhafte Reinlichkeit, welche diese Unglücklichen bethätigen haben mich wahrlich überrascht!

Wer diese, wer solche Kinder sieht, den graut und fröstelt es! Solche Kinder sind die lebendigen und peinlichsten Beweise moralischer Verderbtheit, und all' der Laster, welche die Grossstadt gebärt!

Aber in Paris stellt sich nicht allein der Staat und die Stadt, sondern auch der Einzelne mit voller That an die Spitze der humanen Bestrebungen. In Paris bestehen mehrere Vereine zum Schutze verlassener und verwahrloster Kinder, und der oberste Sanitätsrath selbst hat

---

*) Ihre Geschichte ist in dem Buch «La Salpêtrière, son histoire de 1656 à 1790, par Dr. L. Boucher, Paris 1883» enthalten. Diese Publication, in vieler Beziehung sehr interessant, gibt ein treues Bild jener Zustände, welche in der damaligen Zeit sowohl bezüglich des Spital- und Krankenwesens im allgemeinen, als auch im besonderen betreffs der Pflege Geisteskranker und Epileptiker herrschten.

eine eigene Abtheilung »Le Service des enfants moralement abandonnés«
für verlassene (weggelegte) oder moralisch gesunkene Kinder gegründet.
Auch in der Salpêtrière haben viele solche Kinder ein schützen-
des Asyl.

                    *   *   *

Nun will ich den geehrten Leser mit der Klinik in der Salpêtrière
näher bekannt machen.

Diese umfasst im dritten Hofe der Salpêtrière einige Baulichkeiten, die zum grossen Theile ad hoc adaptirt waren. Durchschnittlich
zählt die Klinik 150 Kranke, welche einerseits aus der reichen Ambulanz
andererseits aus den Pfleglingen der Salpêtrière gewählt werden. Ausserdem versorgte Charcot als Primararzt der Salpêtrière circa 500
unheilbare, alte Weiber.

Selbstverständlich werden für klinische Zwecke die mannig-
faltigsten, interessantesten und seltene Fälle von Nervenkrankheiten in
der Klinik aufbewahrt. Während meines Aufenthaltes dort sah ich
eine beträchtliche Zahl peripherer Neuritiden, spinaler und infantiler
Lähmungen, Gesichts-Hemiatrophie, glossolabiale Spasmen, Chorea.
Partial-Epilepsie. Tic, Migrènes ophthalmiques, Tabes, Friedreich'sche
Ataxie, Myopathie, laterale Sclerose, Benedict's Syndrom, Hysterie,
Lues cerebri, arthritische Amyotrophie, tabetische Arthropathie, u. a. m.

In der Abtheilung für weibliche Kranke befindet sich parterre
eine kleine Sprechstube, wohin Charcot täglich gegen 10 Uhr Vormittags kam, um jene Kranken, welche von den Internen und vom
Assistenten vorgeführt wurden, persönlich zu untersuchen. In dieser
Sprechstube, wo oft genug die meisten europäischen Nationen vertreten
waren, versammelten sich auch die fremden Aerzte. Hier erwiesen sich
die Erläuterungen Charcot's als Quelle vielfacher und vielseitiger
Belehrung.

Mit dem Parloir zusammenhängend ist das pathologische Laboratorium (dessen Vorstand Herr Richer und sein Assistent Herr
Blocq eine äusserst werthvolle Sammlung mikroskopischer Präparate
bewahrten) und eine Abtheilung für Photographie, gleichfalls mit einer
reichen Sammlung, welche Herr Londe aufbewahrte.

In der ersten Etage befindet sich das Museum mit seinen seltenen
Präparaten von Knochenveränderungen bei Tabes und Syringomyelie,
dann gut erhaltene Präparate einiger Gehirnkrankheiten, ferner viele
Abbildungen über Nervenkrankheiten, Richer's Zeichnungen, welche
hysterische Krämpfe darstellen, u. dgl. m.

Neben dem Museum installirt war Professor Janet, welcher
sich hauptsächlich mit dem psychischen Zustande hysterisch Kranker
beschäftigte. Zur Klinik gehört auch noch die von Charcot Mittwochs

besuchte P a r i n a u d'sche Abtheilung für Augen-Untersuchung. In unmittelbarer Nähe des Hörsaales befindet sich die elektro-therapeutische Abtheilung, deren Leiter der greise V i g o u r o u x ist. Derselbe hatte in den Nachmittagsstunden von 1 bis 3 Uhr am Dienstag, Donnerstag und Samstag seine Consultationen, welche von Fremden gesucht und frequentirt waren, weil sich da die beste Gelegenheit darbot, die elektro-therapeutischen Kenntnisse zu erweitern und zu vervollkommnen.

V i g o u r o u x ist ein entschiedener Gegner aller Derjenigen, welche jedweden günstigen Einfluss der Elektro-Therapie der Suggestion zurechnen wollen.

In der Augen-Abtheilung hat Herr R i c h e r auch sein eigenes Laboratorium, wo er sich mit artistischer Anatomie beschäftigt.

C h a r c o t's weltkundige Vorträge waren, wie ich schon eingangs erzählt habe, immer Dienstag von 10 bis 12 Uhr Vormittags. An den Ferialdiensttagen aber absolvirte C h a r c o t im Hörsaale öffentliche Consultationen, welche ebenfalls, namentlich von Fremden zahlreich besucht wurden.

In seinem Lehrsaale, wo zumeist Fremde und ältere Hörer der Facultät versammelt waren, herrschte stets vollkommene Ruhe.

IV.

Johann Martin C h a r c o t, der Sohn wenig bemittelter Eltern, ist am 29. November 1825 geboren. Unter drei Brüdern war er der einzige zum Studium bestimmt. Er absolvirte die Mittelschulen am Lyceum St. Ludwig, und im Jahre 1844 widmete er sich dem Studium der Medicin an der Pariser Facultät.

Im Jahre 1848 wurde er zum Internen ernannt. Sein Internat verbrachte er in der Salpêtrière. Als er diese verlassen hatte, bekannte er ganz offen, dass er sich sehne, dorthin zurückzukehren, weil er nun wusste, dass dort ein reiches Material von Nervenkrankheiten vorhanden ist. Im Jahre 1853 wurde C h a r c o t zum Doctor erhoben; im Jahre 1856 zum Arzt im Central-Bureau und 1860 — nachdem er die These von der chronischen Lungen-Entzündung vorgelegt hatte — zum Professor agrégé ernannt.

Man erzählt, dass C h a r c o t bei der mündlichen Concurs-Prüfung — bei welcher ihm durch das Los bestimmt wurde, über Darm-Hämorrhagien vorzutragen — sich so gering auszeichnete, und nur mit Mühe seinen Vortrag beendete, dass er zurückgewiesen worden wäre, hätte nicht R e y e r, Mitglied der Jury, auf C h a r c o t's eminente These nachdrücklichst aufmerksam gemacht.

Im Jahre 1862 wurde er Primararzt in der Salpêtrière und 1866 begann er hier seine Vorträge über Alters-Krankheiten.

Und als im Jahre 1870 seine Vorlesungen über Nerven-Krankheiten bekannt wurden, war Charcot's Name bald über das ganze Erdenrund verbreitet.

Zur Zeit des deutsch-französischen Krieges war Charcot gezwungen, seine Vorträge zu unterbrechen, und widmete sich ausschliesslich der Pflege der in die Salpêtrière eingebrachten Verwundeten.

Im Jahre 1872 wurde er zum Professor der pathologischen Anatomie und zum Nachfolger Cruveilhier's ernannt.

Im Jahre 1882 wurde mit besonderem Decrete an der Pariser Facultät die Lehrkanzel für den Nerven-Unterricht creirt, und Charcot zum Professor berufen.

Im Jahre 1883 wurde er Mitglied der Akademie.

Frischen, hellen Geistes unternahm Charcot zur Kräftigung seines gealterten Körpers, begleitet von seinen Freunden Debove und Strauss die Reise nach Morvan am Lac des Settans, wohin er von Pasteur's Schwiegersohn Herrn Vallery-Radot eingeladen war. Aber plötzlich, mitten am Wege, den 15. August 1893 brach Charcot zusammen. Noch tags vorher schrieb er munteren Humors an seine Familie, die er abgöttlich liebte — und darauf in der Nacht endete sein 68jähriges Leben. Eine plötzliche Herzlähmung hat ihn der Wissenschaft und der leidenden Menschheit entrückt. Er starb in den Armen seiner Freunde, seiner Schüler, welche das schwere Gebot der Pflicht erfüllen mussten, die erschütternde Trauerbotschaft an Charcot's Familie, an alle seine Schüler und an das gesammte Doctoren-Collegium zu senden.

Obwohl Charcot immer den Wunsch geäussert hatte, es möge sein entseelter Körper in aller Stille, ohne Pracht und ohne Schaugepränge zum ewigen Schlafe gebettet werden, hatte die Pietät diesmal den bescheidenen Wunsch ignorirt. Eine unzählbare Menge schöner Kränze legte nicht nur Frankreich, auch das übrige Europa an Charcot's Sarg nieder. Ein Heer seiner Schüler und mehrere ausländische Vertreter wissenschaftlicher Vereine gaben dem Entschlafenen das letzte Ehrengeleite. Es wurden keine Grabreden gehört — aber der Schmerz um den Verlust eines solchen Menschen erschütterte die Herzen Aller, welche lautlos aus der Kapelle der Salpêtrière nach der Friedensstätte Père Lachaise schritten, und dem für ewig schlummernden Charcot folgten.

* * *

Alle medicinischen Zeitschriften brachten Nachrufe der Trauer um den zum Schattenreiche zurückgekehrten Charcot. Seine gewesenen

Internen constituirten gleich nach seinem Tode ein eigenes, bald über die Grenzen Frankreichs hinaus wirkendes Comité, welches sich die ehrende Aufgabe stellte, dem Arzte, dem Lehrer und dem Menschenfreunde Charcot ein Denkmal zu errichten.

Charcot war Mitglied der Société de biologie, 1851 (1860 ihr Vice-Präsident).

L'Académie de médecine de Paris, seit 1872.

La Société royale des sciences naturelles de Bruxelles, seit 1874 correspondirendes Mitglied.

New York Society of Neurology and Electricity, seit 1874 correspondirendes Mitglied.

Gesellschaft der Kliniker in London, seit 1874 Ehrenmitglied.

Königliche Gesellschaft der Aerzte in Budapest, seit 1876 correspondirendes Mitglied.

Kaiserliche königliche Gesellschaft der Aerzte in Wien, seit 1878 correspondirendes Mitglied.

Harveian Society (Londres), seit 1878 Ehrenmitglied.

Gesellschaft der Pathologen in London, seit 1878 correspondirendes Mitglied.

Medicinisch-chirurgische Gesellschaft in Edinburg, seit 1873 correspondirendes Mitglied.

Gesellschaft der Aerzte in Erlangen, seit 1878 Ehrenmitglied.

La Société anatomique de Paris, seit 1852 Ehrenmitglied (1872 ihr Präsident, und 1882 Ehrenpräsident).

In den Jahren 1879, 1880, 1881 ward Charcot:

Correspondirendes Mitglied: L'Académie royale de médecine de Belgique;

Ehrenmitglied der Gelehrten-Gesellschaft in Dresden;

desgleichen La Société médicale de Finlande (Helsingfors);

desgleichen der Psychologen-Gesellschaft in London;

desgleichen der Gesellschaft der Aerzte in Florenz;

Correspondirendes Mitglied der Aerzte-Akademie in New York;

Ehrenmitglied der Gesellschaft der Psychiater in Petersburg;

desgleichen des Vereins der Aerzte in Moskau;

desgleichen La Société des sciences médicales de Lisbonne;

desgleichen des Vereins der Aerzte in London;

desgleichen der königlichen Akademie der Aerzte in Rom;

desgleichen der amerikanischen Gesellschaft der Neurologen.

Im Juni 1882 ward Charcot zum Ehrendoctor der Facultät in Würzburg ernannt, als dort das 300jährige Jubiläum der Gründung der Universität gefeiert wurde.

In der Widmungsurkunde heisst es: J. M. Charcot, qui novam doctrinam de curatione atque experimentis pathologiae nervorum adhibendis admirabili ingenio invenit praeterea totam morborum cohortem libris suis quibus varias, tam anatomicas, quam curationis vias feliciter explenavit medicis omnibus utiliter illustravit.

Im März 1882 wurde Charcot Ehrenmitglied der Société médicale Royale d'Edimbourg, und im März 1883 Ehrenmitglied der Royal Irish Academy *) Im Jahre 1880 wurde ihm von der Academie des Sciences (Institut de France) der Preis von 2500 Fr. aus dem Concurse Montyon für die Arbeit »Les localisations dans les maladies du cerveau et de la moelle épinière« zutheil.

V.

Charcot's Arbeiten sind folgende:

A. Rheumatismus und Gicht betreffend:

1. Etudes pour servir à l'histoire de l'affection décrite sous les noms de goutte asthénique primitive, nodosités des jointures, rhumatisme articulaire chronique (forme primitive). Thèse pour le doctorat. Paris 1853.
2. De la non-existence d'un excès d'acide urique dans le sang, chez les sujets atteints de rhumatisme nerveux. (Dans la traduction du Traité de la goutte de M. Garrod.)
3. Sur l'encéphalopathie rhumatismale. (Ball, thèse de concurs pour l'agrégation Paris 1866). Die Resultate seiner zahlreichen Forschungen bei dieser Krankheit sind in der Ball'schen These enthalten.
4. Exemple de congestion pulmonaire survenue dans le cours du rhumatisme articulaire aigu, et ayant brusquement déterminé la mort (Desgleichen in der Ball'schen These citirt).
5. Rhumatisme blennorrhagique, rhumatisme génital. Etiologie des diverses formes du rhumatisme articulaire aigu ou chronique. Bulletin de la Société médical des hôpitaux, etc., t. III. 2e série, 1866, p. 323.
6. Altérations des cartilages dans la goutte. Comptes rendus des séances de la Société de Biologie, t. V. 2e série année 1858. Paris 1859.
7. Sur les concrétions tophacées de l'oreille externe chez les goutteux. Comptes rendus des séances de la Société de Biologie, t. II., 3e série 1860. Paris. 1861.
8. L'intoxication saturnine exerce-t-elle une influence sur le développement de la goutte? Gazette hebdomadaire, t. X., 1864, p. 433.
9. Contributions à l'étude des altérations anatomiques de la goutte et spécialement du rein et des articulations chez les goutteux (im Vereine mit Cornil). Société de Biologie 1863
10. La goutte, sa nature, son traitement, et le rhumatisme goutteux, par A. B. Garrod. (Ouvrage traduit de l'anglais sur la deuxième édition, par le docteur J. M. Charcot. 1 vol. in 8° avec planches. Paris, 1867).

*) . . . . . . for his important researches in pathological anatomy and physiology, especially of the central nervous system . . . . . .

B. Tuberculose. Krebs.

11. Sur le purpura haemorrhagica qui survient dans certains cas de tuberculisation générale aiguë. Comptes rendus des séances de la société de Biologie, t. IV., 2e série, année 1857, Paris, 1858

12 Sur la structure et le mode de développement des cellules géantes dans le tubercule. Société de biologie, 10 août 1878.

13. Sur la paraplégie douloureuse qui survient dans certains cas de cancer. Union médicale 1865.

14. De la carcinose miliaire aiguë (im Vereine mit Vulpian. Thèse de Laporte. Sect. III., nro. 14).

C. Typhöses Fieber. Eruptiv-Fieber. Cholera.

15. Plusieurs articles sur les pyrexies. Tome IV. des Eléments de pathologie médicale de A. P. Requin. Paris, 1863.

16. Des affections laryngées dans la fièvre typhoïde (im Vereine mit Dechambre). Gazette hebdomadaire de médecine et de chirurgie, t. VI., 1865, p. 465.

17. Caractères anatomiques et nosologiques de la fièvre jaune et de l'ictère grave (im Vereine mit Dechambre). Gazette hebdomadaire 1858, p. 111.

18. Sur l'épidémie qui a régné à Saint Pétersbourg en 1865. Gazette hebdomadaire 1865.

19. Sur les rechutes dans la fievre typhoïde et sur la rechute récidive (Reversion quelques auteurs) en général. Die Beobachtungen und Anschauungen Charcot's bei dieser Krankheit sind in der These von L. A. Michel niedergelegt.

20. Cas de variole chez un foetus Comptes rendus des séances de la Société de Biologie pendant l'année 1851.

21. Note sur la température du rectum dans le choléra asiatique. Comptes rendus des séances et Mémoires de la Société de Biologie, t. XVII., année 1865. Paris, 1866.

D. Veränderungen des Blutes. Leucocythaemie. Melanaemie.

22. Observation de leucocythémie (im Vereine mit Robin). Comptes rendus des séances et Mémoires de la Société de Biologie, t. V. 1e série, année 1863. Paris 1854.

23. Note sur des cristaux particuliers trouvés dans le sang et dans certains viscères d'un sujet leucémique, et sur d'autres faits nécroscopiques observés sur le même sujet (im Vereine mit Vulpian). Gazette hebdomadaire, t. VII, 1860.

24. De la mélanémie, alteration du sang par des granules et des corpuscules de pigment. Gazette hebdomadaire, 1857, p. 639.

E. Krankheiten des Gefäss-Systems. Arterielle und venöse Embolie. Thrombose. Endocarditis. Ischaemische Paralysen.

25. Sur la mort subite et la mort rapide à la suite de l'obturation de l'artère pulmonaire par des caillots sanguins dans le cas de phlegmasia alba dolens et de phlébite oblitérante (im Vereine mit Ball). Gazette hebdomadaire de médecine et de chirurgie, 1858.

26. Observations de rhumatisme articulaire aigu avec phénomènes comateux, puis hémiplégie; ramollissement du cerveau; dépôts fibrineux multiples dans plusieurs viscères et, en particulier, dans la rate. Lésions dysentériques du côlon. Endocardite avec végétations fibrineuses. Comptes rendus des séances de la Société de Biologie pendant l'année 1851. Paris. 1852.

27. Gangrène du pied et de la jambe. dépôts fibrineux multiples dans les reins, la rate, le foie etc. Comptes rendus des séances de la Société de Biologie, t. II., 2e série, année 1855. Paris 1856.

28. Notes sur un cas de tumeurs fibrineuses multiples, contenant une matière puriforme situées dans le ventricule droit du cœur, avec l'indication des cas analogues. Comptes rendus des séances de la Société de Biologie pendant l'année 1851. Paris 1852.

29. Remarques sur les kystes fibrineux renfermant une matière puriforme, observés dans deux cas d'anévrysme partiel du cœur. Mémoire de la Société de Biologie, t. Ier, 2e série, année 1854. Paris 1855. Avec planches lithographiques.

30. Vascularité très prononcée des valvules sigmoïdes de l'aorte chez une rhumatisante. Comptes rendus des séances de la Société de Biologie, t. III, 3e série, 1862, p. 269.

31. Note sur l'endocardite ulcéreuse aiguë de forme typhoïde, à propos d'un cas d'affection ulcéreuse de la valvule tricuspide avec état typhoïde et formation d'abcès multiples dans les deux poumons (im Vereine mit Vulpian). Mémoires de la Société de Biologie. t. III., 3e série, année 1861 – 62, p. 204.

32. Sur la thrombose artérielle qui survient dans certains cas de cancer. Communication faite à la Société médicale des hôpitaux, dans la séance du 22 mars 1865. Union médicale, 1865.

33. Sur la claudication intermittente observée dans un cas d'oblitération complète de l'une des artères iliaques primitives. Mémoire lu à la Société de Biologie. Gazette médicale de Paris, année 1859.

34. Contracture des muscles d'un membre supérieur, consécutive à l'oblitération de l'artère humérale correspondante. Thèse de M. Benni, p. 59. Sect. III. no. 33, et J. Simon. article «Contracture», dans le Nouveau Dictionnaire de médecine et de chirurgie pratiques, t. IX., p. 269.

F. Affectionen der Athmungsorgane.

35. Essai d'une anatomie médicale de structure à propos du poumon. Progrès médical. 1877.

36. Anatomie pathologique de la broncho-pneumonie aiguë. Progrès médical.

37. De la pneumonie chronique. Thèse présentée au concours pour l'agrégation. section de médecine et de médecine légale. Paris, 1860.

38. Nouvelles recherches anatomo-pathologiques et cliniques sur les pneumonies chroniques. Cirrhoses du poumon. Exposées dans les leçons professées à la faculté de médecine en 1877 et 1878.

39. Etudes de pathologie expérimentale à propos des pneumonokonioses. Leçons professées à la faculté de médecine (semestre d'été 1877). Progrès medical. 1877.

40. Recherches anatomo-pathologiques sur la phthisie; tuberculose du poumon. Communication à la Société de Biologie, août 1877. Leçons faites à la faculté, 1877 et 1878.

G Krankheiten der Leber und des Gallenganges.
Krankheiten der Nieren, Morbus Brightii, Urämie, Diabetes etc.

41. Note sur les altérations du foie consécutives à la ligature du canal cholédoque. (Étude de pathologie expérimentale. Archives de physiologie. 1876).

42. Contributions à l'étude anatomique des différentes formes de la cirrhose du foie. Archives de physiologie. 1876.

43. Des cirrhoses viscérales épithéliales en général, à propos des cirrhoses d'origine biliaire. Cours de la faculté, semestre d'été, 1876. Progrès médical, 1877

44. Symptômes d'ictère grave, atrophie jaune aiguë du foie avec destruction des cellules hépatiques chez une femme syphilitique; dans la thèse d'aggregation de M. le docteur Blachez. Paris, 1860.

45. Deux observations de maladie de Bright avec des phénomènes comateux et absence d'oedème présentées à la Société anatomique, par M. d'Ornellas. Rapport sur ces observations. Bulletin de la Société anatomique, numéros de mai et juin 1854.

46. Distinction anatomo-pathologique et clinique des divers types morbides compris sous la dénomination de maladie de Bright. Leçons sur les Maladies du foie, des voies biliaires et des reins.

47. De l'amblyopie et de l'amaurose albuminuriques. Gazette hebdomadaire, année 1858.

48. Observation de polyurie consécutive à un coup sur la tête. Gazette hebdomadaire, t. VII., 1860, p. 65.

49. Quelques documents concernant l'historique des gangrènes diabétiques. Gazette hebdomadaire, t. VIII., 1861.

50. Leçons sur les maladies du foie, des voies biliaires et des reins, faites à la faculté de médecine de Paris. Vol. in 8° de 380 pages avec 37 figures intercalées dans le texte et 7 planches en chromolithographie. Paris, 1877.

51. Note relative à l'étude anatomique de la néphrite saturne expérimentale (im Verein mit Dr. Gombault). Archives de physiologie, 1881.

52. Des conditions pathogéniques de l'albuminurie. Leçons faites à la faculté de médecine (cours de 1880).

H. Affectionen der Haut.

53. Erythème produit par l'action de la lumière électrique Comptes rendus des séances de la société de Biologie, t. V., 2° série, année 1858. Paris 1859.

54. Coloration bronzée de la peau avec altération graisseuse des capsules surrénales (maladie d'Addison im Verein mit Vulpian). Comptes rendus des séances de la Société de Biologie, t. IV., 2e série, année 1857. Paris 1858.

55. Note sur quelques cas d'affection de la peau dépendant d'une influence du système nerveux, par le doctor Charcot, suite de remarques sur le mode d'influence du système nerveux sur la nutrition, par le docteur E. Brown-Séquard. Journal de la physiologie de l'homme et des animaux, t. II. 1859, p. 108.

56. Sur un cas de zona du cou avec altération des nerfs du plexus cervical et des ganglions correspondants des racines spinales postérieures (im Verein mit Cotard). Mémoires de la Société de Biologie, t. XVII., 1866, p. 41.

57. Sur la Sclérodermie. Communications à la Société de Biologie. Gazette médicale, 1872

58. Sur la canitie rapide ou subite. Gazette hebdomadaire, t. VIII., 1861, p. 445.

J. Krankheiten der Greise.

59. Leçons cliniques sur les maladies des vieillards et les maladies chroniques (2 vol. in 8°, avec planches. Paris, 1868, recueillies par M. Ball). Gazette des hôpitaux.

60. Maladies des voies biliaires, chez les vieillards 1° Accidents liés à la lithiase biliaire; 2° cancer des voies biliaires. Leçons faites à la Salpêtrière, en 1869, thèse de M. le Dr. Magnin. Sect. III., nro. 43

61. Observations sur la pneumonie des vieillards, et principalement sur les variations que subit la température dans cette maladie.

62. Altération athéromateuse des artères et endartérite déformante. Leçons sur les maladies des vieillards, 2e série, 2e fasc.

63. Observations relatives à la gangrène spontanée chez les vieillards. Thèse de M. W. Benni. Sect. V., nro. 33.

64. Sur l'ostéomalacie sénile (im Verein mit Vulpian). Soc. de Biologie 1863 - 64.

65. Du tremblement dit sénile, chorée sénile de quelques auteurs. Progrès méd. 1876, p. 816.

66. La chorée vulgaire (chorea minor) chez les vieillards. Progrès med. 1878, pag. 178.

67. De l'importance de la thermométrie dans la clinique des vieillards. De l'algidité centrale. Gazette hebdomadaire, 1869.

K. Die Basedow'sche Krankheit.

68. Mémoire sur une affection caractérisée par des palpitations du coeur et des artères, la tuméfaction de la glande thyroïde et une double exophthalmie. Gazette méd 1856.

69. Sur la maladie de Basedow (cachexie exophthalmique). Gazette hebdom., t. VI., 1859, pag. 266.

70. Nouveau cas de maladie de Basedow. Heureuse influence d'une grossesse survenue pendant le cours de la maladie. (Gazette hebdom., t. VI., 1861. pag 362

L. Krankheiten des Nervensystems.
I. Gehirnerweichung. Partielle Encephalitis Gehirn-Hämorrhagie.

71. Recherches cliniques et anatomo-pathologiques sur le ramollissement cérébral de l'encéphalie

72. Sur une observation d'aphasie. Gazette hebdm., t. X., 1863, p. 473 et 425.

73. Note sur une altération des petites artères de l'encéphale qui peut être considérée comme la cause la plus fréquente de l'hémorrhagie cérébrale (im Verein mit Bouchard). Soc. de Biol. mars 1866.

74. Exemple d'atrophie cérébrale avec atrophie et déformation dans une moitié du corps (im Vereine mit Turner). Comptes rendus des séanc. et Memoir. de le Soc. de Biol. 1852, Paris, 1853.

75. Communications à la Soc. de Biol. sur les dégénérations secondaires de la moelle épinière (im Verein mit Vulpian, 1859).

76. Note sur la formation rapide d'une eschare à la fesse du côté paralysé, dans l'hémiplégie récente de cause cérébrale. Arch. de physiol., t. I., p. 308, 1868.

77. Arthrite dans l'hémiplégie de cause cérébrale. Arch. de physiol. etc., 1868.

78. Sur la production d'ecchymoses qu'on observe fréquemment sous les téguments de la tête, dans l'épaisseur des plèvres, de l'endocarde, de la membrane muqueuse de l'estomac etc., chez les apoplectiques. Comptes rendus etc., 1868

79. Note sur la température des parties centrales dans l'apoplexie liée à l'hémorrhagie cérébrale et au ramollissement du cerveau. Comptes rendus, 1867.

80. Absence de rigidité cadavérique dans certains cas de paralysie ancienne. Dans Bouchard, Des dégénérations secondaires de la moelle epinière, Sect. V. nro. 30, et Cornil, Comptes rendus etc., Sect. V., nro 20.

81. Etude sur quelques points de la sémiotique des hémiplégies récentes dans le ramollissement et dans l'hémorrhagie de l'encéphale.

82. De l'hémichorée post-hémiplégique. Leçons sur les maladies du syst. nerv., t. II, 2e édit, p. 386.

83. De l'Athétose. Leçons etc, t. II, 2e édit., pag. 455

II. Befunde von der Localisation bei Krankheiten des Gehirns.

84. Des localisations dans les maladies du cerveau. Leçons faites à la faculté de méd. de Paris, 1875.

85. Localisations dans les masses ganglionnaires centrales des hémisphères du cerveau (corps optostriés. Lésions de la capsule interne en particulier Cours

de la faculté, 1875. Leçons sur les local. dans les mal. cérébrales, p. 98 et suiv. Voir aussi J. A. L a f o r g u e. Étude sur les rapports des lésions de la couche optique avec l'hémianesthésie d'origine cérébrale. Observations recueillies à la Salpêtrière, dans le service de M. C h a r c o t. Thèse de Paris, 1877.

86. Caractères cliniques de l'hémianesthésie cérébrale par lésion organique. Leçons etc., t. I., 1re édit. 1872 (88). Leçons sur les localis. etc., 10e leçon, p. 144 (82).

87. Les lésions en foyer des hémisphères cérébraux qui produisent l'hémianesthésie déterminent l'amblyopie croisée et non l'hémiopie latérale. Leçons sur les localis, p. 120.

88. Étude des localisations motrices dans l'écorce des hémisphères du cerveau. Détermination topographique des zones motrices corticales chez l'homme. Cours de la Faculté, 1875. Leçons sur les localis. etc. (82). Discussion devant la Soc. de Biol. 1875.

89. Critique de la doctrine des localisations motrices dans l'écorce des Hémisphères cérébraux de l'homme (im Vereine mit P i t r e s). Rev. de méd. 1883.

90. Des dégénérations secondaires de la moelle épinière dans les cas de lésions corticales des hémisphères du cerveau. Cours de la Faculté 1875. Leçons sur les localis., p. 154 et suiv. Voir nro. 82 P i t r e s. Progrès méd. 1877.

III. Vorträge über Nervenkrankheiten in der Salpêtrière.

91. Leçons sur les maladies du système nerveux faites à la Salpêtrière 1877. (Erschienen gedruckt in drei Theilen und wurden in's deutsche, englische, ungarische, russische und italienische übersetzt.)

IV. Localisation bei Krankheiten des Rückenmarkes.

92. Essai de physiologie pathologique de la moelle épinière, fondée principalement sur les données de l'anatomie pathologique topographique, et sur la connaissance des affections spinales systématiques. Théorie des localisations dans les maladies spinales.

93. Nouvelle contribution à l'étude des localisations motrices dans l'écorce des hémisphères du cerveau (im Vereine mit P i t r e s). Revue mensuelle de méd. et de chir. 1881.

94. Dégénération secondaire du pédoncule cérébral. Leçons sur les localis. dans les mal. du cerveau et de la moelle.

95. De l'état de la tonicité musculaire dans la contracture permanente des hémiplégiques. Leçons sur les localis. dans les mal. du cerv. et de la moelle épin.

96. Analyse graphique des reflexes tendineux. Leçons etc.

97. Atrophie musculaire des hémiplégiqués. Leçons etc.

98. Sur les localisations dans les maladies de la moelle épinière. Leçons faites à la faculté de méd. de Paris. Cours d'anatomie pathol. Paris 1880. (Uebersetzt in's deutsche und englische.)

V. Sclérose (graue Induration) der Nervencentra.

99. Des scléroses de la moelle épinière. Gaz. des hôpitaux, 1868. Mouvement méd. 1872.

VI. Sclérose en plaques disseminée.

100. Anatomie pathologique de la sclérose en plaques. Gaz. des hôpiteux, 1868.

101. Étude nosographique et clinique de la sclérose en plaques. Mouvement méd. 1871.

102. Anomalies de la sclérose en plaques. Leçons sur les mal. du syst. nerv., t. II.

103. Diagnostic des formes frustes de la sclérose en plaques. Progrès méd. 1869.

VII. Sclérose der Hinterstränge.

104. Note sur un cas d'atrophie des cordons postérieurs de la moelle épinière et des racines spinales postérieures (ataxie locomotrice progressive; im Verein mit Vulpian). Gaz. hebdom 1862.

105. Sur deux cas de sclérose des cordons postérieurs de la moelle avec atrophie des racines postérieures (tabes dorsalis, Romberg; ataxie locomotrice progressive, Duchenne, de Boulogne; im Vereine mit Vulpian). Comptes rendus des séances de la Soc. de Biol. 1863.

106. Douleurs fulgurantes de l'ataxie locomotrice sans incoordination des mouvements; sclérose commençante des cordons postérieurs de la moelle épinière (im Vereine mit Bouchard). Soc. de Biol. 1866. Gaz. méd. 1866.

107. Sur les affections cutanées qui succèdent quelquefois aux douleurs fulgurantes dans l'ataxie locomotrice. Leçons sur les mal. du syst. nerv. 1872

108. Arthropathies liées a l'ataxie locomotrice progressive. Arch. de phys. 1868.

109. Des fractures spontanées dans l'ataxie locomotrice progressive. Arch. de phys. 1874. Progrès méd. 1877.

110. Altérations de la substance grise de la moelle épinière dans l'ataxie locomotrice considérées dans leurs rapports avec l'atrophie musculaire qui complique quelquefois cette affection. Gaz. méd. 1871.

111. Anomalies cliniques de l'ataxie locomotrice progressive. Leçons sur les mal. du syst. nerv., t. II.

112. Sur la fréquence du pouls chez les ataxiques. Comptes rendus etc., 1868.

113. Ataxie locomotrice progressive. crises laryngées tabétiques.

114. Nouvelles études sur les lésions des os et des jointures liées à l'ataxie locomotrice progressive. Commun. faite au Congrès intern. de Londres 1881.

VIII. Sclérose der Seitenstränge.

115. Note sur un cas de sclérose des cordons latéraux de la moelle épinière chez une femme hystérique. Séance de la Soc. méd des hôpitaux 25. 1 1865. L'Union méd. 1865

116. Études anatomo-pathologiques et cliniques sur la sclérose primitive des cordons latéraux. Relations qui existent entre cette affection spinale et l'atrophie musculaire progressive. Arch. de phys. 1869.

IX. Paralysis infantilis.

117. Cas de paralysie infantile spinale, avec lésion des cornes antérieures de la substance grise de la moelle épinière (im Vereine mit Joffroy) Arch. de phys. 1870.

118. Symptomatologie, anatomie et physiologie pathologique de la paralysie infantile. Revue photograph. des hôp. 1870. Leçons sur les mal. du syst. nerv., t. II

119. Du rôl que joue l'altération des cellules nerveuses des cornes antérieures de la substance grise spinale dans la pathogénie de l'atrophie musculaire progressive, de la paralysie infantile et de la myélite aiguë centrale Leçon faite à la Salpêtrière en juin 1868

120. Note sur un cas d'atrophie musculaire progressive spinale protopathique (type Duchenne-Aran). Arch. de phys. 1875.

121. De la sclérose latérale amyotrophique. Leçons sur les mal. du syst. nerv., t. II.

X. Paralysis.

122. Note sur un cas de paralysie glosso-laryngée suivi d'autopsie. Arch. de phys. 1878.

123. La paralysie labio-glosso-laryngée, considérée dans ses rapports avec les sclé-roses bulbaires et les autres lésions organiques qui peuvent occuper le bulbe rachidien.
124. Observation de paralysie glosso-labiée, cérébrale, à forme pseudobulbaire. Dans R. Lépine, Note sur la paral. glosso-labiée, etc. Rev. mensuelle, t. I.

XI. Pachymeningitis.

125. Anatomie pathologique et symptomatologie de la pachyméningite spinale cer-vicale. Gaz. méd. 1872.

XII. Myelitis.

126. Anatomie pathologique, symptomatologie, étiologie de la myélite aiguë. Leçons de la Salpêtrière, 1870.
127. De la compression lente de la moelle épinière. Leçons sur les mal. du syst. nerv., t. II.
128. Hémiparaplégie déterminée par une tumeur qui comprimait la moitié gauche de la moelle épinière au-dessus du renflement dorso-lombaire. Arch. de phys. 1869.
129. Des paraplégies urinaires. Mouvement méd. 1872.
130. Sur la tuméfaction des cellules nerveuses motrices et des cylindres d'axe des tubes nerveux dans certains cas de myélite. Arch. de phys. 1872.

XIII. Haematomyelie (Apoplexie spinalis).

131. L'hématomyélie considérée dans ses rapports avec la myélite centrale. Leçon faite à la Salpêtrière, 1870, inédite.

XIV. Pseudohypertrophische Paralyse.

132. Note sur l'état anatomique des muscles et de la moelle épinière dans un cas de paralysie pseudohypertrophique. (Arch. de phys. 1872).

XV. Paralysis agitans.

133. De la paralysie agitante (im Verein mit Vulpian). Gaz. hebom. 1861. Leçons sur les mal. du syst. nerv., t. I.
134. Nouvelle étude de paralysie agitante. Saz des hôp 1868. Leçons sur les mal du syst. nerv., t. I.

XVI. Hysterie. Hysteroepilepsie. Epilepsie. Apoplekti- und epileptiforme Anfälle.

135. De l'ischurie hystérique. Leçon faite à la Salpêtrière, 1872.
136. De l'hémianesthésie hystérique. Mouvement méd. 1872.
137. De la contracture permanente des hystériques. Gaz. des hôp. 1871.
138. De l'influence des lésions traumatiques sur le développement des phénomènes d'hystérie locale. Traumatisme et paralysie agitante. Progrès méd. 1878. Leçons sur les mal. du syst. nerv., t. III.
139. De l'hyperesthésie de l'ovaire dans certaines formes de l'hystérie. Mouvement méd. a The Lancet 1872.
140. De l'hystéroépilepsie. Rev. photograph. des hôp. 1872.
141. Description des périodes successives de l'attaque hystéroépileptique. Leç. sur les mal. du syst. nerv., t. I. Regnard und Richer. Etudes sur l'attaque hystéroépileptique. (Revue mensuelle, 1878).
142. Études sur l'achromatopsie dans l'hémianesthésie des hystériques et dans l'hémianesthésie liée à la présence d'une lésion organique en foyer de l'un des hémisphères du cerveau. Progrès méd. 1878. Gaz. des. hôp. 1878. Soc. de Biol. 1878.
143. Sur un trouble particulier de la vision chez les hystériques. Progrès méd. 1878.

144. Diagnostic de certaines affections du système nerveux par l'examen de la température centrale. Gaz. hebdom. 1869.

145. Sur les variations de la température centrale qui s'observent dans certaines affections convulsives, et sur la distinction, qui doit être établie à ce point de vue entre les convulsions toniques et les convulsions cloniques (im Verein mit H o u c h a r d.) Mém. de la Soc. de Biol. 1866.

146. De l'épilepsie partielle d'origine syphilitique. Leç. sur les mal. du syst. nerv., t. II.

147. De la chorée rhythmique hystérique. Progrès méd. 1878.

148. La paraplégie spasmodique en général et en particulier chez les hystériques. Progrès méd. 1879.

149. La douleur iliaque dite ovarienne des hystériques a réellement son siège dans l'ovaire. Observations de M. C h a r c o t, développées dans une note communiqué à la Soc. de Biol. par M. F é r é 1881.

150. Du phénomène des oscillations consécutives au transfert. Progrès méd. 1879.

151. Des zones hystérogènes. Progrès méd. 1880.

152. Du pouls lent permanent avec accès épileptoïdes. Leç. sur les mal. du syst. nerv., t. II.

153. Études physiologiques de l'hystérie. Action des applications métalliques, des aimants, des courants galvaniques faibles, sur l'anesthésie des hystériques et sur l'anesthésie cérébrale par lésion organique. Métalloscopie, métallothérapie.

154. Études physiologiques et cliniques sur l'hypnotisme chez les hystériques. Progrès méd. 1878. Gaz. des hôp. 1878. Gaz. méd. 1873.

XVII. Affectionen der peripheren Nerven.

155. Altérations des nerfs dans la paralysie diphthérique du voile du palais (im Verein mit V u l p i a n). Gaz. hebdom. 1862.

156. Troubles trophiques consécutifs aux lésions des nerfs périphériques. Leç. sur les. mal. du syst. nerv., 1872.

XVIII. Varia.

157. Sur les néomembranes de la dure-mère cérébrale à propos d'un cas d'hemorrhagie intra-méningée (im Verein mit V o l p i a n). Gaz. hebdom. 1868.

158. Altération spéciale de la table interne du pariétal gauche. Comptes rendus etc. 1854.

159. Tumeur de volume d'un oeuf de pigeon comprimant un côté de la moelle allongée et les nerfs qui en partent. Compt. rend. etc. 1851.

160. Sur deux cas d'altération du foie et sur un cas de fungus de la dure mère (im Verein mit C l a u d e B e r n a r d). Compt. rend. etc. 1851.

161. Description du Tabes dorsal spasmodique. Leç. sur les mal. du syst. nerv.

162. Du vertige de Ménière (Vertigo ab aure laesa). Progrès méd. 1874, 1875. Leç. sur les mal. du syst. nerv., t. II.

163. Vertige de Ménière. Faits nouveaux et étude de l'action du sulfate de quinine dans cette maladie. Voir le mém. de Mm. F é r é et D e m a r s. Sect. V.

164. Du vertige laryngé. Progrès méd. 1879

165. Migraine ophthalmique.

166. Cachexie pachydermique (Myxoedème des auteurs anglais). Leç. recueillie par Ballet 1880. Mém. de M. le Dr. T h a o n; de Nice 1881. Thèse de M. R i d e l - S a i l l a r d. 1881.

M. Therapie.

167. Sur l'emploi du nitrate d'argent dans le traitement de l'ataxie locomotrice progressive (im Vereine mit V u l p i a n). Bulletin général de thérapeutique méd. et chir. Paris 1862.

168. Traitement du rhumatisme articulaire nigu par les alcalins à haute dose. Gdz. hebdom. 1862.
169. Note sur l'anaphrodisie produite par l'usage prolongé des préparations arsénicales. Bulletin gén. de therap. 1864.
170. Inopportunité de l'administration des préparations opiacées dans les cas de néphrite albumineuse aiguë ou chronique. Cornil. Mém. sur les coïncidences du rhum. art. chron. Sect. III.
171. De l'expectation en médecine. Thèse de concours pour l'agrégation. Paris, 1857.

N. Psychiatrie.

172. Inversion du sens génital et autres perversions sexuelles. (Charcot et Magnan). Arch. de neurol. 1882.

O. Diverse und letzte Arbeiten.

a.

173. Cas d'ulcère simple de l'estomac, suivi de rétrécissement pylorique et de dilatation stomacale (im Verein mit Vulpian). Comptes rendus etc. 1855.
174. Vomissements d'une matière présentant une coloration vert-pomme et contenant de nombreux cristaux de taurine (im Verein mit Robin) Comptes rendus etc. 1854
175. Recherches anatomopathologiques sur la dyssenterie. Thèse de M. Sacher, voy. Sect. III.
176. Mémoire sur les kystes hydatiques du petit bassin. Comptes rendus etc. a Mém. de la Soc. de Biol. 1852.
177. Kyste hydatifère du foie ouvert dans le péritoine et dans les voies biliaires. Comptes rendus 1854.
178. Hydatides du cerveau et du coeur (im Verein mit Davain). Comptes rendus etc. a Mém. de la Soc. de Biol. 1862.
179. Note sur un cas de kystes hydatiques multiples (im Verein mit Davain). Comptes rendus etc. 1858.
180. Rupture de la rate chez un foetus. Comptes rendus etc. 1858.
181. Etat des muscles de la jambe et du pied, et de l'aponévrose plantaire dans un cas de pied-bot varus. Comptes rendus etc. 1851.

b.

182. La médecine empirique et la médecine scientifique. Leç. d'ouverture d'un cours de pathol. interne professé à l'Ecole pratique de médecine 1867.
183. Des rapports de l'anatomie pathologique avec la clinique et la physiologie expérimentale. Progrès méd. 1873.
184. Les instituts pathologiques et la clinique. Progrès méd. 1877.

c.

185. De quelques marbres antiques concernant les études anatomiques (im Verein mit Dechambre). Gaz. hebdom. 1857.
186. Représentation d'après nature de la danse de Saint-Guy (chorea germanorum). Par P. Breughel. Esquisse de Rubens représentant une démoniaque. Leç. sur les mal. du syst. nerv., t. I.
187. Note on certain facts of cerebral automatism in Hysteria during the cataleptic period of Hypnotism by Charcot and P. Richer. The Journ. of nerv. and ment. disease 1883.
188. Affections osseuses et articulaires au pied chez les tabétiques (im Vereine mit Féré). Progrès méd. 1883.

189. Étude critique et clinique de la doctrine des localisations motrices dans l'écorce des hémisphères cérébraux de l'homme (im Verein mit P i t r e s). Rev. de méd. 1883.

190. Deux nouveaux cas de sclérose latérale amyotrophique suivis d'autopsie (im Verein mit M a r i e) Arch. de neur. 1885.

191. Sur une forme particulière d'atrophie musculaire progressive souvent familiale débutant par les pieds et les jambes et attaignant plus tard les mains (im Verein mit M a r i e). Rev. de méd. 1886.

192. Rapport médicolégal sur Annette G . . . . . (im Verein mit B r o u a r d e l und M a t e t). Arch. de neurol. 1886.

193. Sur la claudication intermittente par oblitération artérielle. Progr. méd. 1887

194. Des crises gastriques tabétiques avec vomissements noirs. Gaz. méd. de Paris, 1889.

195. Sur un cas de syringomyélie observé en 1875 et 1890 (im Verein mit B r i s s a u d). Progrès méd. 1891.

196. Sur un cas de paraplégie tabétique. Arch. de neurol. 1890

197. Sur un cas d'hystérie simulatrice du syndrome de W e b e r. Arch de neurol 1891.

198. Sur un cas de paralysie radiculaire de la première paire dorsale avec lésion hémilatérale de la moelle, d'origine traumatique simulant la syringomyélie. Arch. de neurol. 1891.

199. De l'onomatomanie (im Verein mit M a g n a n) Arch. de neurol. 1892

200. Sur un cas de paralysie générale progressive à début très précoce (im Verein mit D u t i l)

Aus der k. k. böhmischen chirurgischen Klinik des Prof.
Dr. Karl Maydl in Prag.

Ueber den Katheterismus posterior.

Von

Dr. Ottokar Kukula,

klinischem Assistenten.

Der retrograde Katheterismus oder auch Katheterismus posterior
genannt, gehört wohl zu den interessantesten und dankbarsten urologi-
schen Operationen.

Nach Eigenbrodt, der neben Monod die hinsichtlich des
Prioritätsstreites nicht uninteressante Geschichte dieses Operations-
verfahrens ausführlich dargelegt hatte, kann man mit Recht drei
Entwicklungsstadien unterscheiden. In dem ersten wurde der Katheterismus posterior nur bei, nach hohem Blasenstiche bestehenden Fisteln
ausgeführt und war es Verguin, der im Jahre 1757 zum ersten Male
nach Vorschlag Verduc's diesen Weg eingeschlagen. Diesem Stadium
folgte das zweite, dessen Interpret Souberbielle war: dieser bean-
tragte den hohen Blasenstich als Voroperation bei impermeablen
Stricturen zu vollführen und erst später den Katheterismus posterior
folgen zu lassen.

Ihm folgte erst im Jahre 1849 Brainard mit demselben
Vorschlage; der Leser möge mir verzeihen, dass auch ich die
Gelegenheit erfasse und, so wie andere Autoren, auf den zwar schon
recht selten, aber doch noch hie und da auftauchenden falschen Namen
des Katheterismus posterior als Brainard'sche Methode hinweise.

Nach Brainard waren es verschiedene Operateure, die denselben
Vorschlag befolgten, oder bei schon bestehenden Fisteln den Katheterismus posterior ausführten; es waren dies: Voillemier, Callender,
Sédillot, Volkmann, Kovacs und viele Andere. Endlich kam nach
dem Aufleben des hohen Steinschnittes das dritte Stadium, das hauptsächlich Duplay in Frankreich eingeführt hatte. Der Blasenstich wurde
nach und nach verlassen und an seine Stelle der typische hohe
Blasenschnitt eingeführt. Es waren freilich neben Duplay auch andere

Operateure, die unabhängig von Duplay den hohen Blasenschnitt
anwendeten; doch kann man nicht bestreiten, dass der Publication
Duplay's das grösste Verdienst gebührt, dass diese Methode als die
einzig richtige erkannt wurde.

Aus diesen drei Stadien ersieht man. dass im Laufe der vielen
Jahre nur der Weg und die Indicationen zum Katheterismus posterior
Veränderungen anheimfielen: immer waren es impermeable Stricturen
oder Harnröhrenzerreissungen, die diese Operation erheischten, und
nur die Wahl des Weges und die Zeit zum operativen Eingriff wurde
nach und nach geändert.

Was verstehen wir nun unter Katheterismus posterior?

Der Zweck dieses Verfahrens ist die Herstellung einer neuen
Harnröhre in jenen Fällen von impermeablen Stricturen und Harnröhrenzerreissungen. bei denen die sonst üblichen Eingriffe nicht zum Ziele
führen. Darin liegt eben das Hauptgewicht des Verfahrens. Der
anatomische Weg, den wir zur Erreichung dieses Zieles betreten,
kann natürlich verschieden sein; immer handelt es sich um Fälle, wo
wir das centrale Ende der Harnröhre bei der Extraurethrotomie nicht
finden können und behufs Auffindung desselben die Blase, respective.
bei äusserst günstigen Fällen, die pars membranacea eröffnen und dann
von hinten nach vorne die Strictur zu durchdringen trachten. Der
zweite nicht minder wichtige Zweck ist der. solche Verhältnisse zu
schaffen, dass dadurch eine möglichst normale Harnröhre entstehen
könne und die Restitution der Harnableitung perfect sei: ob wir nun
den Blasenstich oder den Blasenschnitt oder die Methode Dittel's zur
Erreichung dieser therapeutischen Aufgabe benützen, ist nicht massgebend; die Hauptsache ist eine vollkommene Restitution der durch
Harnröhrenrupturen oder Stricturen unpassirbar gewordenen Harnröhre
und ihrer physiologischen Functionen.

Man kann also den retrograden Katheterismus auf folgende
Weise definiren:

Der retrograde Katheterismus ist ein Operationsverfahren,
welches nach missglückter Extraurethrotomie bei Impermeablen Stricturen und Harnröhrenzerreissungen als ultima ratio angewendet wird,
um das centrale Ende der Harnröhre von hinten her aufzufinden und
dann womöglich normale Verhältnisse zu schaffen.

Behufs dessen wird heutzutage in der grössten Zahl der Fälle
als Voroperation der hohe Blasenschnitt ausgeführt; man kann dieses
Verfahren passend als Katheterismus retrovesicalis benennen; in
äusserst günstigen Fällen wird der häutige Theil der Harnröhre zum
Angriffspunkt genommen; dies ist die Methode Dittel's, für die wohl am
besten der Name Katheterismus retro-urethralis passt.

Nach dieser Definition muss man also alle jene in der Literatur als durch Katheterismus posterior behandelte Fälle, bei denen es sich nur um das Anlegen einer Bauchfistel handelte, ausschliessen; die Eingriffe, vermittelst deren bei Prostatahypertrophie, bei die ganze Harnröhre einnehmenden Stricturen, die constante Ableitung des Harnes durch Bauchfisteln erreicht wird, können wohl dieselben sein, wie diejenigen zur Vollführung des Katheterismus posterior; doch bei den letzteren ist das Ziel der Operation ein ganz anderes. Daraus folgt, dass diejenigen Fälle, bei denen es sich nur um Anlegen einer Bauchfistel handelt, mit dem Katheterismus posterior nicht in Parallele gebracht werden können. Aus diesem Grunde werden auch meinerseits diese in meiner Publication nicht erwähnt werden.

Nicht minder habe ich auch die bei E i g e n b r o d t erwähnten, mittelst Blasenpunction operirten, 23 Fälle ausgeschlossen; dies geschah nicht nur aus jenem Grunde, weil bei manchen dieser Fälle die Indicationen zum Katheterismus posterior nicht genug berechtigt waren und die Angaben der uns interessirenden Daten bei manchen recht spärlich angegeben sind, sondern hauptsächlich deshalb, weil dieses Operationsverfahren unser Interesse ganz verloren hatte.

Nach der Literatur zu schliessen ist die Methode des Katheterismus posterior durch die Blasenpunction vollkommen verlassen worden; während vor der Publication D u p l a y's in der Literatur 21 mit Punction gegen 7 mit hohem Blasenschnitt behandelte Fälle stehen, ist nach jener Publication das Verhältniss ein ganz conträres; ausser dem im Jahre 1885 publicirten Fall von F i n e, wurde bis jetzt kein einziger Fall auf modernen Schulen vermittelst Punction der Blase zu Stande gebracht; es sind zwar zwei Fälle in der Literatur angegeben, wo der Katheterismus posterior durch eine Bauchblasenfistel vollführt wurde; es ist dies der Fall von R o s e aus dem Jahre 1887 stammend und der Fall von K r a s k e, publicirt von G o l d m a n n im Jahre 1891; doch müssen wir diese Fälle von einem ganz anderen Standpunkte betrachten, da bei beiden wegen drohender Harnretention der Blasenstich durch einen praktischen Arzt gemacht worden war und die daraus resultirende Bauchfistel später natürlich von den Klinikern zur Vollführung des Katheterismus posterior und Heilung der impermeablen Strictur benützt wurde.

Die erwähnten Zahlen sprechen also deutlich genug dafür, dass die Methode des Katheterismus posterior per punctionem vesicae aus den modernen Schulen verbannt wurde; ist ja doch überhaupt die Blasenpunction ein Verfahren, das immer mehr und mehr an festem Boden verliert und auch bei drohender Harnretention in neuerer Zeit verlassen wurde; bei der heute so vervollkommneten Technik des eleganten und höchst einfachen hohen Blasenschnittes, entschuldigen wir nur den praktischen Arzt, der bei drohender Gefahr einer Harnretention in Ermanglung einer Assistenz zur Blasenpunction Zuflucht zu nehmen gezwungen werden kann; ein grosser Fehler wäre es jedenfalls, wenn der Blasenstich wegen drohender Harnretention auch auf einer chirurgischen Schule in Anwendung käme. Umsomehr war ich erstaunt, in dem neuesten Zuelzer'schen klinischen Handbuch der Harn- und Sexualorgane den Abschnitt der chirurgischen Krankheiten der männlichen Harnröhre durch folgende jedenfalls zu kurz gefasste Sätze beendet zu finden:

«Gelingt es auf keine der angegebenen Weisen (nämlich Extraurethrotomie, Ausschneidung des Callus etc.) die Verengerung zu heben, so erscheint der Blasenstich über der Schambeinfuge als unmittelbares Heilmittel bei Harnverhaltung und als Vorbereitung für den retrograden Katheterismus angezeigt.»

Die ohne Zweifel so schöne Methode des Katheterismus posterior per sectionem altam, die sich schon längst vor der Ausgabe dieses Lehrbuches in so viel Fällen glänzend bewährt hatte, und nun, wie ich glaube, überall in Anwendung steht, fand bei Englisch nicht einmal die Würdigung erwähnt, geschweige denn näher beschrieben zu werden.

Einige recht interessante Fälle von impermeablen Harnröhrenstricturen, die wir vermittelst Katheterismus posterior behandelten, bewogen mich dazu, das Interesse für diese Operation durch diese Publication ein wenig zu beleben: ich entschloss mich dazu umso eher, als sich in unserer Kasuistik ein Fall befindet, der in der Literatur bisher noch nicht publicirt wurde. Es ist dies der erste von den nachfolgenden fünf Fällen.

I.

J. Sch., 26 Jahre alt, Bergmann, war mit drei Arbeitsgenossen am 13. Juli 1892 mit dem Sprengen einer starken Braunkohlenschichte beschäftigt; plötzlich löste sich selbe los und verschüttete in groben Stücken den Patienten so, dass nur das Gesicht und die Brust freiblieb. Nach einer kleinen Weile wurde der Patient aus seiner Lage befreit und in das Krankenhaus in Dux überführt. Hier constatirte man mehrere oberflächliche Risswunden und Blutsugillationen, hauptsächlich aber eine Fractur des linken Schambeines und eine Harnröhrenruptur. Im Laufe einer conservativen Behandlung bildeten sich bei dem Patienten zwei Fisteln in der Perinealgegend, deren eine nach vier Wochen spontan zuheilte. Sechs Wochen nach der Verletzung stellte der Patient Gehversuche an, die ihm binnen kurzer Zeit so gut gelangen, dass seine Entlassung aus dem Hospitale bewilligt wurde.

In häuslicher Pflege fühlte sich der Patient, bis auf das durch die erwähnte Fistel fortbestehende Harnträufeln, ziemlich wohl; Ende September bemerkte er links über der Symphyse einen kleinen, etwas schmerzhaften Tumor, der sich nach zwei Tagen öffnete; dabei floss etwas dünner Eiter heraus, wonach am zweiten Tage durch diese Oeffnung Harn abzufliessen anfing. Der behandelnde Arzt erkannte die Nothwendigkeit eines grösseren operativen Eingriffes und schickte den Kranken unserer Klinik zu, woselbst seine Aufnahme am 7. October 1892 erfolgte.

Status präsens: der Kranke ist stark gebaut, verhältnissmässig gut genährt. Am linken Unterschenkel, sowie auch in der Glutaeal- und Rückengegend von Risswunden herrührende Narben; das ganze Perinaeum in ein hartes, kallöses Gewebe, das after- und scrotalwärts, wie auch glutaealwärts beiderseits in weiche Partien übergeht, verändert; linkerseits, 4 Centimeter vom Anus entfernt, die äussere Oeffnung einer, der Sonde in der Länge von 4 Centimetern zugänglichen Fistel, deren nächste Umgebung besonders sklerosirt erscheint.

Direct ober der Symphyse links eine zweite Fistel, die vor dem Schambeine in der Richtung nach unten führt und etwa 4½ Centimeter lang ist. Aus beiden Fisteln tröpfelt beständig Harn ab. Eine Communication beider Fisteln ist nicht nachweisbar; der Harn, soweit man nach der kleinen recht beschwerlich gesammelten Menge schliessen kann, schwach alkalisch; in dem geringen Sedimente Eiterzellen und desquamirte Epithelialzellen.

Die Pars pendula für starke Sonden durchgängig; in der Perinealgegend stossen selbe auf ein Hinderniss, durch das man selbst nicht mit der feinsten Bougie in die Blase gelangen kann.

Der linke Ramus horizontalis ossis pubis, so auch der Ramus descendens, zeigen in der Entfernung von 3 Centimeter von der Symphysis deutliche Spuren einer stattgefundenen und geheilten Schambeinfractur.

Diagnose: Fractura ossis pubis sinistri sanata. Strictura impermeabilis urethrae, fistulae urethrales.

Am 23. November wurde vom Vorstande der Klinik, Professor M a y d l, zuerst der äussere Harnröhrenschnitt ausgeführt, die erwähnten zwei Fisteln discindirt und excochleirt. Die darauf folgenden Versuche, den hinteren Theil der Harnröhre herauszufinden, blieben trotz Erweiterung der Wunde bis zum After, und trotz aller Bemühungen mit verschiedenen Instrumenten erfolglos. Man schritt daher zur Ausführung des hohen Blasenschnittes. Nach der Durchschneidung der Haut und der Insertion der beiden geraden Bauchmuskeln, fand man einen hinter der linken Hälfte der Symphyse gelegenen Abscess, und in der

Tiefe dieser Höhle ein etwa 1 Centimeter langes, nekrotisirtes Fragment des linken Schambeines. Trotz mehrfachen Probeincisionen und Punctionen konnte die contrahirte Blase auch nach Einführen des Peterson'schen Ballons in's Rectum nicht aufgefunden werden; es war nämlich auch die rechte Hälfte des Cavum Retzii in ein so narbiges Gewebe verwandelt, dass man von jedem Versuch, die Blase durch Präpariren zu entdecken, abstehen musste. Nachdem nun alle Versuche, die Harnblase aufzufinden, erfolglos geblieben, wurde der Schnitt in der Richtung gegen den Nabel erweitert, die Bauchhöhle eröffnet und nach der Blase gefahndet. Dieselbe fand man endlich linkerseits ganz in der Tiefe des kleinen Beckens vor: während nun ein Assistent eine mögliche Infection der Peritonealhöhle durch schützende Compressen hintanzuhalten suchte, wurde die Blase nach vorne und oben gedrückt, dann zwei Fixationsnähte angelegt und nachher sofort die Peritoneal-höhle geschlossen. Zwischen den Fixationsnähten wurde nachher die Blase eröffnet und sodann der Katheterismus posterior durchgeführt; derselbe gelang vermittelst einer starken Steinsonde ganz leicht.

Hierauf wurde das die Strictur bildende narbige Bindegewebe excidirt, über den Schnabel der Steinsonde ein Nélaton'scher Katheter gezogen, sein unteres ovales Ende mit demselben Ende eines zweiten, durch die Harnröhre eingeführten Nélaton'schen Katheters zusammengenäht und die Steinsonde langsam oberhalb der Symphyse herausgezogen; das an ihr befestigte Katheterende wurde nun gefasst und die zwei Katheter so gelagert, dass sich ihre Enden in der Blase befanden, der eine Katheter jedoch aus der Blase durch die Blasen-schnittwunde heraussah, während der andere in der Harnröhre gelegen war. Beide Operationswunden wurden nachher mit Jodoformgaze aus-tamponirt, die Incision in den Bauchdecken theilweise vernäht und ein Verband angelegt.

Nachdem der Kranke aufs Lager geschafft wurde, verbanden wir den Harnröhrenkatheter behufs Ableitung des Harnes mit einem längeren Drainrohre; der Blasenkatheter wurde dagegen mit einem zur Irrigation bestimmten Glasgefässe in Verbindung gebracht und eine permanente Irrigation der Blase hergestellt.

Der weitere Verlauf war in Kurzem folgender.

Die permanente Irrigation wurde am dritten Tage, nachdem keine Spuren beigemengten Blutes in der abfliessenden Flüssigkeit sich vor-fanden, aufgelassen, und in den nächsten acht Tagen nur eine zeitweilige Ausspülung der Blase ausgeführt. Am dritten Tage erster Verband- und Katheterwechsel: zu diesem Zwecke nähten wir an das obere Ende des Blasenkatheters das glatte Ende eines dritten Katheters an und legten, nachdem wir den Harnröhrenkatheter vollkommen herausgezogen und dadurch gleichzeitig auch den früheren Blasenkatheter in die Harnröhre gebracht hatten, die beiden Katheter, wie bei der Operation, in der Blase zurecht.

Der ganze Verlauf war vollkommen apyretisch: nach zehn Tagen, nachdem die Blasenschnittwunde üppig mit Granulationen bedeckt war, und das Einführen eines Verweilkatheters in die Blase ohne jegliche Beschwerden bewerkstelligt werden konnte, entfernten wir den Blasenkatheter. Hierauf schlossen sich nach und nach beide Operationswunden: am 2. Jänner war die Blasenschnittwunde vollkommen geheilt. Die Perinaealwunde trotzte längere Zeit einer definitiven Heilung; zwei Monate nachher war endlich die zurückgebliebene Fistel geschlossen. Nachdem der Patient gelernt hatte, sich selbst mit den stärksten Steinsonden zu bougiren, wurde er am 21. März geheilt entlassen.

Zu Hause angelangt konnte der Patient ohne Beschwerden uriniren; bis auf häufigen Harnzwang fühlte er sich ziemlich wohl: doch nach 14 Tagen öffnete sich die Perinaealfistel, aus der dann von Neuem auch ausserhalb des Harnens der Urin hie und da tröpfelte. Patient begab sich deshalb wieder auf unsere Klinik, woselbst man durch Cauterisation die Fistel zur Heilung zu bringen trachtete. Nachdem nun diese Therapie durch längere Zeit erfolglos geblieben war, wurde am 28. April die Fistel in Chloroformnarkose durch zwei ovale Schnitte umschnitten und nachher eine Urethroplastik nach Dieffenbach durchgeführt; dieselbe gelang vollkommen. Der Patient wurde einen ganzen Monat behufs Controle in Spitalspflege belassen, und endlich am 16. Juni 1894 als definitiv geheilt entlassen.

Laut Schreibens vom 18. Mai 1895 ist derselbe ganz gesund und hat bis auf den Umstand, dass er öfters des Tages uriniren muss, sonst keine Harnbeschwerden.

II.

J. B., 21 Jahre alt, Zimmermann, stützte mit einer Stange am 28. April 1891 in einem Hohlwege einen mit starken Balken beladenen Lastwagen. In einer Biegung des Hohlweges stürzte plötzlich der Wagen um, und fiel mit aller Wucht auf die rechte Hüfte des ebenfalls zu Falle gebrachten Patienten. Der besinnungslose Patient wurde sofort in das Krankenhaus in Chrudim gebracht; hier kam er bald zum Bewusstsein und beklagte sich über einen heftigen brennenden Schmerz in der Perinaealgegend, die im ganzen Umfange stark blutig suggillirt war; bald stellte sich auch ein starker Harndrang ein; doch konnte Patient trotz starkem Pressen nicht uriniren.

Der behandelnde Arzt bemühte sich, den aus der Harnröhre blutenden Patienten zu katheterisiren; seine Bemühungen blieben jedoch

erfolglos. Durch fünf volle Tage verblieb Patient unter schrecklichen
Schmerzen in diesem Zustande. Unterdessen entwickelte sich ober der
Symphysis und am Damme je eine stark schmerzende Geschwulst, von
denen die letztere endlich am sechsten Tage in der Früh aufbrach.
Dadurch besserte sich der Zustand des Kranken wesentlich: der Harn
fing an durch diese Oeffnung abzuträufeln, und auch die Schmerzen
und der starke Harndrang liessen allmählig nach.

Nach einer dreiwöchentlichen erfolglosen Behandlung schickte der
ordinirende Arzt den Kranken auf unsere, damals von Prof. Michl
geleitete Klinik. Es wurde eine Beckenfractur mit nachfolgender Harnröhrenruptur constatirt und letztere durch Bougiren behandelt. Nach
einer zehnwöchentlichen Behandlung wurde der Kranke geheilt entlassen.

Patient konnte schon in den ersten drei Wochen der Behandlung
herumgehen und auch die Functionen der Harnröhre und Blase waren
ziemlich befriedigend.

Nach etwa einem halben Jahre stellten sich beim Kranken von
neuem Harnbeschwerden ein. Der Kranke litt nach und nach an
einem immer stärkeren Handrang, wobei unter grossem Pressen nur
ein paar Tropfen Urins abgiengen.

Ein Jahr nachher fühlte er plötzlich in der Gegend des Perinaeums
beim Pressen einen stechenden Schmerz, der, so wie auch eine sich
ebendort entwickelnde Anschwellung, langsam zunahm. Nach einigen
Tagen öffnete sich die Geschwulst, worauf der Kranke auf unserer Klinik
am 3. December 1893 Hilfe suchte.

Status praesens: Bei dem verhältnissmässig stark entwickelten
jungen Manne sehen wir am Damme, einen Centimeter nach rechts
von der Raphe, einen länglichen Defect in der Grösse einer Bohne,
mit gerötheten schmutziggrünen Rändern und ebensolchem Grunde.
Die ganze Dammgegend ist hart infiltrirt, namentlich ihr rechter Theil
und schickt eine ebenso indurirte Fortsetzung in die rechte Glutaeal-
falte aus. Der erwähnte Defect ist trichterförmig und übergeht in
einen Fistelgang von etwa 3½ Centimeter Länge.

Die Pars pendula für starke Instrumente durchgängig: etwa 1 Centimeter vor der erwähnten Fistel stösst die untersuchende Steinsonde
auf einen harten Widerstand, an dem vorbei man mit keiner noch so
feinen Bougie oder Darmsaite in die Blase gelangen kann. Der Harn
träufelt durch die Fistel ab: beim starken Pressen kommt auch eine
kleine Menge durch die vordere Harnröhre zum Vorschein. In dem spärlichen Sedimente des schwach-alkalischen Harnes amorphe Erdphosphate,
Eiterkörperchen und Blasenepithelien.

Diagnose: Fistula et Strictura impermeabilis urethrae post
fracturam pelvis.

Die Therapie hatte zuerst den Zweck, die erwähnte schmerzhafte
ödematöse Schwellung der Dammgegend zum Schwinden zu bringen:
dies gelang vermittelst kalter Umschläge und Massage binnen etlichen
Tagen vollkommen. Bei der nächstfolgenden Untersuchung konnte man
dann constatiren, dass die Harnröhre in dem Bereiche der Pars bulbosa, so auch weiter zur Blase hinauf sammt der ganzen Dammgegend,
in ein hartes narbiges, von der erwähnten Fistel durchsetztes Gewebe
verwandelt ist.

Am 12. December 1893 wurde von Prof. Maydl in Cloroform-
narkose der äussere Harnröhrenschnitt ausgeführt; nachdem das hintere
Ende der vorderen Harnröhre auf einem Itinerarium gespalten und der
Schnitt genügend nach hinten erweitert wurde, fahndete man nach
dem hinteren Ende der Harnröhre: doch gelang es keineswegs, trotz
aller Bemühungen, weder durch die gespaltene Fistel noch durch die
verlängerte Incision in die Harnblase zu gelangen. Es wurde nun die
Fistel mit dem sie umgebenden Callus so gut als möglich excidirt und eine
Verbindung mit der Harnblase gesucht: auch diese Bemühungen blieben
erfolglos; es musste daher zum Katheterismus posterior geschritten
werden.

Trotzdem das perivesicale Gewebe etwas narbig verändert war,
konnte man vermittelst Sectio alta mit Günther's Modification
die Blase bald finden und nach Fixation derselben mit zwei Nähten
eine etwa 1½ Centimeter lange Incision in derselben anlegen. Der
Katheterismus posterior gelang nachher ziemlich leicht. Bei Einführung des Sondenschnabels durch die Blase zeigte es sich, dass
der hintere Theil der Harnröhre tief nach rechts dislocirt war: wo die
Verbindung mit der Fistel früher existirte, konnte, nachdem die Verhältnisse zu complicirt waren und im excidirten Callus noch mehrere
kleine Fistelgänge aufgefunden wurden, nicht sicher constatirt werden.

Es wurde nun ein Verweilkatheter mit einem zweiten Blasenkatheter zusammengenäht und die Verhältnisse so wie bei dem zuerst
erwähnten Falle für die Harnableitung und constante Irrigation hergerichtet. Die Blasenschnittwunde wurde theilweise vernäht und endlich ein Verband angelegt.

Der weitere Verlauf war verhältnissmässig recht günstig: in den
ersten Tagen nach der Operation stellte sich zwar in Folge des Verweilkatheters eine Urethritis ein: wir mussten öfter des Tages den
Verweilkatheter entfernen und natürlich auf seine Verbindung mit dem
Blasenkatheter verzichten: doch war das Einführen desselben durch
die Perinealwunde recht leicht.

Der Verlauf war durch volle vier Wochen vollkommen apyretisch.
Am 15. Tage nach der Operation entfernten wir den Blasenkatheter:

unterdessen gewöhnte sich auch der Kranke an den Harnröhrenkatheter, so dass derselbe dann ständig in der Harnröhre belassen
werden konnte.

Die Heilung der Blasenschnittwunde gieng ungestört vorwärts.
Am 43. Tage nach der Operation war dieselbe vollkommen geschlossen,
doch trotzte nach Entfernung des Verweilkatheters die Perinaealwunde
ziemlich lange einer definitiven Heilung; ausserdem hatten wir nachher
beim Bougiren öfters Schwierigkeiten in die Harnblase zu gelangen.
Zweimal kam es sogar vor, dass wir nicht einmal mit feinen Bougies
in die Blase gelangen konnten. Urethralfieber mit einer Erhöhung der
Temperatur auf 39·8 waren die Folgen der misslungenen Sondirungsversuche. Nach und nach gelang es dann, das anfangs uns unbekannte,
später in Form eines Stranges sich präsentirende Hinderniss zu überwinden
und zuletzt auch mit Steinsonden Nr. 14 in die Harnblase zu gelangen.

Der Kranke lernte hierauf sich selbst zu sondiren, was
wiederum recht grosse Mühe beanspruchte; unterdessen schloss sich
die Perinaealfistel Ende März vollkommen nach wahren Geduldproben
von Seite des Kranken so wie auch des behandelnden Arztes und der
Kranke konnte am 10. April vollkommen geheilt entlassen werden.

Sein Zustand ist nun seit mehr als zwei Jahren ein recht guter.
Patient schreibt, dass er sich in der letzten Zeit, in 14 Tagen einmal mit
den ihm mitgegebenen Metallsonden bougire. Ausser, dass nach stärkerem
Genusse von Bier das Harnen mit leicht brennenden Schmerzen ver-
bunden ist, seien die Functionen der Harnröhre, ja auch seine
Geschlechtsfunctionen ziemlich befriedigend.

III.

J. Ch., 29 Jahre alt, Bergmann, wurde am 20. Jänner 1892 durch
eine heruntergestürzte Braunkohlenschichte verschüttet, wobei er auf
die rechte Seite zu Fall gebracht wurde. Der Kranke verlor sofort
das Bewusstsein und wurde erst nach etlichen Stunden aus der Grube
herausbefördert.

Nachdem er zum Bewusstsein gekommen, klagte er über bren-
nende Schmerzen in der Perinaealgegend und starken Harndrang. Das
rechte Bein konnte er unmöglich in Bewegung setzen; bei passiven
Bewegungen spürte er heftige Schmerzen in der Symphysengegend,
die in die innere Fläche des linken Femur ausstrahlten. Mässige
Blutung aus der Harnröhre.

Der ordinirende Arzt constatirte eine rechtseitige Beckenfractur,
ordnete kalte Umschläge an und führte, nachdem ein spontanes
Uriniren unmöglich war, einen Verweilkatheter ohne Schwierigkeit in
die Blase ein.

Nach 14 Tagen kehrte bei dem Kranken die Möglichkeit einer Bewegung des rechten Beines zurück. Um diese Zeit bemerkte Patient, dass sich ober dem linken Sitzbeinhöcker eine Anschwellung bilde; nach drei Tagen wurde dieselbe vom behandelnden Arzte incidirt und dadurch eine kleine Menge schmutzig-grünen, mit Blut vermischten Eiters entleert. In den folgenden Tagen besserte sich der Zustand des Patienten merklich. Nachdem behufs radicaler Heilung eine grössere Operation von Seite des behandelnden Arztes dem Kranken in Aussicht gestellt wurde, begab sich Patient auf unsere Klinik, woselbt er am 28. März aufgenommen wurde.

Status praesens: der Kranke von mittelgrosser Gestalt und ziemlich gut genährt; ober dem linken Sitzbeinhöcker eine circa ½ Centimeter breite und 1½ Centimeter lange, theilweise mit Granulationen ausgefüllte Wunde, die in einen zur Urethra verlaufenden und einige Centimeter langen Gang übergeht.

Die Dammgegend ist fast in der ganzen Ausdehnung in ein hartes schwieliges Gewebe, namentlich in der Nähe der pars bulbosa, des Afters und um die erwähnte Fistel herum, verändert: durch die Harnfistel tropft der Harn ständig ab. Beim stärkeren Pressen des Kranken wird das Harnträufeln durch die Fistel etwas lebhafter; nur dann, wenn der Kranke die Oeffnung der Fistel mit dem Finger zudeckt und sehr stark presst, tropft der Harn durch die Harnröhre ab. Weder durch die Harnröhre noch durch die Fistel ist es möglich, in die Blase zu gelangen.

Der Harn ist von neutraler Reaction und fast ganz klar. Im spärlichen Sedimente hie und da eine Eiterzelle, etwas Schleim und auch spärliche Blasenepithelien.

Bei der Untersuchung per rectum findet man am linken Ramus descendens os. pub. eine schmale, quere Rinne, die bei Druck dem Kranken recht intensive Schmerzen verursacht.

Diagnose: Strictura et fistula urethrae traumatica impermeabilis post fracturam pelvis.

Am 1. März 1894 in Chloroformnarkose Extraurethrotomia und Discission der Fistel; trotz aller möglichen Versuche konnte die hintere Harnröhre nicht gefunden werden. Deshalb schritt man zum Katheterismus posterior. Typische Sectio alta mit Günther's Modification. Die mässig gefüllte Blase wurde nach Abpräpariren des prävesicalen Gewebes leicht an den röthlichen Muskelfasern erkannt, mit zwei Nähten fixirt, incidirt und vermittelst einer entlang dem linken Zeigefinger in den Blasenhals eingeführten Steinsonde der Katheterismus posterior ausgeführt. Der Schnabel der Sonde erschien in der Perinaealwunde linkerseits durch eine harte Schwiele bedeckt: diese wurde

exstirpirt. das ganze callöse Gewebe so gut als möglich excidirt, ein
Nélaton-Katheter durch die Blase in die Perinaealwunde herausgeführt,
mit demselben ein zweiter durch die Harnröhre eingeführter zusammengenäht und hernach durch Ziehen am freien Ende des Blasenkatheters
beide Katheter so gelegt, dass ihre zusammengenähten Enden in die
Blase zu liegen kamen.

Theilweise Vernähung der äusseren Blasenschnittwunde, Tam-
ponirung beider Operationswunden mit Jodoformgaze: Verband und
Anlegen der erwähnten Vorrichtung zur permanenten Irrigation und
Ableitung des Harnes.

Verlauf: Am zweiten Tage nach der Operation kleine Temperatur-
erhöhung, sonst der weitere Verlauf apyretisch. Der Blasenkatheter
wurde nach acht Tagen entfernt, worauf sich die Wunde, die vom
hohen Blasenschnitt herrührte, nach weiteren 11 Tagen schloss; auch
die Perinaealwunde granulirte üppig, so dass am 1. April nur eine steck-
nadelkopfgrosse Fistel von derselben zurückblieb. Am 15. April war auch
diese Fistel vollkommen geschlossen. Der Kranke lernte schon früher
sich selbst zu bougiren und wurde am 22. April 1894 geheilt entlassen.

IV.

J. V., 56 Jahre alt, Arbeiter, war im Mai 1893 durch einen
Sandeinsturz verschüttet worden. Der Kranke wurde sofort herausgezogen, klagte gleich über starke Schmerzen in der Dammgegend
und beiderseits in der Leistengegend; die ganze Perinaealgegend und
fast das ganze Scrotum schwollen allmählig stark an, verfärbten
sich blau und wurden auf Druck sehr schmerzhaft; gleichzeitig ver-
spürte der Kranke einen mächtigen Harndrang, trotzdem er keinen
Tropfen Urin lassen konnte. Der herbeigerufene Arzt bemühte sich
einen Katheter einzuführen; als alle seine Bemühungen erfolglos
blieben, vollführte er am zweiten Tag ober der Symphyse eine
Blasenpunction. Der Kranke wurde nun noch weitere drei Wochen
im Krankenhause zu Wodňan behandelt. In dieser Zeit bemühte sich
der behandelnde Arzt des Oefteren die Harnröhre zu sondiren, jedoch
immer ohne Erfolg; deshalb wurde der Kranke nach Prag geschickt,
woselbst auf der deutschen chirurgischen Klinik eine Extraurethrotomie
gemacht wurde. Der Kranke verliess nach drei Monaten mit einer
Perinaealharnfistel die Anstalt. Diese Fistel heilte in kurzer Zeit zu,
doch öffnete sie sich nach kurzer Zeit wieder. Nach und nach wurde
auch das Uriniren beschwerlicher; endlich verschlimmerte sich der
Zustand des Patienten derart, dass nur unter starkem Pressen etwas
Harn durch die Fistel herausfloss. Dieser Zustand bewog den Kranken,
um die Aufnahme in unsere Klinik anzusuchen.

Status praesens am 16. August 1894:

Der Kranke von grosser Gestalt und starkem Knochenbau. Die Pars bulbosa urethrae in einen harten Strang, der in eine recht harte Induration der Dammgegend übergeht, umgewandelt. In der Mittellinie, etwa drei Centimeter vom Anus entfernt, eine Harnfistel, durch die beständig Urin abtröpfelt; mit der Sonde kann man weder durch die Fistel, noch mit den feinsten Bougies durch die Harnröhre in die Blase gelangen. Bei der Sondirung durch die Harnröhre gelangen feine Bougies zwar in den harten Callus der Pars bulbosa, am Uebergang derselben in die Pars membranacea ist jedoch ein weiteres Durchringen der Bougies unmöglich. Zeichen einer stattgefundenen Beckenfractur sind nicht mehr nachweisbar; die Blase stark gefüllt. Die Untersuchung des Harnes konnte wegen Unmöglichkeit, den abtröpfelnden Harn aufzufangen, nicht stattfinden.

Am 21. August 1894 wurde von mir in Narkose die Extra-Urethrotomia ausgeführt; der verdickte, bulböse Theil wurde sammt der Fistel gespalten und nun nach dem hinteren Theile der Harnröhre gesucht; diese Bemühungen erwiesen sich aber trotz allen möglichen Versuchen als ungenügend. Es wurde zwar ein Gang gefunden, der, in die Blase zu münden schien, jedoch konnte trotz Dilatation desselben kein Urin entleert werden. Nachdem nun auch die Irrigationsprobe misslang und erneuerte Versuche, die Blase aufzufinden, vergeblich waren, schritt ich zum typischen hohen Blasenschnitt mit Günther's Modification.

Die Blase wurde leicht nach ihrer Muskelschichte erkannt, incidirt und hierauf mit einer Steinsonde der Katheterismus posterior ausgeführt. Nachdem nun der Schnabel der Sonde in der Dammgegend zum Vorschein kam und durch Incision einer vorgelagerten Callusschichte der hintere Rest der Harnröhre in der Tiefe geöffnet wurde, sondirte man vom Neuen den erwähnten Gang, wobei die denselben passirende Sonde im Blasenhalse auf die Steinsonde anschlug. Die zwischen dem Rest der hinteren Harnröhre und der Fistel gelegene Calluspartie wurde nun excidirt, die Steinsonde entfernt und vermittelst einer gekrümmten, langen Kornzange der durch die Harnröhre in die Perinaealwunde eingeführte Nélatonkatheter gefasst und bei der Blasenschnittwunde herausgezogen. An dieses Ende wurde ein zweiter Nélatonkatheter angenäht und nachher durch Zug an den Harnröhrenkatheter die zusammengenähten Enden beider Katheter in die Blase gelagert.

Partielle Naht der äusseren Blasenschnittwunde, Jodoformgazetamponade und Herstellung einer zeitweiligen Irrigation und constanter Harnableitung.

Der weitere Verlauf gestaltete sich recht günstig und vollkommen apyretisch. Am 1. September wurde nach zweimaligem Katheterwechsel der Blasenkatheter entfernt und nur ein Harnröhrenkatheter eingelegt.

Am 15. September war die Blasenwunde fast völlig geschlossen; der Harn geht, nachdem auch der Harnröhrenkatheter entfernt wurde, beim Uriniren meistentheils durch die Perinaealwunde ab.

Am 20. September ist die obere Blasenöffnung geschlossen, es bleibt hier nur eine kleine lebhaft granulirende Wunde zurück, die nach zehn Tagen vollkommen vernarbt ist. Von Tag zu Tag verbesserte sich allmählich das Uriniren durch die Harnröhre; die Prinaealwunde heilte am 10. October zu; Patient lernte unterdessen das Einführen von starken Steinsonden und wurde am 17. October geheilt entlassen.

Anfangs August l. J. stellte sich Patient auf unserer Klinik vor; die Heilung der Operationswunden erschien ganz perfect, und konnte sich Patient mit den stärksten Sonden ganz leicht bougiren.

V.

J. M., 45 Jahre alt, Buchhalter, acquirirte vor 24 Jahren eine Gonorrhoe, die mit einer linksseitigen Lymphadenitis inguinalis complicirt war. Nach einer dreimonatlichen Therapie wurde Patient scheinbar geheilt aus der ärztlichen Pflege entlassen. Zuweilen bemerkte er nämlich des Morgens einen Ausfluss aus der Harnröhre.

Die ersten Stricturbeschwerden hat Patient vor neun Jahren wahrgenommen; er musste nämlich des Tages öfters uriniren, wobei der Harn unter starkem Pressen nur in einem schwachen Strahle abgieng. Trotzdem er mehrere Aerzte zu Rathe zog, wurde sein Zustand stets schlimmer und schlimmer.

Vor acht Jahren entwickelte sich bei dem Patienten in der Mitte der Perinaealgegend die erste Harnfistel; im Verlauf von acht Jahren entstanden nachher theils in der Dammgegend, ja sogar in der rechten Seite des Scrotums noch weitere acht Fisteln, wobei immer dem Entstehen derselben eine Schwellung der betreffenden Partie, verbunden mit Fieber und grossen Schmerzen, vorhergieng. Seit fünf Jahren urinirte der Kranke nicht mehr durch die Harnröhre; sein Zustand wurde allmählig ein trostloser; Patient consultirte unzählige Aerzte, doch blieben alle Therapieversuche erfolglos. Kein Wunder, dass er lebensüberdrüssig und durch den die ganze Umgebung verpestenden Geruch, seiner Familie zur Last wurde; in einem solchen Zustand geistiger Depression und physischen Verfalles wurde er am 30. März unserer Klinik überwiesen.

Status praesens: Der sehr herabgekommene Kranke ist von mittlerer Statur und starkem Knochenbaue. Untersuchung der Lunge, des Herzens und der Bauchorgane bietet nichts abnormes dar.

Die Perinaealgegend, die untere und rechte Scrotalgegend ist in ein schwieliges, hartes Gewebe, das durch neun Harnfisteln durchbrochen ist, umgewandelt. Diese Fisteln liegen theils in der Perinaealgegend, theils erstrecken sie sich bis in die rechte obere Scrotalhälfte, woselbst die obersten zwei ausmünden; bei der Sondirung der Fistelgänge können wir zwischen manchen eine Communication leicht nachweisen, dafür lässt sich eine Communication der Fistel mit der Blase nicht nachweisen.

Der Harn wird bald durch die eine, bald durch die andere Fistel in Tropfen secernirt; eine Untersuchung desselben unterliegt grossen Schwierigkeiten, da es nicht möglich ist, eine noch so kleine Quantität zu sammeln. Bei der Untersuchung der Harnröhre durch Sonden constatiren wir etwa sechs Centimeter von der äusseren Harnröhrenöffnung entfernt (im gleichen Niveau mit den zwei obersten Harnfisteln) eine Strictur, die sich leicht entriren lässt. Etwa vier Centimeter hinter derselben stossen wir auf eine zweite Strictur, endlich einen Centimeter hinter derselben gelangen wir mit der feinsten Sonde auf ein hartes Gewebe, durch welches man auf keine Weise, selbst nicht mit den feinsten Instrumenten, in die Blase gelangen kann.

Diagnose: Stricturae et Fistulae urethrae multiplices post gonorrhoeam.

Die Behandlung bestand in den ersten Tagen darin, dass wir ein recht ausgebreitetes Schenkelekzem zur Heilung brachten; nach Darreichung von Alkoholika und kräftigender Kost hob sich der Kräftezustand des Patienten so weit, dass wir seinen flehenden Bitten nachgaben und zur Operation schreiten konnten. Der Harn wurde tropfenweise gesammelt; ein Verdacht auf Pyelonephritis konnte durch diese freilich etwas ungenügende Untersuchung nicht bestätigt werden.

Am 12. April führte ich in Chloroformnarkose, nachdem bis zur Pars bulbosa ein convexgefurchtes Itinerarium eingeführt wurde, den äusseren Harnröhrenschnitt aus; alle Fisteln wurden incidirt und mit dem scharfen Löffel excochleirt; hierauf wurde der Schnitt bis fast zum After verlängert und das unter dem Messer knirschende, schwielige Narbengewebe in verschiedenen Richtungen incidirt. Alle Bemühungen, den hinteren Theil der Harnröhre aufzufinden, hatten kein Resultat; es musste daher zum Katheterismus posterior geschritten werden.

Typischer hoher Blasenschnitt mit Günther's Modification; die Auffindung der mässig gefüllten Blase machte keine Schwierigkeiten. Nach Anlegen zweier Fixationsnähte wurde die Blase incidirt und vermittelst einer Steinsonde der Katheterismus posterior durchgeführt.

Zu diesem Zwecke musste noch eine ziemlich starke Schichte des
callösen Gewebes auf dem Schnabel der Sonde in der Perinealwunde
incidirt werden; dann wurde das harte callöse Gewebe möglichst vollständig excidirt und durch den Holt'schen Dilatator die zwei Stricturen in der Pars pendula dilatirt; nun wurde eine gekrümmte Kornzange durch die Blase in die Perinaealwunde eingeführt, der durch die
Harnröhre eingeführte Nélatonkatheter gefasst, bei der Blasenschnittwunde herausgeführt, mit einem zweiten Nélatonkatheter zusammengenäht und endlich beide in der Blase zurechtgelegt. Partielles Zunähen
der äusseren Bauchdecken. Verband und permanente Irrigation und
Harnableitung.

Der weitere Verlauf war anfangs sehr günstig; kein Fieber; bei
dem immer nach zwei bis drei Tagen vorgenommenem Verbandwechsel
fand man die Operationswunde üppig granulirend vor; die Kräfte des
Patienten hoben sich, sein psychischer Zustand verbesserte sich,
Patient wurde heiter, kurz der Verlauf war ein so günstiger, dass wir
uns der Hoffnung einer vollständigen Heilung des Patienten hingeben
konnten. Doch nach einiger Zeit wurde nach und nach der Appetit
schwächer und der Kranke kam herunter; trotzdem alles Mögliche
gethan wurde, um seine Kräfte zu heben, wurde der Zustand des
Patienten immer kläglicher. Was die Operationswunden anbelangt,
liess ihre Heilung nichts zu wünschen übrig; der Blasenkatheter wurde
am zwölften Tage nach der Operation entfernt; die incidirten Fistelgänge waren in der vierten Woche mit Granulationen vollkommen
ausgefüllt und fingen an zu vernarben; nicht minder war der Zustand
der Perinaealwunde ein sehr günstiger; es verkleinerte sich die Wunde
nach dem Blasenschnitte bis zur Grösse einer Haselnuss. Doch Ende
der vierten Woche änderte sich dieser günstige Zustand merklich; am
34. Tage nach der Operation wurde Patient durch eine rechtsseitige
Pneumonie von seinen Leiden erlöst.

Bei der Section fand man eine rechtsseitige Pneumonie, Pleuritis
recens, diffuse Bronchitis, Enteritis catarrhalis, Atheroma aortae, Induratio
renum und eine Cystitis als Todesursache vor.

In den nachfolgenden Tabellen habe ich alle bisher publicirten
mit Sectio alta durchgeführten 45 retrograden Katheterismen chrono-
logisch zusammengestellt und nach Möglichkeit, so weit mir die Literatur
zugänglich war, die nöthigen Daten, was Pathologie, Therapie etc. der
Fälle anbelangt, notirt; unsere fünf Fälle wurden übersichtshalber auch
in die Tabellen eingereiht.

Nr.	Fall	Publicirt	Aetiologie und Befund	Operation	Erfolg
1	J. Boeckel 1804.	Thèse de Garcin, Strassbourg 1884.	47jähriger Mann. Impermeable Strictur in Folge von Gonorrhoe.	Zwei externe Urethrotomien. Nach der zweiten sofort hoher Blasenschnitt.	Geheilt.
2	Giraldès.	Gazette des Hôpitaux, 1867.	14jähriger Knabe. Fall auf die Perinealgegend. Impermeable Strictur mit mehreren Fisteln.	Aeusserer Harnröhrenschnitt, darauf Incision der Blase.	Geheilt.
3	Péan.	Contusion et plaies contuses de l'urèthre. Paris 1875.	24jähriger Mann. Harnröhrenstrictur in Folge von Verschüttung, Fractura pelvis, Fistel.	Ein Monat nach der Verletzung äusserer Harnröhrenschnitt, hierauf nach elf Tagen hoher Blasenschnitt.	Geheilt nach zwei Monaten.
4	Volkmann.	Ranke, Deutschemed. Wochenschrift, 1876.	7jähriger Knabe. Harnröhrenruptur.	Aeusserer Harnröhrenschnitt mit folgendem Blasenschnitt.	Geheilt nach drei Wochen.
5	König.	Berliner klinische Wochenschrift, 1880.	12jähriger Knabe. Fall mit gespreizten Beinen auf eine Deichsel. Impermeable Strictur mit mehreren Fisteln.	Aeusserer Harnröhrenschnitt; nachher hoher Blasenschnitt.	Geheilt nach längerer Zeit.
6	Volkmann Oberst,	Sammlung klinischer Vorträge, Nr. 210, 1882.	6³ jähriger Knabe; frische Harnröhrenruptur nach Ueberfahrenwerden; Fractur des rechten absteigenden Schambeinastes.	Extraurethrotomie; am nächsten Tag hoher Blasenschnitt	Geheilt nach mehr wie zwei Monaten.
7	Neuber.	Archiv für klinische Chirurgie. Band 26, 1882.	24jähriger Mann; fausse route, in Folge von Katheterismus, einer vielleicht gonorrhoischen, vielleicht spastischen Harnröhrenstrictur.	Aeusserer Harnröhrenschnitt, nach zehn Tagen hoher Blasenschnitt.	Geheilt nach 8½ Monaten.
8	Péan.	Leçons cliniques à l'hôpital Saint Louis, Paris 1882.	66jähriger Mann. Impermeable traumatische Strictur nach Verschüttung; Harninfiltration; Fractura pelvis.	Nach drei Monaten äusserer Harnröhrenschnitt; elf Tage nachher zweiter mit nachfolgendem hohen Blasenschnitt.	Geheilt nach drei Monaten.
9	Piedvache.	Bull et Mém. d. l. Soc. d. chir. 1882.	24jähriger Mann. Harnröhrenruptur nach Beckenfractur durch Verschüttung	Nach zwei Tagen äusserer Harnröhrenschnitt, hierauf sofort hoher Blasenschnitt.	Geheilt nach längerer Zeit.

Nr.	Fall	Publicirt	Aetiologie und Befund	Operation	Erfolg
10	Duplay.	Archives générales de Médicine, 1882.	38jähriger Mann. Vor 3 Jahren Fall auf die Perinealgegend. Impermeable Strictur mit Fisteln.	Aeusserer Harnröhrenschnitt; nach längerer Zeit hoher Blasenschnitt.	Geheilt nach etwa drei Monaten
11	E. Boeckel, 1873.	Thèse de Garcin, Strassbourg 1884.	71jähriger Greis. Impermeable gonorrhoische Strictur.	Aeusserer Harnröhrenschnitt. hierauf hoher Blasenschnitt.	Gestorben nach fünf Tagen.
12	E. Boeckel.	Ibidem.	20 Monate altes Kind. Hypospadia et Strictura urethrae congenitalis	Aeusserer Harnröhrenschnitt, hierauf sofort hoher Blasenschnitt.	Geheilt nach einem Monat.
13	Röhmer.	Beaucart, Thèse de Nancy, 1885.	25jähriger Mann. Harnröhrenstrictur in Folge Quetschung zwischen einer Mauer und Bausteinen; Harnröhrenfistel, Fractura pelvis.	Nach drei Monaten äusserer Harnröhrenschnitt und hoher Blasenschnitt.	Geheilt nach zehn Monaten
14	Douard.	Rapport de Monod. Société de chirurgie, 8 Avril 1886.	Achtjähriger Knabe; frische Harnröhrenruptur in Folge eines Falles mit gespreizten Beinen auf eine Stange.	In fünf Tagen äusserer Harnröhrenschnitt mit nachfolgendem hohen Blasenschnitt.	Geheilt nach 24 Tagen.
15	Cauchois.	Annales des malad. d. org. gén. urin. 1886.	26jähriger Mann. Impermeable Strictur in Folge einer Verschüttung und Fractura pelvis vor 14 Monaten; mehrere Fisteln.	Aeusserer Harnröhrenschnitt; hierauf in 2 Monaten zweiter Harnröhrenschnitt und hoher Blasenschnitt.	Geheilt nach vier Monaten
16	Shilling.	Münchener Med. Wochenschrift 1887.	54jähriger Mann. Impermeable zweifache gonorrhoische Strictur.	Aeusserer Harnröhrenschnitt nach Dittel's Methode; nach fünf Tagen hoher Blasenschnitt.	Geheilt.
17	Trendelenburg.	Eigenbrodt, Deutsche Zeitschrift für Chirurgie 1888.	24jähriger Bergmann. Impermeable Strictur und Urinfisteln in Folge einer Fractura pelvis, verursacht durch Quetschung der Beckengegend.	Urethrotomia externa erfolglos; hierauf wiederholt und mit Sectio alta beendet.	Geheilt nach zwei Monaten.
18	Idem.	Ibidem.	30jähriger Mann. Impermeable Strictur nach vor einem Monat erfolgtem Fall rücklings auf die abgerundete Kante einer Bettstelle.	Aeusserer Harnröhrenschnitt und sofort hoher Blasenschnitt.	Geheilt in 45 Tagen.

Nr.	Fall	Publicirt	Aetiologie und Befund	Operation	Erfolg
19	Idem.	Ibidem.	44jähriger Stein-hauer. Impermeable Strictur mit mehreren Harnfisteln in Folge einer Beckenfractur, hervorgerufen durch Auffallen eines schweren Steines auf die rechte Becken-gegend vor 8 Jahren.	Aeusserer Harn-röhrenschnitt mit nachfolgendem hohen Blasen-schnitt.	Geheilt in 62 Tagen.
20	Idem.	Ibidem.	33jähriger Kessel-wärter. Impermeable Harnröhrenstrictur mit mehrfachen Harnfisteln. Aetiologie unbe-stimmt.	Aeusserer Harn-röhrenschnitt, hier-auf sofort hoher Blasenschnitt.	Nach 32 Tagen nicht ganz geheilt entlassen.
21	Idem.	Ibidem.	Mann, 32 Jahre alt; seit zwölf Jahren bestehende impermeable gonor-rhoische Strictur mit Harninfiltration.	Hoher Blasenschnitt mit nachfolgender Extraurethrotomie.	Geheilt in 48 Tagen.
22	Tillaux.	In Société de chirurgie referirt am 27. Februar 1888	34jähriger Mann. Fall mit der Damm-gegend auf ein Geröste. Nach zwei Jahren impermeable Strictur mit mehreren Harn-fisteln.	Zweimal äusserer Harnröhrenschnitt; beim zweiten sofort hoher Blasenschnitt.	Geheilt in 41 Tagen.
23	Troisfon-taine.	Ann. de la Société de chir. de Liège, 1888.	60jähriger Mann. Impermeable Harn-röhrenstrictur unbekannten Ur-sprunges.	Aeusserer Harn-röhrenschnitt, hier-auf in sechs Tagen hoher Blasenschnitt.	Geheilt.
24	Defontaine.	Semaine médicale; Société de chirurgie, 14. November 1888.	14jähriger Knabe. Impermeable traumatische Harn-röhrenstrictur in Folge eines Falles auf die Damm-gegend. Harnröhren-fistel.	Aeusserer Harn-röhrenschnitt mit nachfolgendem hohen Blasen-schnitt.	Geheilt.
25	Vigo.	Bulletin de la Société de chirurgie, 1888.	33jähriger Mann. Impermeable Strictur in Folge einer Fractura pelvis, hervorgerufen durch Fall von der Höhe	Zweimal äusserer Harnröhrenschnitt. Beim zweiten hoher Blasenschnitt.	Geheilt.

Nr.	Fall	Publicirt	Aetiologie und Befund	Operation	Erfolg
26	Montaz.	Revue de chirurgie 1888.	38jähriger Mann. Frische Harnröhrenruptur in Folge Beckenfractur hervorgerufen durch Ueberfahren mit einem schwerbeladenen Wagen.	Man diagnoscirte eine Prostataruptur und vollführte sofort den hohen Blasenschnitt. Nach Oeffnung der Blase fand man eine Ruptur des Blasenhalses.	Gestorben nach drei Tagen.
27	Lamarque.	Caylus, Thèse de Bordeaux, 1889.	33jähriger Mann. Impermeable gonorrhoische Strictur.	Aeusserer Harnröhrenschnitt; nach 23 Tagen hoher Blasenschnitt.	Geheilt.
28	Princeteau.	Caylus, Thèse de Bordeaux, 1889.	36jähriger Mann. Impermeable lang andauernde gonorrhoische Strictur.	Aeusserer Harnröhrenschnitt, nachher nach längerer Zeit hoher Blasenschnitt.	Gestorben nach 16 Tagen.
29	Pousson.	Ibidem.	65jähriger Mann. Lang bestehende gonorrhoische Strictur; beim Einführen einer Bougie blieb ein Stück in der Harnröhre zurück; durch nachfolgenden Kathetrismus fausses routes und Harninfiltration.	Aeusserer Harnröhrenschnitt mit gleich nachfolgendem hohen Blasenschnitt.	Tod nach 36 Stunden.
30	Boursier.	Caylus, Thèse de Bordeaux, 1889, und Referat von Brun in Société de chir., 15. December 1890.	43jähriger Mann. Impermeable Strictur in Folge einer vor zwei Jahren durch Fall von der Höhe hervorgerufenen Beckenfractur.	Hoher Blasenschnitt mit wahrscheinlich nachfolgendem äusseren Harnröhrenschnitt.	Geheilt.
31	Delefosse.	Annales des malad. d. org. gén.-ur 1892.	53jähriger Mann. Impermeable zweifache gonorrhoische Strictur.	Aeusserer Harnröhrenschnitt mit sofort nachfolgendem hohen Blasenschnitt.	Geheilt nach drei Monaten.
32	ZuckerkandL	Wiener klinische Wochenschrift. «Urologische Beiträge», 1892.	27jähriger Wachmann. Impermeable gonorrhoische Strictur.	Urethrotomia externa, hierauf in Folge Haemorrhagie aus der Pars bulbosa Dittel's Methode.	Geheilt nach drei Monaten.
33	Idem.	Ibidem.	35jähriger Diener. Traumatische Harnröhrenstrictur in Folge eines vor acht Monaten stattgefundenen Stosses mit einem Pflock gegen das Mittelfleisch.	Aeusserer Harnröhrenschnitt mit nachfolgendem Kathetrismus posterior nach Dittel's Methode.	Geheilt in 41 Tagen.

Nr.	Fall	Publicirt	Aetiologie und Befund	Operation	Erfolg
34 u. 35	Dittel	Kurze Erwähnung zweier Fälle von Katheterismus posterior bei impermeablen Stricturen in der Publ. Zuckerkandl's.		In beiden Fällen Extraurethrotomie und Epicystotomie in einem Acte. Epicystotomie mit querem Schnitte.	Beide Fälle geheilt.
36	Sonnenburg.	Berliner klinische Wochenschrift, 1894. Sitzung der freien Vereinigung d. Chirurgen Berlins. 13. November 1893.	Impermeable höchst-wahrscheinlich traumatische mit vielen Fisteln complicirte Strictur.	Extraurethrotomie mit nachfolgender Epicystotomie mit querem Schnitt.	Geheilt.
37	Idem.	Ibidem.	Harnröhrenruptur.	Extraurethrotomie mit nachfolgender Epicystotomie.	Geheilt.
38	Albarran.	Legueu: Trois Observations de cathétérisme rétrograde pour rétrécissement infranchissable. Ann. des mal. des org. gén.-ur., avril 1895.	42jähriger Mann. Traumatische Harnröhrenstrictur, mit Fisteln complicirt und impermeabel, hervorgerufen durch directes Trauma der Dammgegend (?) Vesicorectalfistel.	Epicystotomie mit nachfolgendem äusseren Harnröhrenschnitt.	Nach einem halben Jahre unvollständig geheilt entlassen; durch die Vesicorectalfistel und durch die Perinealfistel tröpfelt beim Uriniren Harn ab.
39	Legueu.	Ibidem.	54jähriger Mann; seit 24 Jahren bestehende gonorrhoische Strictur ohne Fisteln.	Aeusserer Harnröhrenschnitt mit nachfolgender Epicystotomie.	Nach 16 Tagen besteht noch eine kleine Perinealfistel, die einer baldigen Heilung nahe ist.

Nr.	Fall	Publicirt	Aetiologie und Befund	Operation	Erfolg
40	Guyon.	Ibidem.	35jähriger Fuhrmann. Impermeable traumatische Strictur in Folge einer vor 15 Jahren durch Quetschung hervorgerufenen Beckenfractur.	Aeusserer Harnröhrenschnitt mit nachfolgender Epicystotomie.	Nach 18 Tagen ist die Blasenschnittwunde und die Perinaealwunde geschlossen; durch keine von beiden fliesst Harn ab.
41	Maydl.		26jähr. Bergmann. Strictura impermeabilis et Fistulae urethrales in Folge einer vor 1½ Jahren durch Verschüttung hervorgerufenen linkseitigen Beckenfractur.	Urethrotomia externa mit nachfolgendem hohen Blasenschnitt; hernach Laparotomie.	Geheilt nach fast sieben Monaten.
42	Idem.		21jähriger Zimmermann. Impermeable Strictur mit mehrfachen Fisteln nach einer vor 2½ Jahren durch Quetschung hervorgerufenen Beckenfractur.	Extraurethrotomia mit nachfolgender Epicystotomie.	Geheilt in 54 Tagen.
43	Idem.		29jähriger Bergmann. Impermeable mit einer Fistel combinirte Harnröhrenstrictur nach vor zwei Monaten acquirirter Beckenfractur durch Verschüttung.	Aeusserer Harnröhrenschnitt mit nachfolgendem hohen Blasenschnitt.	Geheilt in 54 Tagen.
44	Kukula.		56jähriger Heger. Impermeable mit zwei Fisteln combinirte Harnröhrenstrictur, hervorgebracht durch eine vor zwei Jahren stattgefundene Quetschung des Dammes.	Extraurethrotomie mit nachfolgendem hohen Blasenschnitt.	Geheilt in 56 Tagen.
45	Idem.		38jähriger Mann. Impermeable mit mehrfachen Fisteln complicirte gonorrhoische Harnröhrenstrictur.	Extraurethrotomie mit nachfolgender Epicystotomie.	Gestorben nach 36 Tagen an Pneumonie.

Leider war es mir nicht möglich, bei allen in den Tabellen angeführten Fällen, genaue Daten über die verschiedenen Complicationen, Heilungsdauer etc. zu sammeln; viele von diesen Fällen habe ich nur in kurzen Referaten chirurgischer Gesellschaften ausfindig gemacht, andere wurden wiederum nur in kleineren Abhandlungen publicirt und dabei hauptsächlich nur das operative Verfahren berücksichtigt. Trotzdem lässt sich aus den angeführten Daten ein, unseren jetzigen Anschauungen vollkommen entsprechendes Bild über Pathologie, Aetiologie etc. der zum Katheterismus posterior geeigneten Fälle entwerfen; wenn man nun in manchem Theile der nachfolgenden Erörterungen eine kleine Lücke finden sollte, möge man mir daraus keinen Vorwurf machen.

Was die Aetiologie und Pathologie unserer Fälle anbelangt, so lassen sich 43 von den bisher bekannten 45 Fällen (die von Dittel operirten zwei Fälle sind nicht publicirt worden) folgendermassen gruppiren:

Frische Harnröhren-rupturen entstanden durch:		Beckenfractur	3
		Dammquetschung	2
		unbekanntes Trauma	1
		Summe . .	6
Traumatische impermeable Stricturen entstanden nach Harnröhrenruptur durch:	Dammquetschung	complicirt mit Fisteln	7
		ohne Fisteln	2
	Beckenfractur	complicirt mit Fisteln	9
		ohne Fisteln	4
		Summe . .	22
Gonorrhoische impermeable Stricturen		complicirt mit Fisteln	1
		ohne Fisteln	8
		mit Harninfiltration	1
		Summe . .	10
Impermeable Stricturen unbekannten Ursprunges		mit Fisteln	1
		ohne Fisteln	1
		Summe . .	2
Fausses routes			2
Congenitale Strictur mit Hypospadie			1
		Summe . .	43

Aus dieser Tabelle ersehen wir, dass in 30 Fällen, also in fast drei Vierteln, ein Trauma, entweder sofort oder später durch seine Folgen, den Katheterismus posterior zur Folge hatte. In 22 Fällen

waren es impermeable traumatische Stricturen, in 8 Fällen frische Harnröhrenrupturen. Ich habe in die aetiologische Gruppe des Trauma auch
den Fall Neuber (7) und Pousson (28) eingerechnet, da doch
nur ein, wenn auch von den Aerzten verschuldetes Trauma als Ursache
wirkte und die durch Katheterismus forcé entstandenen fausses routes
ähnliche Veränderungen schaffen, wie die frischen Harnröhrenrupturen.

Impermeable gonorrhoische Stricturen erheischten in 10 Fällen
den Katheterismus posterior, in weiteren 2 Fällen waren es Stricturen
unbekannten, wahrscheinlich auch gonorrhoischen Ursprunges, endlich
in einem Falle (Boeckel) eine congenitale Strictur mit Hypospodie
complicirt.

Der Zahl nach geordnet, erheischen also die traumatischen
Stricturen am häufigsten. nachher die gonorrhoischen Stricturen und
frischen Harnröhrenrupturen in einem fast gleichem Verhältnisse den
Katheterismus posterior.

Dieses auffallende Ueberwiegen der traumatischen Stricturen lässt
sich leicht aus den Erfahrungen, die wir über die Pathologie derselben
besitzen, erklären; es wurden deshalb auch die pathologischen Befunde
in der Tabelle, soweit es mir nach den in der Literatur publicirten
Fällen möglich war, notirt; ich säume nicht, auf die verschiedenen
pathologischen Befunde näher einzugehen.

Hinsichtlich der Pathologie waren in einer entschiedenen Mehrzahl, nämlich in 34 Fällen, impermeable Stricturen überhaupt die
Ursache der uns beschäftigenden Operation; von diesen wiederum
waren in der ersten Reihe die 22 traumatischen Stricturen vertreten;
daraus folgt, dass in der Gruppe der Stricturen, die durch Trauma
entstandenen weit öfters den Katheterismus posterior erheischen, als
die gonorrhoischen.

Unter den 22 traumatischen Stricturen handelte es sich um
13 nach Harnröhrenruptur durch Beckenfractur entstandene; in der
Gruppe der traumatischen Stricturen waren also die durch Beckenfractur entstandenen in der Mehrzahl

In der Gruppe der frischen Harnröhrenrupturen sind ebenfalls
die durch Beckenfractur entstandenen in einer freilich kleinen
Zahl; zählen wir diese 3 Fälle zu den 13 durch Beckenfractur
entstandenen traumatischen Stricturen hinzu, so ergibt sich daraus, dass
die durch Beckenfracturen entstandenen 16 Stricturen und Harnröhrenrupturen, die durch Dammquetschung entstandenen an Zahl übertreffen.

Kehren wir nun den bei impermeablen Stricturen so oft vorkommenden Complication, nämlich den Harnfisteln, unser Augenmerk
zu. Aus der Tabelle ersehen wir, dass von den 22 traumatischen
Stricturen 16 mit einer oder mehreren Fisteln complicirt waren; von

diesen 16 Fällen waren 9 nach Beckenfractur entstanden; daraus folgt, dass, auch was den pathologischen Befund anbelangt, die mit Harnfisteln complicirten traumatischen Stricturen und von denen wiederum die nach Beckenfractur entstandenen des Oefteren den Katheterismus posterior erheischen.

Bei den 10 gonorrhoischen Stricturen finden wir nur unseren Fall 45. und bei den zwei Fällen von Stricturen unbekannten Ursprunges, die wir zu den gonorrhoischen Stricturen zählen können, den Fall Trendelenburg (20) mit Fisteln complicirt. vor; dieses Verhältniss bei den gonorrhoischen Stricturen ist recht auffallend; ich werde nicht ermangeln, später auf dasselbe noch einmal zurückzukommen.

Fassen wir nun Alles hinsichtlich der Aetiologie und Pathologie der uns beschäftigenden Fälle zusammen. so ergibt sich hieraus Folgendes:

Das Trauma war entschieden in der überwiegenden Mehrzahl der Fälle Ursache des Katheterismus posterior und ist das Verhältniss zu den durch Gonorrhoe veranlassten Fällen wie 30 : 10. resp. 12.

In der Gruppe der durch Trauma enstandenen Harnröhrenrupturen und Stricturen stehen 16 durch Beckenfractur entstandene gegen 12 durch Dammquetschung hervorgerufene; daraus folgt, dass die durch Beckenfractur entstandenen Verletzungen der Harnröhre öfters Ursache des Katheterismus posterior werden können. als die durch Dammquetschung hervorgebrachten: da nun die Zahl der ersteren auch die der gonorrhoischen Stricturen übertrifft. so kann man hinsichtlich der Aetiologie die Schlussfolgerung ziehen, dass die durch Beckenfractur entstandenen Harnröhrenverletzungen überhaupt am meisten den Katheterismus posterior erheischen.

Hinsichtlich der Pathologie waren in der überwiegenden Mehrzahl die impermeablen Stricturen vertreten. und zwar ergibt sich das Verhältniss wie 35 : 8; unter den 35 waren 22 traumatischen Ursprunges. darunter 16 mit Fisteln complicirt, von denen waren wiederum 9 nach Beckenfractur entstanden, daraus folgt: das grösste Material zum Katheterismus posterior liefern impermeable Stricturen. von diesen die traumatischen mit Fisteln complicirten und von diesen endlich die nach Beckenfractur entstandenen.

Ein kleineres Material geben die gonorrhoischen Stricturen und frischen Harnröhrenzerreissungen ab: endlich kann auch eine congenitale Strictur Ursache eines Katheterismus posterior werden.

Diese Schlussfolgerungen, denen wohl der Vorwurf gemacht werden kann, auf zu wenig Fällen aufgebaut worden zu sein, entsprechen vollkommen unseren Erfahrungen über Pathologie der Stricturen und Harnröhrenzerreissungen.

Die durch Beckenfractur entstandenen frischen Harnröhren-zerreissungen sind heutzutage allzugut wegen der so oft eintretenden Zerstörungen und Zerreissungen der Weichtheile, wegen des tiefen Sitzes der Harnröhrenruptur, Dislocation der Harnröhre durch Fragmente, und durch die oft recht ausgebreitete Harninfiltration bekannt; es ist daher kein Wunder, wenn man in solchen Fällen das suggillirte, zerfetzte centrale Harnröhrenende in der Tiefe nicht finden kann und zum Katheterismus posterior Zuflucht nehmen muss. Dieselben Verhältnisse und Schwierig-keiten können natürlich auch bei der einfachen Dammquetschung, namentlich dann, wenn die Ruptur die Pars membranacea betrifft, eintreten, doch ist diese Möglichkeit bei den durch Beckenfractur entstandenen jedenfalls grösser. Natürlich entscheiden da auch manche andere Factoren, z. B. die Zeit nach der Verletzung in der operirt wird, die Intensität und die Richtung des Traumas, die Technik des Operateurs etc.; jedenfalls ist aber bei den durch Beckenfractur entstandenen Harnröhrenzerreissungen, die gewöhnlich nur durch grobe Gewalten entstehen und bei denen die Quetschung der Weichtheile bedeutender zu sein pflegt, die Nothwendigkeit eines Katheterismus posterior eher geboten, als bei den manchmal oft nur durch kleinere Gewalteinwirkungen entstehenden Dammquetschungen und Harnröhren-rupturen. Dass diese Nothwendigkeit Dank den heute geltenden Prin-cipien, jede Harnröhrenruptur sofort durch Extra-urethrotomie zu behandeln, recht selten eintritt, beweist die kleine Zahl der bis dato operirten (sechs) Fälle frischer Harnröhrenrupturen.

Nicht minder kann es auch leicht bei vernachlässigten und aus-gebreiteten fausses routes vorkommen, dass eine grössere Zerreissung der Weichtheile und eine Harninfiltration, bei den in der Pars bulbosa oder membranacea sitzenden Stricturen, das Auffinden des centralen Theiles der Harnröhre unmöglich macht; in der Literatur sind nur zwei solche Fälle bekannt.

Dass von der Gruppe der S t r i c t u r e n die traumatischen, von denen die mit Fisteln complicirten und von diesen wiederum die nach Beckenfractur entstandenen die grösste Zahl der bisher operirten Fälle ausmachen, ist aus dem eben Gesagten einleuchtend. Sind doch die traumatischen Stricturen nur Folgen ungenügend behandelter oder vom Kranken überhaupt vernachlässigter Harnröhrenzerreissungen; diese Folgen bestehen einerseits in der bald eintretenden Impermeabilität, hervorgerufen theils durch Dislocation der Harnröhrenstümpfe, theils durch das schrumpfende Narbengewebe, andererseits in der Elimination der zerquetschten Gewebe.

Die Verwandlung des Dammes in eine narbige, harte, callöse, in die Tiefe und in die Nachbarschaft sich verbreitende, durch eine oder mehrere und vielfach verzweigte Fistelgänge durchsetzte Masse, pflegt oft genug das Endresultat vernachlässigter Dammquetschungen zu sein.

In solchen Fällen ist es wahrlich oft eine Geduldprobe für den Operateur, bei der Extraurethrotomie, in dem von verschiedenen Gängen durchwühlten, unter dem Messer knirschenden Gewebe, den in der Tiefe sitzenden, eventuell dislocirten centralen Harnröhrenstumpf aufzufinden; treten nun zu solchen Veränderungen noch weitere Folgen einer stattgefundenen Beckenfractur, deren Fragmente in Folge des Contactes mit dem Harne einer Nekrose verfallen, hinzu, dann ist der Endausgang noch schlimmer; es entstehen dann Fisteln ober der Symphyse, die, von einem harten Callus umgeben, zu Sequestern führen, oder es bilden sich solche entlang dem absteigenden Schambeinaste; bald bilden sich auch Harnfisteln im Scrotum, bis endlich die ganze Perinaealgegend, die Scrotalfalten und auch die Symphysengegend in ein hartes, von verschieden langen und in verschiedenen Richtungen verlaufenden Fisteln durchsetztes Narbengewebe, verwandelt sind; aus einzelnen tropft Harn und sie sind in Folge ihres gewundenen Verlaufes überhaupt nicht sondirbar; andere wiederum secerniren Eiter mit Harn vermischt und führen zu grösseren oder kleineren Sequestern, gewöhnlich der Schambeine, deren fracturirter Symphysentheil auch einer vollkommenen Sequestration anheimfallen kann.

Solche Veränderungen können wohl auch in Folge eines durch Harninfection bedingten Eiterungsprocesses bei einfachen Dammquetschungen vorkommen, doch ist dies jedenfalls recht selten. Die in der Genitocruralfalte oder über der Symphyse sitzenden Fisteln weisen fast immer auf eine stattgefundene Beckenfractur und Nekrotisirung der Fragmente hin.

Ein typisches Beispiel der nach Beckenfractur entstehenden Stricturen und ausgebreiteter Fistelbildung, den wir Ende des Jahres 1892 in Behandlung hatten, will ich hier in Kürze mittheilen:

M. Z., 53 Jahre alt, Strumpfwirker, wurde im Jahre 1887 durch einen schwer beladenen Wagen mit der rechten Hüfte gegen eine Mauer angedrückt und erlitt eine Fractur des rechten Schambeines und eine Harnröhrenruptur.

Der behandelnde Arzt konnte die daraus resultirende Harnretention durch Katheterismus nicht beheben und machte deshalb ober
der Symphyse eine Blasenpunction. Nach drei Wochen schloss sich
die so entstandene Fistel spontan; der Kranke wurde mit einer
mittlerweile entstandenen Perinealfistel nach Hause geschickt.

Nach drei Jahren entwickelten sich beim Kranken drei weitere
Harnfisteln in der rechten Scrotalfalte; endlich im letzten Jahre noch
weitere vier Fisteln, von denen zwei rechts über der Symphysis entstanden. Bei der Urethrotomie. die wir am 9. December ausführten,
gelang es uns die hintere Harnröhre zu finden: nach Discission und
Excochleation der in der Scrotalfalte sitzenden sechs Fisteln wurden
die zwei ober der Symphyse gelegenen discidirt und da stellte es sich
heraus, dass beide in eine. in dem absteigenden rechten Schambeinaste sich befindende Cloake einmündeten. Nach genügender Erweiterung
dieser Cloake wurde ein über zwei Centimeter langer Knochen-
sequester des rechten Schambeines herausgezogen. Die weitere Behandlung nahm lange Zeit in Anspruch: es trotzte nämlich eine nach der
Perinaealwunde zurückgebliebene Fistel lange Zeit einer definitiven
Heilung: auch dauerte es lange. bis sich die ober der Symphyse
befindliche Höhle schloss: behufs Schliessung der Perinaealfistel, mussten
zweimal plastische Operationen unternommen werden: der Kranke
verliess endlich nach 6½ Monate geheilt unsere Klinik.

Ist nun in solchen Fällen der äussere Befund in Folge der
vielen Complicationen ein zur Operation wenig animirender, so können
sich die Verhältnisse bei der Operation noch verwickelter gestalten.
Durch die Discissionen der Fistelgänge kann man verschiedene Communicationen und Gänge auffinden, glaubt endlich einen von denselben, als in das hintere Harnröhrenende einmündend gefunden zu
haben, doch schon im nächsten Augenblick überzeugt man sich durch
die negativ ausgefallene Irrigationsprobe von dem Irrthum. In solchen
Fällen ist wohl der Katheterismus posterior eine Nothwendigkeit und
eine Erlösung für den Operateur und den Kranken.

Die gonorrhoischen Stricturen lieferten ein verhältnissmässig sehr
kleines Percent der bisher durch den Katheterismus posterior operirten
Fälle. Dies lässt sich leicht erklären. Wir wissen, dass die gonorrhoischen Stricturen gewöhnlich in der Pars bulbosa, oder am Ueber-
gange der Pars bulbosa in die membranacea. sitzen und nicht so
oft solche Veränderungen am Damme hervorrufen. wie die traumatischen; die erste Eigenschaft ermöglicht es. dass man das centrale
Harnröhrenende durch Blosslegen der Pars membranacea finden kann,
die zweite, dass man, da die Induration meistentheils auf die Harnröhre und die periurethralen Schichten beschränkt bleibt. bei sorg-

fältiger Präparation in die Tiefe, annähernd normale Verhältnisse finden kann und gewöhnlich mit der Extraurethrotomie auskommt. Dauern jedoch die Stricturen lange und tritt dann Fistelbildung mit Verbreitung der Induration in die Tiefe und Fläche ein, dann ist auch bei solchen gonorrhoischen, mit mehrfachen Fisteln complicirten, Fällen das Auffinden des hinteren Harnröhrenendes recht schwer und kann die Vornahme des Katheterismus posterior nothwendig machen. So war es bei unserem Falle 5; die vielen Fistelgänge in dem harten ausgebreiteten Narbengewebe, das in eine ansehnliche Tiefe hineinreichte, liessen uns schon vor der Operation ausser Zweifel, dass wir zum Katheterismus posterior würden Zuflucht nehmen müssen.

Es ist auffallend, dass bei den bisher operirten zehn Fällen gonorrhoischer Stricturen, die ohne Fisteln die weitaus grössere Zahl lieferten. Aus den neun nicht complicirten Fällen müssen wir freilich den Fall Zuckerkandel's ausscheiden, da bei demselben der Katheterismus posterior nach Dittel's Methode ausgeführt wurde; immerhin bleiben noch acht uncomplicirte Fälle gegen einen complicirten zurück, während man gerade das Gegentheil erwarten würde. Eine Erklärung dafür kann auf zweifache Weise gegeben werden; vielleicht waren es längere Jahre bestehende, mit einer starken Induration des Dammes einhergehende, einfache oder mehrfache, in der Pars membranacea sitzende Stricturen, bei denen eben die tiefe Induration das Auffinden des hinteren Harnröhrenendes unmöglich machte; wahrscheinlicher ist es aber, dass diese überwiegende Zahl der einfachen Stricturen, auf eine ungenügend detaillirte Beschreibung der publicirten Fälle zurückzuführen ist. Ob diese oder jene Erklärung die richtige ist, möge dahingestellt bleiben, ich würde eher die zweite vorziehen. Denn, wenn solche ausgebreitete Veränderungen des Dammes in ein hartes callöses Bindegewebe nach lange bestehenden gonorrhoischen Stricturen eintreten, so dass man die Harnröhre nicht finden kann, dann sind dieselben auch fast immer mit Fisteln complicirt; eine grössere Induration, so wie die Verbreitung derselben in die Fläche und Tiefe ist immer ein Effect einer durch den sich stauenden Harn fortbestehenden Reizung des Gewebes, die zuerst Abscedirung, dann Fistelbildung und diese wiederum eine Vermehrung der Induration mit einer eventuell neuen Fistelbildung hervorruft; eine grössere Ausbreitung des Narbengewebes in der Perinealgegend ist ohne Fistelbildung jedenfalls recht selten.

Doch ist die Möglichkeit nicht ausgeschlossen, dass es sich um solche Fälle handelte, und dass eine totale Verengerung der Harnröhre oder die Multiplicität der Stricturen zum Katheterismus posterior (wie in dem Falle Shilling und Delefosse) aufforderten.

Es ist wohl immer erst die bei der Extraurethrotomie eingetretene
Unmöglichkeit des Auffindens des hinteren Harnröhrenendes, die den
Katheterismus posterior indicirt, mag es sich nun um Stricturen oder
frische Harnröhrenzerreissungen handeln. Früher waren freilich die
Indicationen zum Katheterismus posterior per punctionem vesicae
ganz andere: in manchen Fällen wurde bei Stricturen oder Rupturen
die Blasenpunction als Voroperation ausgeführt, oder es wurde bei
bestehender Bauchfistel ohne Extraurethrotomie der Katheterismus
posterior ausgeführt. Heutzutage befinden wir uns auf einem ganz
anderen Standpunkte: das erste ist immer Extraurethrotomie, und erst
wenn diese nicht gelingt, schreiten wir zum Katheterismus posterior. Ein
umgekehrtes Verfahren wählte in je einem Falle Trendelenburg (21)
Boursier (30) und Albarran (38).

Bei solchen, nach Harnröhrenruptur entstandenen, mit Fisteln
complicirten Stricturen, ist es wohl kein Fehler, den hohen Blasenschnitt der Extraurethrotomie vorauszuschicken; es erspart dem
Operateur viele unangenehme Minuten des Suchens nach dem hinteren
Harnröhrenende. Die Methode ist jedenfalls die schnellste und
hat nach den erwähnten Erörterungen eine gewisse Berechtigung;
doch natürlicher ist der erste Weg, denn auch bei sehr complicirten Fällen ist die Möglichkeit nie ausgeschlossen, dass man mit
Extraurethrotomie auskommt. Ist es doch Bardeleben in mehr
wie 150 Fällen von Extraurethrotomien, die er bis Ende 1893 aus-
führte, immer gelungen, das hintere Harnröhrenende aufzufinden; es
ist wohl nicht zu bezweifeln, dass in diesem grossen Materiale auch
recht complicirte Stricturen vorgekommen sind. Wir können deshalb
aus diesen Worten, die wir einer Discussion Bardeleben's in der
freien Vereinigung der Chirurgen Berlins (Sitzung am 13. November 1893)
entnehmen, die Aufforderung herauslesen, dass wir immer erst die
Extraurethrotomie vornehmen und den Katheterismus posterior als
ultima ratio betrachten sollen.

Jene grosse Zahl von gelungenen Urethrotomien Bardeleben's
scheint überhaupt wesentlich gegen die Vornahme des Katheterismus
posterior zu sprechen.

Bardeleben ist es geglückt, bis jetzt immer mit der Extraurethrotomie auszukommen; er zweifelt jedoch nicht, dass oft
Fälle vorkommen können, wo diese Operation nicht zum Ziele
führt und man zum Katheterismus posterior Zuflucht nehmen muss.
In welchen Fällen diese Nothwendigkeit eintreten kann, lässt
sich aus den angeführten Zahlen und der Aetiologie am besten beurtheilen.

Die Prognose des retrograden Katheterismus ist nach dem
Erfolge der bisher operirten Fälle eine recht gute; von den 42
bisher operirten Fällen starben blos 5, was eine Mortalität von
12 Percent ausmacht. Aus dieser Berechnung kann man ohne
weiters unseren Fall Nr. 42 ausschliessen, da der Tod erst in
der fünften Woche durch Inanition und Pneumonie verursacht
wurde; dadurch sinkt die Mortalitätsziffer auf nicht einmal ganze
zehn Percent.

Recht auffallend ist, dass unter den fünf Todesfällen keine einzige traumatische Strictur vertreten ist; in dem Falle Montaz (26)
handelt es sich um eine schwere, so oft lethal endende Verletzung
des Beckens, nämlich Ueberfahren durch einen schwer beladenen
Wagen; eine foudroyante Hämorrhagie führte am dritten Tage den
Exitus lethalis herbei. Im Falle Boeckel's war es ein 71jähriger Greis,
der mit einer impermeablen gonorrhoischen Strictur behaftet war und
am fünften Tage nach der Operation erlag. Im dritten Falle (Pousson)
war eine ausgedehnte Harninfiltration in Folge von Fausses routes die
Todesursache; im Falle Princeteau (28) handelte es sich um
eine impermeable gonorrhoische Strictur bei einem 36jährigen Manne,
bei dem der Katheterismus posterior erst längere Zeit nach der
Extraurethrotomie gemacht wurde und der am 16. Tage nach der
Operation verschied. Rechnen wir zu diesen vier Fällen noch unseren
Fall hinzu, so handelt es sich in vier Fällen um gonorrhoische
Stricturen, in einem um eine frische Harnröhrenruptur; die traumatischen Stricturen die. wie erwähnt wurde, das
grösste Material zum Katheterismus posterior abgeben, sind alle mit Erfolg durch Katheterismus
posterior behandelt worden.

Leider stehen mir, unseren Fall ausgenommen, die Sectionsbefunde jener drei Fälle von gonorrhoischen Stricturen nicht zur Verfügung, um zu entscheiden, ob eine gleichzeitige Erkrankung der
Nierenleiter und Nieren, oder ob eine Infection der Operationswunde
durch den cystitischen Harn die Todesursache war.

Bei Beurtheilung der Gefährlichkeit des hohen Blasenschnittes
respective des Katheterismus posterior muss natürlich, ebenso wie die
Nierencomplication, auch die Möglichkeit einer Infection berücksichtigt werden. Höchstwahrscheinlich hatte den lethalen Ausgang
eines von beiden oder beides zusammen oder auch andere Complicationen hervorgerufen, die bei nur durch Extraurethrotomie behandelten
impermeablen gonorrhoischen Stricturen eben häufiger einzutreten
pflegen als bei den traumatischen.

Die Complicationen des uropoëtischen Systems, Cystitiden, Pyeli-
tiden, Pyelonephritiden, pflegen zwar auch bei traumatischen Stricturen
einzutreten, doch nicht so häufig wie bei den gonorrhoischen; die
rasch sich entwickelnde Impermeabilität schützt bei den traumatischen
Stricturen den uropoëtischen Tractus am besten vor einer Infection,
die bei der gonorrhoischen durch das Bougiren in die Blase und von
da weiter hinauf gelangt. Diesem Sicherheitsverschluss haben die traumatischen Stricturen einen zweifachen Vortheil zu verdanken; erstens
werden die bei ihnen nöthigen operativen Eingriffe nicht durch ernste
Störungen des uropoëtischen Systems complicirt; zweitens kommt
durch den Contact des schlimmsten Falles gewöhnlich nur katarrhalischen
Harnes mit der Operationswunde nicht jene so befürchtete Infection
des perivesicalen Gewebes zu Stande, welche eine Cystitis hervorrufen kann, die lange Zeit bestehende gonorrhoische Stricturen oft im
Gefolge hat.

Ein gutes Analogon sind jedenfalls die hohen Steinschnitte; auch
bei schwacher Cystitis, noch mehr aber bei nicht bestehender Cystitis
befürchten wir keine Infection, auch dann nicht, wenn die complete Nath der Blase nachlassen sollte; ist aber eine stärkere Cystitis
vorhanden, dann haben wir nicht nur die Complication von Seite des
uropoëtischen Systems, sondern hauptsächlich die leicht eintretende
Infection der Operationswunde zu befürchten. Wenn also auch zur
stricten Beweisführung genaue Harnuntersuchungen und Sectionsbefunde bei den lethal abgelaufenen Fällen fehlen, so können wir wohl
auf Grund unserer Erfahrungen über den hohen Blasenschnitt überhaupt das hohe Mortalitätspercent des Katheterismus posterior bei
den gonorrhoischen Stricturen (33 Percent) aus den oft bestehenden
Complicationen des uropoëtischen Tractus und aus der leicht eintretenden Infection durch den gewöhnlich cystitischen Harn erklären;
nach der bis zum Exitus lethalis verflossenen Zahl der Tage zu schliessen,
waren die ersteren in dem Falle Princeteau die Todesursache,
wogegen im Falle Boeckel's, und gewissermassen auch im Falle
Pousson's eine Infection den Tod herbeiführte.

Hinsichtlich des Alters, Geschlechtes und der socialen
Stellung möge kurz erwähnt werden, dass es sich nur um
Individuen des männlichen Geschlechtes und um die verschiedenen
Gefahren am meisten ausgesetzte Arbeiterclasse handelte; auch bei
den gonorrhoischen Stricturen war dies in der Mehrzahl der Fäll. Die
Altersverhältnisse sind bei vier Fällen (bei drei sind sie unbekannt,
der vierte, angeborene Harnröhrenverengerung, wurde nicht miteinge-
gerechnet) in nachstehender Tabelle zusammengestellt:

Im Alter von

1 bis 10	Jahre	waren	. . . . .	4 Fälle
10 » 20	»	»	. . . . .	3 »
20 » 30	»	»	. . . . .	10 »
30 » 40	»	»	. . . . .	12 »
40 » 50	»	»	. . . . .	4 »
50 » 60	»	»	. . . . .	4 »
60 » 70	»	»	. . . . .	3 »
70 » 80	»	»	. . . . .	1 »

Summe . . . 41 Fälle

Aus dieser Tabelle ersieht man, dass jene Altersperiode, in der der arbeitende Mann am meisten verschiedenen Gefahren ausgesetzt ist, nämlich das dritte und vierte Decennium, am stärksten betheiligt ist (21 Fälle). Darunter sind fünf Fälle gonorrhoischer Stricturen, die eben auch in diesem Alter am häufigsten vorzukommen pflegen.

Bevor ich zur Technik des Katheterismus posterior übergehe, will ich die Frage noch erwähnen, ob man diesen operativen Eingriff sofort nach missglückter Extraurethrotomie ausführen soll oder erst später, nachdem das sofort zu erwähnende Verfahren nach dem Rathe Albert's und König's erfolglos geblieben ist. Bei completer drohender Harnretention, ob es sich nun um Strictur oder Harnröhrenruptur handle, ist es selbstverständlich Pflicht, sofort den hohen Blasenschnitt nachfolgen zu lassen; doch wie soll man sich verhalten, wenn der Zustand des Patienten eine Vertagung gestattet? Manche Operateure brachen in solchen Fällen die Operation ab, und trachteten in den nächsten Tagen nach der Operation, bei vollkommenem Bewusstsein des Kranken und spontanem Uriniren, das hintere Harnröhrenende aufzufinden; erst dann, wenn dieses Verfahren, das Albert und König vorgeschlagen hatten, nicht zum Ziele führte, schritten sie zum Katheterismus posterior.

Auf diese Weise operirte Péan, Volkmann, Neuber, Duplay, Shilling, Troisfontaines, Princeteau, Lamarque. Der Zeitraum zwischen den beiden chirurgischen Eingriffen war verschieden.

Volkmann wurde durch starke Harnretention genöthigt, den nächsten Tag den hohen Blasenschnitt zu machen, wogegen Neuber und Péan eine Zeitdauer von zehn Tagen verstreichen liessen.

Dieses exspectative Verfahren war, mit Rücksicht auf die Zeit, in welcher es vorgeschlagen wurde und die frühere Furcht vor dem hohen Blasenschnitt, der als ein ziemlich schwerer Eingriff betrachtet wurde, ganz und gar berechtigt; ja es hat noch heute nur theilweise seine

Berechtigung eingebüsst, ist es ja doch die Pflicht eines jeden Operateurs mit
den einfachsten Mitteln zum Ziele zu gelangen; warum also eine zweite
gefährliche Operation vornehmen, wenn man durch ein exspectatives,
jedenfalls ungefährliches Verfahren eventuell an's Ziel gelangen kann.
Dieser Einwand hatte in den Achtziger Jahren, zu Zeiten, wo der hohe
Steinschnitt ein so grosses Mortalitätspercent aufzuweisen hatte, die
Mehrzahl der Operateure bei nicht drohender Harnretention zu Anhängern
des exspectativen Verfahrens gemacht. Auch heute noch können wir
dieses Verfahren wählen, wenn es sich um einfachere nicht complicirte Stricturen handelt, ja bei Fällen mit starker Cystitis ist es
sogar unsere Pflicht, entweder das exspectative Verfahren oder den
zweizeitigen Blasenschnitt nach Vidal de Cassis vorzunehmen.

Dank der heute so vorgeschrittenen Technik und der Ungefähr-
lichkeit des hohen Blasenschnittes bei normalem oder auch schwach
cystitischem Harne, verliert das exspectative Verfahren immer mehr
und mehr an festem Boden. Es tritt, wie bei den Steinoperationen in
den Siebziger Jahren, nun auch, zum Zwecke des Katheterismus
posterior, der hohe Blasenschnitt in die erste Reihe.

Gar manche Umstände sind es, wodurch das exspectative Verfahren
durch den hohen Blasenschnitt in den Hintergrund gestellt wird.

Das Hauptargument für die sofortige Ausführung des hohen
Blasenschnittes mit nachfolgendem Katheterismus posterior ist der
folgende Umstand: die Operation wird in Narkose ausgeführt; Indication der Operation ist die Unmöglichkeit des Auffindens des hinteren
Harnröhrenendes, selbst bei bimanueller Expression der Blase, die
immer versucht wird; mehr wird bei aufgehobener Narkose auch die
willkürliche Innervation der Blase nicht leisten; wir würden also dort
stehen, wie vor der ersten Operation.

Das Bewusstsein einer zweiten in Aussicht stehenden Operation,
die Aufregung vor derselben, die fortdauernden Harnbeschwerden, die
Schmerzen, die bei vollkommenem Bewusstsein durch das Sondiren
dem Kranken verursacht werden, das sind jedenfalls Umstände, welche
gegen den Aufschub der Operation wärmstens sprechen; zu alledem
kommt nun noch die Unsicherheit des Gelingens.

Aus diesen eben erwähnten Gründen ist unsere Schule entschieden
für das einzeitige Verfahren, freilich nur bei jenen Fällen, die nicht
durch stärkere Cystitis complicirt sind; handelt es sich um solche, dann
wählen wir, bei nicht drohender Harnretention, den zweizeitigen Blasenschnitt nach Vidal de Cassis.

Gegen das einzeitige Verfahren wurde auch der Einwand erhoben, dass durch den hohen Blasenschnitt die Nachbehandlung sehr

verlängert werde. Auch dieser Einwand ist heute nicht mehr stichhältig; aus der letzten Publication Dittel's über das «achte Hundert von Steinoperationen» ersehen wir, dass bei partiell genähten Blasen die Nachbehandlung durchschnittlich 42 Tage dauerte; auch wir hatten bei unseren partiell genähten Blasenwunden eine durchschnittliche Nachbehandlungsdauer von 42 Tagen. Nun in dieser kurzen Zeit wird wohl Niemand sich getrauen, eine impermeable Strictur durch ein exspectatives Verfahren definitiv heilen zu wollen; auch bei einfacher Extraurethrotomie dauert die Nachbehandlung, die allergünstigsten Fälle ausgenommen, gewöhnlich länger.

Man näht freilich bei Katheterismus posterior die Blase partiell nicht zu: doch ist ja die Oeffnung ohnedies sehr klein, es genügt nur eine für den Finger oder Katheter durchgängige Oeffnung in die Blase zu machen, die den bei partiell genähten Blasen gleichkommt.

Bei unseren fünf Fällen von Katheterismus posterior heilte die hohe Blasenschnittwunde in 40. 43, 19, 29 und 26 Tagen zu: durchschnittlich also in 31 Tagen; der Schluss erfolgte also in kürzerer Zeit als bei den hohen Steinschnittwunden. Freilich waren es Fälle, die nicht mit einer stärkeren Cystitis complicirt waren; doch handelt es sich eben bei Katheterismus posterior in der grössten Mehrzahl der Fälle um solche günstigere Fälle.

Ist die Strictur von einer stärkeren Cystitis begleitet, oder entsteht die Cystitis nach der Operation in Folge einer Infection, dann kann freilich das Zuheilen des einzeitigen, respective zweizeitigen Blasenschnittes längere Zeit in Anspruch nehmen, ja sogar später als das Zuheilen der Perinealwunde stattfinden. Doch dann braucht unter solchen Umständen auch bei geglücktem exspectativem Verfahren, die Perinaealwunde eine längere Zeit zum permanenten Zuheilen. Man weiss aus Erfahrung, wie schwer bei stärkeren Cystitiden die Perinaealwunden zuheilen; es ist sichergestellt, dass die Heilung derselben gewöhnlich erst dann erfolgt, wenn die Cystitis sich gebessert hat. Wenn also bei bestehender Cystitis eine Fistel nach hohem Blasenschnitte eine längere Zeit zur definitiven Schliessung braucht und auch eventuell die Perinaealwunde früher zuheilt, so ist dies noch immer kein Argument gegen das einzeitige Verfahren, da eben die Perinaealwunde deshalb zuheilte, weil der Harn freien Abfluss durch die Blasenfistel hatte und auch bei geglücktem exspectativen Verfahren die Perinaealfistel in solchen Fällen lange Zeit zum Schlusse benöthigt.

Uebrigens darf man eine geheilte Perinaealwunde nicht als eine geheilte Strictur betrachten; das Bougiren derselben benöthigt auch bei einfacher Extraurethrotomie etliche Wochen nach Zuheilung der

Perinaealwunde; ob nun im ärgsten Falle bei mit Katheterismus
posterior behandelten Fällen eine Fistel ober der Symphyse oder eine
Perinaealfistel während des Bougirens bei geglücktem exspectativen
Verfahren fortbesteht, darauf kommt es wohl nicht an; dieselbe
schliesst sich jedenfalls dann zu, wenn die sich neu zu bildende Harnröhre genügend weit dilatirt und die Cystitis ad minimum reducirt
ist. Die Zeitdauer der Nachbehandlung kommt also keinesfalls in Betracht bei der Wahl eines exspectativen oder einzeitigen Verfahrens.

Fassen wir nun alles zusammen, was die Vortheile und Nach-
theile des einen oder des anderen Verfahrens anbelangt, so ergibt sich,
dass das exspectative nur den Vortheil hat, dass es dem Kranken
eventuell eine zweite Operation erspart; dagegen hat es den Nachtheil, dass es dem Kranken unangenehme Stunden und Schmerzen
beim Sondiren bereitet, und eventuell auch erfolglos bleiben kann.
Dem entgegen entspricht das einzeitige Verfahren allen Forderungen,
die wir an eine moderne Operation stellen und ist heutzutage unter
sonst gleichen Umständen so gefahrlos wie das exspectative. Der erwähnte Vortheil des ersteren ist jedenfalls gewichtig genug. um Anhänger zu haben; unsere Schule ist deshalb bei einfachen impermeablen Stricturen keine principielle Gegnerin desselben; umsomehr sind
wir aber Anhänger des einzeitigen Verfahrens, da selbes die schnellste
und sicherste Methode ist.

Bei dieser Gelegenheit ist es am Platze, auf die Dittel'sche
Methode näher einzugehen. Es sind die Fälle 32 und 33, die von
Zuckerkandl nach dieser Methode operirt wurden und für die
jedenfalls der Name Katheterismus retro-urethratis passt. Ausser diesen
zwei Fällen wurden bisher keine weiteren geglückten publicirt. Nur
in dem Falle 16 versuchte Shilling die Dittel'sche Methode,
musste aber, da selbe nicht zum Ziele führte, den hohen Blasenschnitt
nachfolgen lassen. Wie Zuckerkandl zugesteht, ist dieses Verfahren
nur für besonders günstige, in der Pars bulbosa sitzende, kurze und
begrenzte Stricturen anwendbar. In solchen Fällen helfen wir uns
ja immer so aus. dass wir den Schnitt bis zum After verlängern und
durch Präparation in die Tiefe, die in der Mittellinie liegende und
dilatirte Harnröhre aufzufinden trachten; gelingt dies nicht, dann
könnte man allenfalls die Dittel'sche Methode versuchen und
durch einen Querschnitt den After aufsuchen und nach Abpräpariren
dessen nach dem centralen Harnröhrenende fahnden; doch glaube ich
nicht, dass dieses Verfahren Anklang finden wird, da ja doch der
hohe Blasenschnitt die grösste Sicherheit gewährt, das hintere Harnröhrenende rasch aufzufinden: dies kann man wohl von der Dittel'schen
Methode nicht behaupten. Der äussere Befund jener scheinbar für

diese Methode günstigen Fälle kann nämlich sehr täuschen; auch nach einer noch so sorgfältig durchgeführten äusseren und endoskopischen Untersuchung des stricturirenden Callus, die zur Dittel'schen Methode aufmuntern würde, kann man dann leicht bei der Operation auf complicirte, nicht geahnte Verhältnisse stossen, die das Auffinden der hinteren, wenn auch dilatirten Harnröhre unmöglich machen: die Unsicherheit des Gelingens macht die Entscheidung für die Methode Dittel's recht schwer.

Bei den bis dato auf unserer Klinik operirten 35 einfachen Stricturen und Harnröhrenrupturen sind wir mit den gewöhnlichen Manipulationen bei der Extraurethrotomie ausgekommen; sollte dies einmal nicht der Fall sein, nun dann würden wir gerade so den hohen Blasenschnitt mit nachfolgendem Katheterismus posterior ausführen, wie bei den mit Fisteln complicirten Stricturen.

Bei solchen Stricturen, namentlich wenn dieselben traumatischen Ursprunges sind, ist jedenfalls, darüber herrscht kein Zweifel, nur ein einzeitiges Verfahren am Platze. In solchen Fällen hätte ein exspectatives Verfahren heutzutage keinen Sinn; denn es verbürgt nie, auch nicht in dem günstigen Falle des Erfolges, dass man wirklich beim spontanen Harnen das hintere Harnröhrenende finden könnte; bei nur mit einer einzigen Fistel complicirten Fällen kann man wohl annehmen, dass man de facto durch die Fistel in die hintere Harnröhre eingedrungen ist. Doch ist die nachfolgende Dilatation der Strictur, wegen des allzu harten Callus gewöhnlich nicht von langer Dauer. Umsomehr gilt dies für mit mehreren Fisteln complicirte Fälle, bei denen durch Extraurethrotomie nicht immer eine ganz klare Uebersicht über die verwickelten Verhältnisse erreicht wird; wie leicht es passiren kann, dass man einen in den Blasenhals oder einen, in eine mit der Blase communicirende Höhle, führenden Fistelgang discidirt, ist bekannt; dass in solchen Fällen der Erfolg der Operation ein ganz unsicherer ist, ist evident.

Unsere Pflicht ist es, durch den chirurgischen Eingriff solche Verhältnisse zu schaffen, dass die neu sich bildende Harnröhre, was Lage und Weite anbelangt, der normalen womöglich gleichkommt; zu diesem Zwecke muss das periphere und centrale Harnröhrenende durch einen geraden, in der Medianlinie liegenden, genügend weiten und womöglich durch einfaches Narbengewebe gebildeten Kanal verbunden werden; dies erreichen wir nur dann, wenn wir das alte callöse Gewebe und die dasselbe durchdringenden Fisteln excidiren. Zu diesem Vorgehen benöthigen wir aber nicht nur das Auffinden des centralen Harnröhrenendes, sondern auch ein vollkommen klares Bild des die Strictur bildenden Callus und der sie complicirenden Fisteln; erreichen wir dies nicht durch die einfache Extraurethrotomie, dann ist es nöthig, einen anderen Weg zu suchen und dieser ist jedenfalls der hohe Blasenschnitt; es ist dies die sicherste und kürzeste Methode, durch die wir das hintere Harnröhrenende auffinden, ein vollkommen klares Bild über noch so complicirte Verhältnisse erreichen und darnach mit Leichtigkeit die nöthigen Excisionen der callösen Massen und Fistelgänge vollführen können.

Das Auffinden des hinteren Harnröhrenendes ist also nicht allein der Zweck des operativen Eingriffes, sondern eine womöglich radicale Beseitigung der Strictur und der sie complicirenden Verhältnisse; durch ein exspectatives Verfahren wird dieser Zweck der Therapie jedenfalls nicht in dem Maasse erreicht, wie mit den einzeitigen, den hohen Blasenschnitt erfordernden; es ist also hauptsächlich im Interesse des Erfolges der Therapie gelegen, bei nicht mit Cystitis complicirten Fällen das einzeitige Verfahren zu wählen; eben aus diesem Grunde empfehlen wir für die mit Cystitis und Fisteln complicirten Fälle den zweizeitigen Blasenschnitt nach Vidal de Cassis.

Bei den einfachen Stricturen hat das expectative Verfahren eine gewisse Berechtigung; bei den complicirten wäre ein expectatives Vorgehen kaum zu verantworten; es sind nicht nur die Harnbeschwerden, das unangenehme Bewusstsein einer zweiten Operation, sondern hauptsächlich die Unsicherheit des Gelingens und der radicalen Heilung der Strictur, was uns zu einem entschiedenen Gegner des expectativen Verfahrens bei complicirten Stricturen gemacht hatte. Ist der Harn cystitisch, dann sind wir freilich gezwungen, einen zweizeitigen Blasenschnitt durchzuführen, der eventuell auch durch die in neuester Zeit vorgeschlagene Cystopexis nach Rasumowsky ersetzt werden könnte.

Die Technik des Katheterismus posterior brauche ich wohl nicht in allen Details ausführlich zu beschreiben; in fast allen diesbezüglichen Publicationen wurden die Details ziemlich genau erwähnt und sind heutzutage allbekannt; ich will hier nur einige Punkte berühren, auf die näher einzugehen mich unsere Erfahrungen, die wir bei den fünf Fällen gesammelt haben, führen.

Was die Voroperation, den hohen Blasenschnitt, anbelangt, ist heutzutage die Technik in den Grundzügen so vervollkommt und bekannt, dass es höchst überflüssig wäre, selbe zu erwähnen; nur die Richtung der Schnittführung und kleine Behelfe, wie z. B. Fixation der Blasenwand, die Benützung des Peterson'schen Ballons, die Nachbehandlung, die bei verschiedenen Operateuren mannigfaltigen Variationen unterliegt, möge hierorts kurz gewürdigt werden.

Bei der grössten Mehrzahl der uns beschäftigenden Fälle wurde eine longitudinale und mediane Schnittrichtung gewählt; D u p l a y, C a u c h o i s, S o n n e n b u r g, T r e n d e l e n b u r g, D i t t e l wählten eine transversale Schnittrichtung in den Weichtheilen. Ob diese oder jene zweckmässiger ist, lässt sich kaum entscheiden; eine bessere Einsicht in das Operationsfeld kann man wohl dem transversalen Schnitte nicht absprechen, doch ist es wiederum das Entstehen von Hernien, die auch bei den hohen Steinschnitten die longitudinale Incision der Weichtheile allgemein beliebt gemacht hatte.

Bei unseren fünf Fällen sind wir, wie überhaupt bei allen hohen Steinschnitten, mit der longitudinalen Schnittführung mit G ü n t h e r's Modification ausgekommen: durch die quere Incision der geraden Bauchmuskeln, nach longitudinaler Spaltung der Haut und Fascien, kann man durch scharfe Hacken das Cavum prävesicale so zugänglich machen, dass man alle anatomischen Verhältnisse genau übersehen kann.

Diese G ü n t h e r'sche Modification des hohen Blasenschnittes bildet eigentlich einen Uebergang zur queren Schnittführung und können wir selbe nicht genug anempfehlen; es hat uns bisher diese Methode noch nie im Stiche gelassen.

Bei unserem ersten Falle könnte uns zwar ein Vorwurf gemacht werden, dass man durch eine transversale Schnittführung hätte die Blase ohne Laparotomie vielleicht finden können; doch können wir ohneweiters diesen Vorwurf zurückweisen, da es sich in jenem Falle nicht um eine ungenügende Uebersicht des Operationsfeldes handelte; trotz mehrfacher Incisionen und Probepunctionen, konnte man die leere und tief hinein in's Becken verschobene und angewachsene Blase nicht auffinden; dass bei dieser Dislocation und Leere der Blase ein querer Schnitt auch erfolglos geblieben wäre, ist evident, da eben die mehrfachen Incisionen und Probepunctionen in querer Richtung resultatlos geblieben sind.

Der eigentlich schwerste Act der Operation ist das Auffinden der Blase ohne Verletzung des Peritonaeums; wissen wir doch, dass eben diese Verletzung bei dem hohen Steinschnitte, also bei gefüllter Blase, lange nicht diese Art der Steinoperation zum Durchbruch kommen liess. Bei dem Katheterismus posterior haben wir es gewöhnlich mit sehr mässig gefüllten oder eventuell ganz leeren Blasen zu thun: das Aufsuchen der Blasenwand ist unter solchen Verhältnissen jedenfalls schwieriger, es empfiehlt sich deshalb, den Schnitt der Weichtheile lieber länger anzulegen. Manche Operateure gebrauchen

um die Blase nach vorne zu drücken und dadurch das Präpariren im
Cavum Retzii zugänglicher zu machen, mit Vorliebe den Peterson'schen
Rectalballon; wir können uns für denselben nicht begeistern, da wir
gerade in jenem Falle, bei dem zur Laparotomie geschritten werden
musste, denselben ohne Erfolg anwendeten und sonst ohne denselben
ausgekommen sind.

Durch stumpfes vorsichtiges Präpariren des lockeren Zellgewebes
direct hinter der Symphyse, kommt man gewöhnlich sehr leicht ohne
Verletzung der Peritonealfalte, auch wenn dieselbe nicht ordentlich
sichtbar ist, auf die entweder durch das venöse Netz oder durch die
rosafarbige Muskulatur erkennbare Blase. In vielen Fällen wird die
Blasenmuskulatur durch ihre, einer excentrischen Dilatation und
Hypertrophie entstammende quere Streifung leicht sichtbar. In anderen
Fällen können die bekannten anatomischen Kennzeichen fehlen; es
bleibt uns da nichts anderes übrig, als durch Probepunctionen oder
Incisionen direct hinter der Symphyse nach der Blase zu fahnden.

Diese Nothwendigkeit tritt gewöhnlich dann ein, wenn es sich
um Stricturen oder Rupturen handelt, die nach Beckenfracturen entstanden sind. In dem ersten Falle kann das ganze Cavum Retzii in eine
callöse Masse mit Dislocation der Blase umgewandelt sein: im zweiten
Falle kann eine grössere Urininfiltration die anatomischen Kennzeichen
vollkommen verwischen; da eben bei den Rupturen die Blasen sich
immer stark. ja manchmal auch ad maximum füllen und dadurch
die Peritonaealfalte nach oben rückt, kommt dieser Uebelstand nicht
zur Geltung; eine einfache Incision in die leicht zu palpirende und
gefüllte Blase lässt dieselbe leicht erkennen. Ist bei den traumatischen
Stricturen des Cavum Retzii in ein callöses Gewebe verwandelt und
die Blase dislocirt, dann kann man wohl bei mittelmässig gefüllter
Blase durch mehrfache Probepunctionen oder Incisionen durch Pal-
piren der Blase zum Ziele gelangen. Bei leerer Blase hingegen können
diese Manipulationen erfolglos bleiben, nicht minder eine Probepunction
oder Injection; es taucht dann die Frage auf, wie soll man sich in
solchen Fällen verhalten? Die Antwort ist heutzutage eine ganz einfache — es bleibt nichts anderes übrig, als eine typische Laparotomie
durch Verlängerung des longitudinalen Schnittes zu machen und die
dislocirte Blase von der Bauchhöhle aus im kleinen Becken aufzusuchen.

Gegen die Berechtigung dieses Vorgehens lässt sich nur das
expectative Verfahren, nämlich Unterbrechung der Operation und öftere
Versuche die Blase bei vollkommenem Bewusstsein des Patienten,
nach einer stärkeren Getränkeaufnahme. zu finden. geltend machen;

gegen dieses exspectative Verfahren lässt sich in solchen Fällen natürlich nichts einwenden und dasselbe würde wegen der leicht möglichen Infection der Peritonaealhöhle durch den Harn bei sofortiger Eröffnung der Bauchhöhle vielleicht den Vorzug verdienen.

Ist der Harn stark cystitisch, dann ist freilich ein expectatives Verfahren eine Nothwendigkeit; ist dagegen der Harn rein oder nur schwach katarrhalisch, dann kann man heutzutage ohneweiters die Laparotomie zur Auffindung der Blase vornehmen.

Wir wissen nämlich nach den neuesten Untersuchungen, dass der nicht katarrhalische Harn keine Peritonitis hervorrufe; auch ist eine stattliche Zahl von Laparotomien bekannt, bei denen durch zufällige Verletzung der Blase, der Harn mit der Serosa in Contact kam, trotzdem aber keine Peritonitis zur Folge hatte.

Solche glücklich geheilte Fälle nach Exstirpation von Myomen sind von Allee, Boeckel, Eustache, Hourans, Gaillard, Thomas, Billroth, Pozzi publicirt worden; nicht minder ist eine stattliche Zahl von glücklich operirten intraperitonaealen Rupturen der Harnblase bekannt. Sonnenburg resecirte sogar intraperitonaeal einen grossen Theil der Blase wegen Carcinom und doch gelang diese Operation vollkommen.

Diese schönen Erfolge berechtigen uns demnach in denjenigen Fällen von Stricturen, wo es unmöglich ist, durch den einfachen hohen Blasenschnitt die Blase aufzulinden, auch die Laparotomie zu diesem Zwecke als ultima ratio zu wählen. Bei nicht cystitischem Harn ist die Furcht vor einer Peritonaealinfection eine minimale; auch bei schwach cystitischem Harn kann man die Infection leicht hintanhalten, indem die Peritonaealhöhle vor der Blaseneröffnung, deren Einstichstelle durch zwei Nähte markirt wird, wieder geschlossen wird.

Ist dagegen der Harn stark cystitisch, dann ist es freilich nothwendig die Operation abzubrechen und das expectative Verfahren einzuleiten, oder nach vollbrachter Laparotomie die Stelle des Einstiches in der Blase zu markiren und die Blase erst nach 4—5 Tagen zu eröffnen.

Soweit ich mich in der Literatur überzeugen konnte, ist der von meinem Chef operirte Fall Nr. I (Nr. 41 der Tabelle) der erste, bei dem der Katheterismus posterior per sectionem altam und nachfolgender Laparotomie mit Erfolg ausgeführt wurde.

Die Technik dieses Eingriffes habe ich in der diesbezüglichen Krankengeschichte genauer beschrieben. Es möge hier nur das betont werden, dass eine Infection der Peritonaealhöhle durch den Harn,

dessen Qualität wir in Folge seines steten Absickerns durch die zahlreichen Fistelgänge nicht genau untersuchen konnten, durch Einlegen
von Jodoformgaze hintanzuhalten getrachtet wurde; auch wurde nach
Auffinden der Blase die Oeffnung im Peritonaeum sofort zusammengenäht und dadurch eine Infection in der nächstfolgenden Phase
der Operation verhindert. Ob der günstige Verlauf dadurch zu Stande
gebracht wurde, oder ob der Harn nicht infectionsfähig war, lässt
sich freilich sehr schwer entscheiden, da eine genaue Analyse des
Harnes unmöglich war.

Nach Auffinden der Blase ist der weitere Theil der Operation
gewöhnlich ein ganz leichter. Wir können nicht genug warm anempfehlen,
die Blase vor der Incision durch zwei Fixationsnähte beiderseits zu
sichern. Nach der Eröffnung contrahiren sich nämlich oft recht rasch
die Wände der Blase, wodurch dieselbe in die Tiefe sinkt und dann
manchmal schwer auffindbar werden kann. Nebstdem haben die
Fixationsnähte den Vortheil, dass man die Blase durch sie nach vorne
ziehen und dadurch den Blasenhals zugänglicher machen kann. Diese
Fixationsnähte belassen wir noch durch längere Zeit auch nach der
Operation, da es leicht vorkommen kann, dass man durch unangenehme
Zwischenfälle gezwungen ist, bei dem Verbandwechsel von Neuem den
Katheterismus posterior auszuführen.

Die Incision der Blase in der Länge von ein bis zwei Centimetern
ist gewöhnlich vollkommen genügend, um den Katheterismus posterior
durchzuführen.

Der Rath Péans, die Blase durch Punction und Aspiration zu
entleeren, erschwert die Incision in die Blase. Die Infection, die
hiedurch vermieden werden soll, wird durch Tamponade der Wunde
bis auf die Einstichstelle hintangehalten; sobald Urin ausströmt, irrigirt
man mit warmer Borsäurelösung. Auch hindert die Punction nicht die
nachträgliche Infection, wenn derselben anderweitig nicht vorge-
beugt wird.

Es hat also die vorhergehende Punction und Aspiration keinen Vortheil; ja im Gegentheil. dieselbe kann leicht nachtheilig werden, indem
wir durch das Entleeren der Blase uns einestheils des Criteriums, de
facto die Blase incidirt zu haben, berauben, anderntheils bei entleerter
Blase leicht zwischen die einzelnen Schichten der Blasenwand gerathen
oder auch die hintere Blasenwand verletzen können.

Die eigentliche Ausführung des Katheterismus posterior nach
Eröffnung der Blase pflegt sehr leicht zu sein: mit dem in die
Blase eingeführten linken Zeigefinger sucht man gewöhnlich leicht
den trichterförmigen Blasenhals auf und schiebt mit der rechten

Hand ein entsprechendes Instrument längs der Volarfläche des linken Zeigefingers in den Blasenhals und in das gewöhnlich dilatirte centrale Harnröhrenende ein; bei allen unseren Fällen war dieses Vorgehen leicht. Die Verwechslung des Blasenhalses mit einem Divertikel, wie im Falle T r e n d e l e n b u r g, kann man bei genauem Zusehen gewiss vermeiden.

Sehr vortheilhaft erwiesen sich uns bei diesem Acte die erwähnten Fixationsnäthe. Im ärgsten Falle kann man die Blasenincision erweitern, endlich auch das Cystoskop benützen.

Was die Instrumente, mit denen man den Katheterismus posterior ausführt, anbelangt, so wurden von N e u b e r eigene Metallsonden vorgeschlagen; in jüngster Zeit finden wir in der Publication L e g u e u's neuerdings den Vorschlag einer eigenartig gekrümmten Steinsonde nach G u y o n. Manche Operateure gebrauchen englische Bougies, andere wieder Metallkatheter oder Metallsonden verschiedener Krümmungen.

Bei unseren Fällen sind wir mit den gewöhnlichen cylindrischen oder konischen Steinsonden ausgekommen; ich bezweifle nicht, dass dieselben in der grössten Mehrzahl der Fälle hinreichend sind; nur wo die Harnröhre stark dislocirt wäre und ihr Auffinden Schwierigkeiten machen würde, sollten englische Bougies in Gebrauch kommen.

Die Metallinstrumente sind auch darum vortheilhafter, da man in die Lage kommen kann, das hintere Harnröhrenende aus seiner Dislocation durch Lösung von Verwachsungen zu befreien. Die Manipulationen zu diesem Zwecke sind mit einem unnachgiebigen Metallinstrument jedenfalls leichter, als mit einem biegsamen elastischen Bougie. Es ist deshalb immer angezeigt, womöglich nur Steinsonden zu gebrauchen: natürlich müssen selbe in verschiedener Krümmung vorräthig sein.

Das Aufsuchen des hinteren Harnröhrenendes in der Perinaealwunde, die Excision des stricturirenden Callus und der verschiedenen Fistelgänge bietet, als letzter Act der Operation, ebenfalls keine Schwierigkeiten. Durch Senkung des Pavillons gegen den Nabel zu, tritt die Schnabelspitze der Metallsonde in der Perinaealwunde hervor. Auf derselben wird die hintere Harnröhre eröffnet, und dann, nachdem man sich das Ende der vorderen Harnröhre markirt hat, wird das zwischen beiden gelagerte Narbengewebe nach Möglichkeit excidirt. Dadurch werden auch die eventuell vorhandenen Fistelgänge theilweise excidirt; ihre Ausmündungsöffnungen verfallen dann auch entweder einer Excision oder einer Excochleation.

Bei diesem Vorgehen ist nur darauf zu achten, dass der Defect in der Haut nicht zu gross werde.

Ist das hintere Harnröhrenende dislocirt, dann muss natürlich diese Dislocation behoben und das Harnröhrenende in eine mediane Lage gebracht werden, damit der sich neubildende Canal womöglich geradlinig verlaufe. Dieses Bestreben gelingt in den meisten Fällen leicht, in anderen bleibt eine kleine Dislocation, die während der Nachbehandlung sich ad minimum reduciren lässt.

In letzter Reihe handelt es sich um Einführung eines Verweilkatheters durch beide Harnröhrenenden in die Blase, ohne welches eine complete Heilung der impermeablen Strictur oder Ruptur nach dem Katheterismus posterior nicht denkbar ist. Von verschiedenen Autoren wurde eine Reihe verschiedener Manipulationen behufs Einführung und Fixation eines Verweilkatheters in der Blase vorgeschlagen; die oft nach der Operation eintretenden Blasencontractionen und die Bewegungen des Kranken, pflegen, namentlich bei dislocirter Harnröhre, ein Ausgleiten des Verweilkatheters aus der Blase, respective Harnröhre hervorzurufen. Diesem unangenehmen Zufalle, der natürlich von Neuem die Durchführung des Katheterismus posterior erheischt, vorzubeugen, haben verschiedene Operateure mannigfaltige Vorrichtungen zur Fixation des Katheters vorgeschlagen; auch wurden von manchen die Vortheile der englischen, von anderen wiederum die der französischen Katheter gepriesen. Heutzutage sind jedenfalls die Nélaton'-schen Verweilkatheter (Jacques-Patent) zu diesem Zwecke die besten: durch Schwefelsäure und ein längeres Aufbewahren in 4percentiger Glycerincarbollösung, lassen sie sich so ziemlich desinficiren und haben auch den Vortheil, dass ihre Wände genügend stark sind, um der Contractur des sich neubildenden Narbengewebes genügend Widerstand leisten zu können. Diesen Zweck würden freilich besser die englischen Katheter erfüllen; doch verlieren sie bald ihre Glätte, sind jedenfalls theurer und lassen sich überhaupt nicht ohne Verlust ihrer Glätte desinficiren.

Ich werde den Leser mit den verschiedenen Fixationsmethoden wie sie an verschiedenen Schulen geübt und von verschiedenen Autoren empfohlen werden, nicht ermüden. Es möge hier nur das sehr einfache Verfahren, das auf der Klinik Trendelenburg geübt wird, erwähnt werden. Es besteht darin, dass ein dickes, elastisches Bougie durch die Harnröhre und die Blase bei der Blasenwunde herausgeführt wird: beide Bougieenden werden durch einen Faden verbunden, wodurch das Ausgleiten der Bougies aus der Blase, respective Harnröhre verhindert wird; in den nächsten Tagen wird das Bougie durch einen elastischen Katheter ersetzt, was auf die Weise geschieht, dass an das aus dem Orificium externum herausragende Bougieende ein elastischer Katheter angenäht wird. Durch Zug an dem aus der

Blasenwunde herausragenden Bougieende wird derselbe in die Blase ge-
bracht und seine Enden wiederum behufs Fixation der Lage mit einem
Seidenfaden verbunden. Der Harn fliesst also die ersten Tage nach der
Operation nur durch die Blasenwunde nach aussen ab, nach dem ersten
Verbandwechsel theils durch die Blasenwunde, theils durch den Ver-
weilkatheter.

In den Krankengeschichten habe ich das auf unserer Klinik
geübte Verfahren theilweise schon erwähnt; ich will hier nur mit
einigen Worten das Gesagte ergänzen und die Vortheile desselben
hervorheben. Wir gebrauchen immer zwei Nélatonkatheter. Nach
Durchführung des Katheterismus posterior durch eine Steinsonde, wird
an ihre Stelle eine feinere, lange, eigens zu diesem Zwecke hergestellte
und gekrümmte Kornzange eingeführt, das quer abgeschnittene Ende
des Nélatonkatheters gefasst und durch die Blasenwunde nach aussen
geführt. Zu demselben Zwecke liessen wir uns in der letzten Zeit eine
Steinsonde herstellen, deren Schnabel mit einem ovalen Fenster versehen ist; nach Durchführung des Katheterismus posterior mit dieser
Sonde, wird durch die in der Perinaealwunde gelegene ovale Oeffnung
der Sonde ein Nélaton'scher Katheter mit seinem quer abgeschnittenen
Ende angebunden, und nun durch Zug an der Sonde der Katheter
durch die Blase so weit nach aussen gezogen, bis sein ovales Ende
nur etliche Centimeter aus der Perinaealwunde herausragt.

Nachdem auf diese oder jene Weise der Blasenkatheter eingeführt ist, wird an das in der Perinaealwunde liegende abgerundete
Ende ein zweiter Katheter, der durch die Harnröhre in die Perinaealwunde eingeführt wurde, ebenfalls mit seinem ovalen Ende angenäht;
hierauf zieht man an dem Blasenkatheter die abgerundeten Enden
beider Katheter in die Blase, controlirt ob sie sicher in der
Blase liegen und fixirt die Katheter in dieser Lage, indem man knapp
vor der Bauchwunde und vor der Urethralmündung durch dieselben eine
Sicherheitsnadel durchführt. Hiedurch sind beide Katheter jedenfalls
hinreichend fixirt. Nun wird, um das Durchsickern des Harnes entlang
dem Blasenkatheter zu vermeiden, die Operationswunde mit Jodoformgaze austamponirt, und, nach Anlegen eines Verbandes, der Blasenkatheter mit einem zuführenden, der Harnröhrenkatheter mit einem
abführenden Drainrohr verbunden.

Das erstere ist dazu bestimmt, antiseptische Lösungen behufs
Ausspülung in die Blase zu bringen; das letztere führt, nach dem
Principe des Hebers, den in der Blase sich sammelnden Harn constant
in ein unter dem Bette des Patienten stehendes Gefäss ab.

Es ist dies eine Einrichtung, die wir auch bei partiell genähten
hohen Steinschnitten in Anwendung bringen und die sich uns vor-

trefflich bewährt; ich habe sie in meiner vorjährigen Publication
«Zur Frage der Blasennaht bei hohem Steinschnitte»*) ausführlich
beschrieben und will hier nur die Abweichung erwähnen, dass wir bei
Katheterismus posterior eine partielle Naht der Blase natürlich nicht
anwenden: es geschieht dies deshalb nicht, weil in der Nachbehandlung
Zwischenfälle eintreten können, die eine Wiederholung des Katheterismus
posterior erheischen und die Entfernung der Nähte dann nothwendig
machen könnten. Uebrigens hat die Blasenwunde keinen Einfluss auf
die Nachbehandlungsdauer; die 1½ bis 2 Centimeter lange Incision
heilt gewöhnlich bedeutend früher zu als die Perinaealwunde.

Ist ein Katheterwechsel nöthig, dann wird derselbe so vorgenommen, dass man den auszuwechselnden Katheter bei der betreffenden Oeffnung hervorzieht, ohne dass der andere Katheter ganz
in der Blase respective Harnröhre verschwindet; sein Ende muss
etwas vorragen und wird mit einer Pince haemostatique fixirt. Man
schneidet dann den Faden durch, näht einen anderen Katheter an und
zieht den neuen bis in die Blase hinein; dasselbe wiederholt man bei
der anderen Oeffnung.

In der letzten Zeit werden von meinem Chef zu diesem Zwecke
überall, wo es zulässig ist, der Länge nach mit einem feinen
Messer gespaltene Nélatonkatheter angewendet, die, wenn auch gespalten, ihren Zweck, der Harnableitung, vollkommen erfüllen. Diese
Katheter lassen sich nämlich vor dem Gebrauch und nach jeder Ver-
wendung auseinanderklappen, auf's Gründlichste desinficiren, so dass
sie keine Quelle der Infection bilden. Besonders bei Prostatikern sind
dieselben empfehlenswerth. Auch unsere Metallkatheter sind an der
concaven Fläche der Länge nach bis zu der Katheteröffnung breit
gespalten, so dass sie gut ausgerieben und desinficirt werden können.

Das eben erwähnte Verfahren besitzt mehrere Vorzüge:

1. Das Einführen der Verweilkatheter und der Wechsel derselben
wird leicht bewerkstelligt.

2. Der Blasenkatheter wird zu Irrigationen der Blase, der Harn-
röhrenkatheter zum Ableiten des Harnes benützt; dadurch, dass die
Verweilkatheter mit den Drainröhren nach aussen vollkommen ab-
geschlossen sind und der Verband meist trocken bleibt, ist eine
Infection durch den Verweilkatheter oder durch Zersetzung im vom
Harn durchnässten Verbande hintangehalten.

Es geschieht öfters, dass durch Contractionen der Blasen-
musculatur, oder durch Verstopfung der Katheterenden durch zusammen-

*) K u k u l a: «Zur Frage der Blasennaht bei hohem Steinschnitte». Wiener
medic. Wochenschrift, 1895, Nr. 26 und Fortsetzungen.

geballten Schleim oder Eiter, der abführende Harnröhrenkatheter nicht ordentlich functionirt und infolge dessen der Harn in der Perinaeal- oder Blasenwunde den Verband nass macht; um dies zu vermeiden ist es rathsam an dem Blasenende des Verweilkatheters noch ein seit- liches Fenster auszuschneiden.

Ist ein grösserer Recessus retroprostaticus vorhanden, dann functionirt der Harnröhrenkatheter recht schlecht ableitend; diesem Uebelstande wird einfach dadurch abgeholfen, dass der Blasenkatheter zum Ableiten des Harnes und der Harnröhrenkatheter zur Irrigation benützt wird.

Immer ist es nöthig beim Katheterwechsel vor dem Anlegen des Verbandes zu versuchen, ob die Katheter in der Blase derart gelagert sind, dass bei Irrigation durch den Blasenkatheter die Flüssigkeit durch den anderen herausfliesst. Manchmal genügt es durch ein sanftes Anziehen an dem oder jenem Katheter dies zu erreichen; natürlich müssen dann beide Katheter in dieser Lage ordentlich fixirt werden.

Die Nachbehandlung der durch Katheterismus posterior be- handelten Fälle, ist, abgesehen von einer Harninfiltration, die den allgemeinen chirurgischen Regeln anheimfällt, anfangs sehr einfach; es handelt sich hauptsächlich nur um Hintanhaltung einer Infection, theils von aussen, theils durch den Contact des Harnes, welches Bestreben durch die erwähnte Einrichtung wohl am zweckmässigsten unterstützt wird. Man kann zwar nicht behaupten, dass dadurch die Berührung der Operationswunden durch Harn in idealer Weise ver- hindert wird; in beiden entstehen durch den entlang dem Verweil- katheter durchsickernden Harn manchmal Nekrosen oder auch kleine Phlegmonen; doch sind dieselben gewöhnlich oberflächlich und beein- flussen die Nachbehandlung fast gar nicht; binnen einer Woche pflegt der Process stillzustehen und es beginnt dann eine üppige Granu- lationsbildung.

Die Hauptsache ist freilich, eine Ansammlung des Harnes im Cavum Retzii zu verhindern, denn hier sind die Eiterungen, wie be- kannt, immer recht ernst zu nehmen.

Entsteht infolge des Verweilkatheters eine stärkere Urethritis, dann führt man den Harnröhrenkatheter nur durch die Perinaealwunde in die Blase ein und versucht, mit schwächeren Kalibern anfangend und allmählig zu stärkeren übergehend, die Harnröhre an einen Ver- weilkatheter zu gewöhnen; sollte eine stärkere Urethritis mit Harn- fieber einen Harnröhrenkatheter überhaupt nicht zulassen, dann wird der Blasenkatheter zum Ableiten des Harnes benützt und durch fleissiges Bougiren mit Metallsonden der Verweilkatheter ersetzt. In

späterer Zeit muss man dann wiederum versuchen den Verweilkatheter
einzuführen, denn es hängt in grossem Masse von demselben ab, dass
die neu sich bildende Harnröhre genügend weit und womöglich der
normalen gleich kommt. Deshalb kommt eine geringe Urethritis nie
in Betracht, und sind es nur stärkere Urethritiden mit Urethralfieber-
fällen, die zur Nachbehandlung ohne Verweilkatheter zwingen.

Bei unseren fünf Fällen vertrugen die Patienten die Verweilkatheter sehr gut und auch bei anderen Blasen- und Harnröhren-
operationen leistete uns der Nélaton'sche Verweilkatheter vortreffliche
Dienste. Ich will bei dieser Gelegenheit darauf aufmerksam machen,
dass Urethritiden nach dem in Carbolglycerinlösung aufbewahrten
Verweilkatheter, sehr oft durch Verätzung zu Stande kommen; man
möge deshalb nie vergessen vor Gebrauch die Verweilkatheter ordentlich
mit heissem sterilisirten Wasser durchzuspülen.

Der Verband- und der Katheterwechsel wird natürlich nach
Bedarf gemacht; für den ersteren ist die Temperatur und das
Durchnässen des Verbandes, für den zweiten der Zustand der Verweilkatheter und die Reaction der Harnröhre ihnen gegenüber massgebend. Bei manchen Individuen incrustiren sich die Nélatonkatheter
ziemlich rasch und müssen natürlich sofort gewechselt werden; bei
anderen kann man sie fünf bis sechs Tage ja auch länger noch
liegen lassen, ohne dass sie bedeutendere Veränderungen erfahren
oder Urethritiden hervorrufen.

Wie lange der Blasenkatheter in der Blase belassen werden soll,
richtet sich darnach, wann man den Harnröhrenkatheter mit Leichtigkeit in die Blase einführen kann; auch ist der Zustand der
Blasenwunde massgebend; granulirt dieselbe üppig, dann kann man
natürlich den Blasenkatheter entfernen, muss aber darauf schauen,
dass die Blasenwunde sich so lange nicht schliesse, bis der Weg für
den Harnröhrenkatheter vollkommen passirbar ist. Es können Zufälle
eintreten, dass man auch in der vorgeschrittenen Heilungsperiode
gezwungen wird, durch Katheterismus posterior den Harnröhrenkatheter
neuerdings in die Blase einzuführen; da die kleine Incison der Blase
gewöhnlich recht rasch heilt, ist es immer rathsam, den Blasenkatheter
dann durch einen Faden zu ersetzen, den man ausserhalb des Verbandes
an eine Sicherheitsnadel befestigt. .

Die hohe Blasenschnittwunde pflegt sich gewöhnlich in der dritten
oder vierten Woche, in Ausnahmsfällen noch später, zu schliessen; in
unserem ersten Falle erfolgte der Blasenschluss nach 40, im zweiten
nach 43, im dritten nach 19, im vierten nach 29, endlich im fünften
nach 26 Tagen; in allen Fällen also früher, als die Heilung der
Perinaealwunde.

Dasselbe Verhältniss konnte ich fast bei allen bisher publicirten Fällen, soweit darüber Daten angeführt wurden, constatiren; daraus geht hervor, dass der retrograde Katheterismus per sectionem altam keine Einwirkung auf die Länge der Nachbehandlung der schweren Stricturfälle hat: es ist dies hauptsächlich die Perinaealwunde, die desto länger zum definitiven Schlusse braucht, je grösser die Strictur und ihre Complicationen gewesen und in Folge welcher eine grössere Excision der callösen Massen ausgeführt werden musste.

Nur bei frischen Harnröhrenrupturen oder bei mit Fisteln nicht complicirten Stricturen, könnte eine frühere Heilung der Perinaealwunde eintreten; doch muss dies immer verhütet werden, da in einer vorgeschrittenen Heilungsperiode bei plötzlich eingetretener Unmöglichkeit des Katheterismus es jedenfalls bequemer ist, in der noch nicht geheilten Perinaealwunde das Hinderniss aufzusuchen, als bei geschlossener Perinaealwunde, durch die bestehende Blasenfistel, mit Hilfe des Katheterismus posterior das Hinderniss beseitigen zu wollen.

Was die Harnröhren-Verweilkatheter anbelangt, so pflegen wir sie bei günstigem Verlaufe dann zu entfernen, wenn die Perinaealwunde sich zu schliessen anfängt; dies war bei Fall 2, 3 und 4, in der fünften, respective siebenten Woche der Fall: bei dem Falle 1 waren die Verhältnisse recht complicirt; eine zurückbleibende, allen Heilungsversuchen trotzende Perinaealfistel bewog uns dazu, dass wir den Verweilkatheter längere Zeit liegen liessen und nachdem, nach Entfernung desselben, die Heilung der Fistel nicht erfolgte, eine plastische Operation vollführten, wobei wiederum der Verweilkatheter mit Erfolg angewendet wurde.

Solche Perinaealfisteln pflegen erfahrungsgemäss sehr oft die Nachbehandlung zu verlängern; manchmal schliessen sich selbe, um nach kurzer Zeit wieder aufzubrechen und verderben, wenn sich dies wiederholt, den Effect der Operation dadurch, dass aus der an ihrer Stelle zurückbleibenden Schwiele leicht eine neue Strictur entsteht. Es ist daher rathsam, im Falle sich nach Cauterisation die Fistel nicht genug rasch schliesst, oder die Fistelbildung sich wiederholt, einen plastischen Verschluss derselben vorzunehmen. Das einfache Anfrischen und Excidiren der Harnfistel gelingt zwar manchmal, doch ist eine damit verbundene Plastik entweder nach Dieffenbach oder durch Bildung verschiedener Lappen, wie selbe Czerny vorschlägt, immer sicherer.

Dass eine Fistel nach dem hohen Blasenschnitt lange Zeit dem vollkommenen Schlusse getrotzt oder einen neuen chirurgischen Eingriff beansprucht hätte, wie dies hie und da nach dem hohen Blasenschnitte vorzukommen pflegt, konnte ich bei den durch Katheterismus posterior behandelten Strictur- und Rupturfällen nicht constatiren. Die Erklärung dieses günstigen Umstandes ist natürlich darin zu suchen, dass einestheils der Harn nicht stark cystitisch war, anderentheils derselbe durch die zur Heilung länger beanspruchenden Perinaealfisteln genügenden Abfluss fand und so der Blasenwunde hinreichend Ruhe zur vollständigen Schliessung gewährte.

Eine nicht minder wichtige Aufgabe steht dem Arzte dann bevor, wenn nach Entfernung des Verweilkatheters die Pflicht an ihn herantritt, die durch die Operation gewonnenen Resultate gegen die Contraction des Narbengewebes zu vertheidigen und die sich neubildende Harnröhre in Verlauf und Weite zu sichern. Ein noch so schwerer und complicirter Eingriff bliebe resultatlos, wenn man die Bildung einer neuen Strictur nicht hintanhalten würde. Hierzu dienen Verfahren, die sich immer nach dem einzelnen Fall richten und jedenfalls gut bekannt sind. Ich will hier nur erwähnen, dass wir bei allen Stricturen zum Sondiren, respective Dilatiren der Strictur womöglich nur Metallsonden gebrauchen; ihre Vortheile wurden von vielen Seiten hervorgehoben, so dass es jedenfalls überflüssig wäre, sie von Neuem zu betonen. Nur wenn zufällig die Tags vorher passirbare Strictur plötzlich am nächsten Tag nicht entrirt werden kann, fangen wir an, je nach der Stärke der Reaction uns richtend, am nächsten Tag oder noch später das Hinderniss mit elastischen Bougies zu überwinden und gehen dann allmählig zu den stärksten Metallsonden über.

Gar oft geschieht es, dass die Strictur plötzlich auch für die schwächsten Bougies unpassirbar wird; dass dieser unangenehme Zwischenfall durch verschiedene genügend bekannte anatomische Veränderungen des neuen Narbengewebes, als: Strang-, Maschen-, Grübchenbildung etc. hervorgebracht wird, brauche ich nicht näher zu erwähnen.

Tritt eine starke Reaction nach den Sondirungsversuchen ein, dann ist es immer nöthig, die weiteren Versuche aufzugeben und sie in ein paar Tagen zu wiederholen; gar oft wird man dann überrascht von der Leichtigkeit der neu unternommenen Sondirungsversuche.

Solche unangenehme Zwischenfälle haben sich bei dem Falle 2 einigemale wiederholt; auch nach einem noch so fein durchgeführten und gar nicht forcirten Bougiren, traten bei jenem Patienten sehr schwere, mit einer sehr starken Gesammtreaction verbundene Urethralfieberanfälle auf. Um solchen unangenehmen Zu-

fällen womöglich auszuweichen, ist es immer gerathen, namentlich
bei den durch Katheterismus posterior behandelten Stricturen, die
grösstentheils recht complicirte Verhältnisse darbieten, die grösste Vor-
sicht zu gebrauchen.

Die letzte therapeutische Aufgabe besteht darin, dass der Kranke
seine Strictur selber bougiren lerne; so lange, auch bei vollständiger
Heilung der Operationswunden, diese Forderung nicht erfüllt wird,
kann man an eine Entlassung des Kranken nicht denken: hängt ja
doch der Erfolg eines noch so gelungenen Eingriffes, die definitive
Heilung, davon ab, dass die frische Narbe sich nicht nach einiger Zeit
contrahire und dadurch neuerdings eine Strictur hervorrufe; auch
das sind bekannte Thatsachen, und ist es unnöthig sie ausführlicher
zu erörtern.

Jedenfalls mögen zum Selbstbougiren nur Metallsonden anem-
pfohlen werden. Alle unsere Stricturkranken lernten mit Leichtigkeit
nach und nach das Selbstbougiren und wurden, nachdem sie zu den
stärksten cylindrischen Sonden gelangten, im Besitze solcher und der
nöthigen Information, entlassen; letztere bestand darin, dass man dem
Kranken ans Herz legte, sich die ersten 14 Tage täglich, im nächstfolgenden Monate in zwei, dann in drei Tagen einmal, und dann in
noch grösseren Intervallen ein ganzes oder halbes Jahr hindurch zu
bougiren. Eine, wenn auch grelle Schilderung der Folgen des Nicht-
beachtens der Rathschläge hat bei unseren Kranken nach den Erfolgen zu schliessen, geholfen und ist bei minder gebildeten Patienten,
die sich nach dem Verlassen der Klinik totaler Sorglosigkeit hingeben, immer anzuempfehlen.

Welche Vortheile die Metallsonden vor den englischen Bougies
in den Händen der Reconvalescenten besitzen, kann man in einigen
Worten zusammenfassen: sie lassen sich sehr leicht in reinem
Zustande erhalten, eventuell durch Reiben reinigen und auch im
Haushalte durch Auskochen in siedendem Wasser sterilisiren; sie sind
nebstdem dauerhafter, behalten ihre Glätte entschieden länger, das
Einführen von Seite des Kranken ist infolge ihrer Schwere recht
leicht, endlich ist ihre Einwirkung auf das Narbengewebe eine erfolg-
reichere als die der elastischen englischen Bougies.

Die Nachbehandlung der bisher durch Katheterismus posterior
behandelten Fälle war sehr verschieden: leider ist bei manchen Fällen
die Zeit der Nachbehandlung nicht bestimmt angegeben, so dass ich
eine durchschnittliche Nachbehandlungsdauer aller bis dato operirten
Fälle nicht zusammenstellen konnte.

Die frischen Harnröhrenrupturen beanspruchen natürlich eine
kürzere Zeit zu ihrer Heilung; dies war bei dem Falle Volkman's
(Nr. 4) und Donart's (Nr. 14) der Fall; bei dem ersteren genas der
Patient nach 21 Tagen, bei dem letzteren nach 24 Tagen.

Eine bedeutend längere Nachbehandlung erheischten die operirten
Stricturen; in welchem Verhältnisse die gonorrhoischen zu den traumatischen lässt sich nicht entscheiden, da ich nur bei zwei Fällen
von geheilten gonorrhoischen Stricturen die Nachbehandlungsdauer
feststellen konnte; es sind dies die Fälle von Dellefosse (31) und
Trendelenburg (21); bei dem ersten Falle dauerte die Nachbehandlung drei Monate, im zweiten Falle 118 Tage.

Bei den 22 traumatischen Stricturen ist nur bei 16 Fällen die
Nachbehandlungsdauer angegeben, wie folgt:

Fall-Nr.	Operateur	Geheilt in	Gebessert in
3	Péan	60 Tagen	
8	Péan	90 „	
10	Duplay	90 „	
13	Röhmer	300 „	
15	Cauchois	120 „	
17	Trendelenburg	60 „	
18	Trendelenburg	45 „	
19	Trendelenburg	62 „	
20	Trendelenburg		32 Tagen
22	Tillaux	41 „	
38	Albarran		180 „
40	Guyon		17 „
41	Maydl	200 „	
42	Maydl	64 „	
43	Maydl	54 „	
44	Kukula	56 „	

Die kürzeste Nachbehandlung hatte also Tillaux in dem Fall
Nr. 22 mit 41 Tagen, die längste Röhmer mit 10 Monaten.

Im Falle Nr. 20 (Trendelenburg) wurde Patient auf sein
eigenes Ansuchen, nach 32 Tagen gebessert entlassen; bei dem Kranken

Allbarran's bestand noch nach einem halben Jahre eine kleine Perinaealfistel, durch die beim Uriniren der Harn abtröpfelte. Ich habe deshalb diesen Fall nicht unter die vollkommen geheilten Fälle gerechnet. Es wurde auch der Fall Guyon in die Rubrik gebessert eingeschlossen, da der Kranke zur Zeit der Publication Legueu's noch in Behandlung stand und der Enderfolg der Operation mir unbekannt ist.

Mit Ausschluss dieser drei Fälle, ergibt sich die durchschnittliche Behandlungsdauer für die verbleibenden traumatischen Stricturen auf 96 Tage: scheiden wir aus dieser Berechnung den Fall Röhmer (Nr. 13) und Maydl (Nr. 41) mit einer ungewöhnlich langen Nachbehandlungsdauer, die durch eine, dem definitiven Schlusse lang trotzende, Perinaealfistel hervorgerufen war, aus, so ergibt sich für die übrigen 11 traumatischen Stricturen eine durchschnittliche Nachbehandlungsdauer von 67 Tagen.

Diese Zahl entspricht so ziemlich unseren Erfahrungen, freilich nur in dem Sinne, wenn wir einen aus dem Krankenhause entlassenen Stricturkranken mit vollkommen geheilten Operationswunden und mit dem Vermögen sich selbst zu bougiren, als geheilt betrachten wollen: ob dieses Postulat in allen Fällen erreicht wurde, konnte ich nicht entscheiden. Es konnte übrigens auch in einigen Fällen die Zeit des Bougirens in der Ambulation in die Heilungsdauer einberechnet worden sein. Da es weiters auch sehr der subjectiven Anschauung eines Jeden unterliegt, in welchem Zeitpunkte eine Strictur als geheilt zu betrachten ist, so ist die erwähnte Zahl nicht genau zu nehmen.

Streng genommen kann eigentlich in keinem Falle die Rede von einer gänzlichen definitiven Heilung sein; es bleiben wohl immer, wenn auch ganz unbedeutende, Merkmale zurück, die die Harnentleerung, oder die Ejaculation, oder die Beschaffenheit des Harnes etc. betreffen.

Häufigeres Harnen, eine Veränderung in der Dicke und Richtung des Harnstrahles, ein, wenn auch ganz schwaches brennendes Gefühl in der Eichel beim Harnen. Trübung des Harnes, unangenehme Gefühle bei der Ejaculation etc., eines oder mehrere von diesen Symptomen sind, wenn auch in geringem Grade, fast immer Folgen einer langen Stricturbehandlung. Dieselben schwinden manchmal erst nach langer Zeit, manchmal überhaupt nicht und erinnern durch ihre Anwesenheit den Kranken an sein überstandenes Leiden; manchmal steigern sich die obgenannten Beschwerden und

beanspruchen neuerdings ärztliche Hilfe, nämlich eine neue Dilatation
der Harnröhre. Um dem vorzubeugen, ist es immer rathsam, eine in
regelmässigen Zwischenräumen wiederkehrende Untersuchung des
Kranken, wenigstens in den ersten Jahren nach der Operation, vorzunehmen. Es war uns immer der schönste Lohn für unsere Bemühungen, nach längerer Zeit unsere Stricturkranken sich selbst mit
Geschicklichkeit bougiren zu sehen oder brieflich die Nachricht von
ihrem Wohlbefinden, wie es in den Krankengeschichten erwähnt,
zu erhalten.